FRANZISKA
HEINISCH

WIR
HABEN
KEINE
WAHL

FRANZISKA HEINISCH

WIR HABEN KEINE WAHL

EIN MANIFEST GEGEN DAS AUFGEBEN

BLESSING

Sollte diese Publikation Links auf Webseiten Dritter enthalten,
so übernehmen wir für deren Inhalte keine Haftung,
da wir uns diese nicht zu eigen machen, sondern lediglich
auf deren Stand zum Zeitpunkt der Erstveröffentlichung verweisen.

MIX
Papier aus verantwor-
tungsvollen Quellen
FSC FSC® C083411
www.fsc.org

Penguin Random House Verlagsgruppe FSC® N001967

1. Auflage, 2021
Copyright © Franziska Heinisch und by Karl Blessing Verlag, München
in der Penguin Random House Verlagsgruppe GmbH,
Neumarkter Str. 28, 81673 München
Herstellung: Ursula Maenner
Satz: Leingärtner, Nabburg
Druck und Einband: CPI books GmbH, Leck
Umschlaggestaltung: Das Illustrat, München
Copyright © Autorenporträt: Steffen Jänicke
Printed in Germany
ISBN 978-3-89667-711-2

www.blessing-verlag.de

INHALT

VON OHNMACHT, ANGST UND HOFFNUNGSLOSIGKEIT

Häufig reden wir über Politik, als hätte sie nichts mit uns zu tun. Als wäre sie eine Angelegenheit der Vergangenheit oder der Zukunft – aber keine, die uns im Hier und Jetzt betrifft. Als wären politische Machtfragen Kämpfe, die fernab von uns stattfinden. Als wären wir nicht Teil von politischen, wirtschaftlichen, gesellschaftlichen Entwicklungen. Von Krisen und den politischen Maßnahmen, mit denen auf sie reagiert wird.

Dabei kämpfen die allermeisten von uns jeden Tag. Ringen in ihrem Alltag um Halt und Wirksamkeit. Kämpfen gegen die Angst vor dem sozialen Abstieg, um die eigene Existenz. Kämpfen für Gerechtigkeit, für ihre Familie, für ihre Freund*innen, gegen Unterdrückung und für ein gutes Leben, für sich und für andere. Die wenigsten Menschen, denen ich begegne, sind gleichgültig. Im Gegenteil.

Die Ohnmacht ist das Schlimmste. Überall, wo ich hinsehe, sehe ich Baustellen. Und ich weiß nicht, wo ich anfangen soll. Ich fühle mich wirksam im Kleinen, ja. Aber im Großen nie, sagt N. am Frühstückstisch.

Sie blickt an mir vorbei aus dem Fenster. Ich frage mich, wie oft sie schon kurz davor war, einfach aufzugeben und es dann doch nicht getan hat. Und umgekehrt: Wie viele eigentlich kurz davor sind, anzufangen, sich mehr einzumischen und der eigenen Ohnmacht etwas entgegenzusetzen. Was es bräuchte, um die vermeintlich sichere Ausweglosigkeit ins Wanken zu bringen.

Wenn ich wüsste, jetzt, morgen passiert was, na klar, dann würde ich auf die Straße gehen. Aber irgendwie ist das alles so weit weg. Und mir geht es, auch wenn das ekelig klingt, ein bisschen zu gut, erzählt S.

Mit Sätzen wie diesen bauen wir künstlich Distanz auf zwischen uns und der Politik, zwischen uns und den ökonomischen Verhältnissen, zwischen heute und dem Zeitpunkt, an dem es zu spät sein wird, zu reagieren, zwischen der Politik und dem Privaten. Wir erhalten einen fiktiven Normalzustand aufrecht, den niemand erklären, genau definieren oder fühlen kann. Aber wer nicht benennt, wo das Normale aufhört, kann eben auch keine Aussage darüber treffen, wo die Krise beginnt, die der Anlass für den Kampf und für den Aufruf zum Handeln ist. Und so managen wir den implodierenden Normalzustand zu Tode, auf den Moment wartend, in dem wir einschreiten müssen.

Wir verpassen diese Momente, täglich, stündlich, minütlich.

B. sagt mir: *Vor der nächsten Bundestagswahl sind meine Taschen gepackt. Das gibt mir ein Gefühl der Sicherheit, dass ich wegkann, wenn ich muss.*

Und: *Ich habe Angst, dass meine Familie und ich nicht mehr sicher sind. Der Hass, der Rassismus ... Wo soll ich denn hin, wenn ich nicht hierbleiben kann?,* berichtet wieder ein anderer. Ich schweige – weil mir nichts einfällt, was ich darauf antworten könnte. Das ist er also, dieser Normalzustand.

Viele haben vor dieser Normalität kapituliert, haben die Hoffnung auf Veränderung irgendwann für illusorisch erklärt. Diejenigen, die in den letzten Jahren alles darangesetzt haben, Veränderungen zu erkämpfen, mussten dafür ihre eigenen Grenzen immer und immer wieder überschreiten. Und die, die nicht in der privilegierten Situation sind, sich aussuchen zu können, ob sie politisch sein wollen, tun das erst recht. Weil ihre persönlichen

Grenzen ständig von anderen überschritten werden. Beispielsweise, weil sie wegen rassistischer Übergriffe und Anfeindungen in politische Konfliktsituationen geraten und damit nie »dem Politischen« entgehen, weil es bei politischen Konflikten schlicht und einfach um ihr Überleben geht oder weil ihr Körper, ihre Freiheit und ihr Lieben politisch verhandelt wird.

Ich kenne so viele, die in den letzten Jahren ausgebrannt sind. Mit diesem Gedanken im Kopf frage ich H., was das Bewusstsein über all das mit ihr macht. Sie setzte sich schon gegen die Klimakrise ein, lange bevor ich überhaupt etwas davon gehört habe. Und dabei sind wir gleich alt. Irgendwann wurde es ihr zu viel. *Das ist eine so unglaublich große Last auf meinen Schultern, und die werde ich nicht mehr los, nie*, sagt sie. Tage nach unserem Gespräch schreibt sie mir: *Unser Gespräch lässt mich nicht mehr los. Heute habe ich die Nachrichten angeschaut und musste mittendrin aufhören. Ich kann das nicht mehr. Alles in mir sträubt sich dagegen, mich dem weiter auszusetzen. Weil es mich zerreißt. Und trotzdem: Mein Gewissen zwingt mich dazu. Also werde ich wohl bald wieder anfangen, mich einzumischen.*

Manchmal übermannt die Realität uns. Ich glaube, fast jede*r von uns kennt solche Momente. A. und ich haben oft darüber gesprochen, aber häufig abstrakt statt konkret. Bis wir uns an einem Abend um kurz vor Mitternacht voneinander verabschieden und er eine Viertelstunde später wieder vor der Tür steht.

Ich komme gerade nicht so ganz mit der Situation klar, hat er mir zuvor in einer Nachricht geschrieben. Und dann versuchen wir, gemeinsam klar- und durch die Nacht zu kommen. Eine Nacht, in der keine Katastrophe stattgefunden hat – sondern »nur« mal wieder eine Wahl. Und ich erinnere mich an Momente als Teenagerin, in denen ich nach den ersten Wahlprognosen zur

Bundestagswahl meine Eltern für all das verantwortlich machte, was ich in dem Säulendiagramm im Fernsehen auf mich zukommen sah. An Gespräche mit allen möglichen Menschen, die erst bekundeten, die Welt da draußen, die Krisen, die politischen und wirtschaftlichen Verhältnisse – das gehe sie alles gar nichts an. Und aus denen im nächsten Moment die Erzählungen und Geschichten und mit ihnen die Hilflosigkeit, die Betroffenheit, die Wut, die Angst, der Schmerz hervorbrachen. All das ist meistens so viel näher an der Oberfläche, als wir zugeben wollen.

Zum Beispiel bei T., mit der ich über einen Bekannten spreche, der vor einer Weile arbeitslos geworden ist. *Aber das wird schon gut gehen. Er muss sich ja nur kümmern*, sagt sie. Bist du sicher?, entgegne ich. Nach einem kurzen Schweigen reden wir weiter – über Arbeitslosigkeit, Armut, die Angst vor dem sozialen Abstieg und darüber, was das bedeutet und was eine Gesellschaft, die das ignoriert, mit Menschen macht. Irgendwann, ich weiß gar nicht mehr, wie wir darauf gekommen sind, frage ich: *Hast du das Gefühl, dass du früher arm warst – und was bedeutet das für dich heute?* Und ich höre, wie sie am Telefon anfängt zu weinen.

Sobald wir uns für Menschen öffnen, entsteht eine tiefere Verbundenheit, als wir vermutet hätten. Einige Male laufe ich an C. vorbei, der vor meiner Bankfiliale steht, jeden Tag, und um Geld bittet. Irgendwann einmal bleibe ich stehen.

Ich habe nichts, sagt er. *Und ja, vielleicht ist das okay so. Ich will nicht einmal großartig Hilfe. Aber schau sie dir alle an: Sie schaffen es nicht einmal, mich anzusehen. Jetzt schwemmt diese Krise über uns hinweg, und natürlich wird die Wirtschaft gerettet. Was ist mit den Hilfen für Arbeitslose, für Arme, für Geflüchtete? Ihr geht demonstrieren – aber was ändert das denn? Das ist doch kein Zufall, das ist ein Scheißsystem.*

C. hat die Situation so viel besser zusammengefasst, als ich es könnte. Er fragt mich, was ich so mache den ganzen Tag. Und ich erzähle ihm, dass ich »so politisches Zeug« mache und gerade an einem Buch schreibe, das sich im Wesentlichen an seine Analyse anschließen soll. *Na ja, versuch es mal*, entgegnet er. *Ich glaub ja nicht, dass es was bringt.*

Es gibt verschiedene Nuancen dieser Aussage, und sie kommen häufig vor. *Ich kann gerade nicht mehr. Ich habe die Schnauze so voll.* Es gibt auch: *Heute hat sich etwas für mich verändert. Ab jetzt mach ich etwas anders. In diesem Moment bin ich fest überzeugt, dass Veränderung möglich ist.* Aber eben deutlich seltener.

Obwohl das »Ich« in diesen Sätzen eine Menge zu sagen hätte, reden wir über gesellschaftliche Krisen, als würden sie nur im Fernsehen und in Zeitungen existieren oder in Science-Fiction-Romanen. Oder wir verdrängen sie, wieder und wieder, als wäre Gleichgültigkeit eine Option. Aber das ist sie nicht – denn jede Krise betrifft sehr viele Menschen. Mal in unserer unmittelbaren Nähe, mal weiter von uns entfernt, mal uns selbst. Wie häufig, ist davon abhängig, in welcher gesellschaftlichen Position wir sind.

Die Verhältnisse toben in uns

Krisen sind persönlich. Die gesellschaftlichen Folgen der Corona-Pandemie treffen überproportional häufig Menschen die ihre Lohnarbeit verlieren oder die in Kurzarbeit geraten und deren gesicherte Existenzgrundlage und Zukunftsperspektiven deshalb dahinschwinden. Eltern – vor allem Mütter –, die mit der entstehenden Zusatzbelastung wie dauerhafter Kinderbetreuung und *Homeschooling* alleingelassen werden. Menschen, die vereinsamen. Menschen, die erkranken und mit dem Virus kämpfen. Und

Menschen in sogenannten systemrelevanten Berufen, die das zurückgefahrene gesellschaftliche Leben am Laufen halten und dafür wenig mehr als Applaus bekommen. Im Lockdown verstärken sich häusliche Gewalt, die vor allem Frauen und Kinder erfahren. Die Pandemie verhindert, dass die politischen Bewegungen der letzten Jahre weiter Druck aufbauen wie bisher. Und sie verschärft die Not Geflüchteter, die Europa an seinen Außengrenzen menschenunwürdigen Bedingungen aussetzt. Der Kälte, dem Virus, dem Elend. Sie verstärkt die soziale Spaltung, die Ungerechtigkeit, die Armut und alle daraus erwachsenden Zukunftsängste. Sie prallt nicht nur auf ein lädiertes Gesundheitssystem, sondern auf Gesellschaften, die alles andere als krisenfest sind. Sie befeuert Verschwörungsglauben und das Selbstbewusstsein der Rechtsradikalen, die mobilmachen. Das verängstigt viele Menschen enorm. Kurz: Die Pandemie macht das sichtbar, was vorher schon krisenhaft war, und verstärkt es.

Spätestens seit dem letzten Jahr kennen viele von uns solche Gespräche wie die, deren Ausschnitte hier zusammengestellt sind. Es sind Momente, in denen aus Small Talk bedeutsame Gespräche werden. In denen die vermeintliche Gleichgültigkeit, die wir uns gegenüber politischen Geschehnissen angewöhnt haben, durchbrochen wird. Wir tun so, als wären sie für uns persönlich nicht so relevant. Aber natürlich sind sie das. Wir haben keine Wahl: Die Verhältnisse, sie toben in uns und zwischen uns.

Veränderung liegt in der Luft
Gerade weil das so ist, rumort es gesellschaftlich in den letzten Jahren. Immer mehr Menschen politisieren sich. Engagieren sich. Gehen auf die Straße und protestieren, in Deutschland und

weltweit. Manche suchen Halt in der Vergangenheit. Aber noch viel mehr Menschen blicken sorgenvoll in die Zukunft. Sie verwandeln ihre Unsicherheit, ihre Wut über Ungerechtigkeit, ihre Angst vor dem Morgen in Energie. Dann kämpfen sie gegen die Klimakrise, gegen Rassismus, gegen die Abschottung Europas, und für eine bessere Zukunft für alle. Immer mehr Menschen stellen politische und wirtschaftliche Entwicklungen der letzten Jahrzehnte infrage. Sie sind bereit, ihre eigenen Überzeugungen zu ändern. Immer mehr Menschen begreifen, dass ein »Weiter so« nicht reicht, sie schließen sich Initiativen an und engagieren sich politisch. Andere, die früher Bewegungen vorangebracht haben – ehemals in der Friedens-, Antiatomkraftbewegung, Teile der 68er oder ehemalige Häuserkämpfer*innen – entdecken ihre frühere Kampfeslust neu und stellen sich an die Seite vor allem der jungen Generation, weil sie wieder Hoffnung auf Veränderung gefasst haben. Manche fordern von den Verantwortlichen das erste Mal in ihrem Leben wirkliche politische Antworten ein und werden damit enttäuscht. Und viele, beispielsweise Gewerkschaften, haben nie aufgehört, Menschen zu organisieren. Veränderung liegt in der Luft. Bislang haben die Proteste noch nicht ausgereicht, aber sie sind deshalb nicht gescheitert. Im Gegenteil. Dass Veränderung möglich ist, wissen wir. Doch wie? Das ist die entscheidende Frage, deren Antwort noch (oder wieder einmal) aussteht.

Dieses Buch ist eine Suche nach der Antwort. Es soll die immer gleichen Einwände gegen notwendige Veränderungen entkräften und denen Argumente liefern, die gegen Zweifler*innen um sich herum ankämpfen. Es soll eine Wahlanleitung für die sein, die zögern, ob sie bei der nächsten Bundestagswahl nicht doch mal etwas anders machen sollten. Dieses Buch soll den Aktivist*innen, die in den letzten Jahren an ihre Grenzen gegangen sind, Hoffnung machen und die stille Mehrheit auffordern, sich an ihre Seite zu stellen und aus der Teilnahmslosigkeit auszubrechen. Und vielleicht muss es dann am Ende auch eine Anleitung zum Aufstand sein.

Kampf um die Machtverteilung in der Zukunft

Denn während Entscheidungsträger*innen betonen, Demokratie brauche Zeit und lebe vom Kompromiss, während Stimmen laut werden, die die Klimabewegung und andere Initiativen für gescheitert erklären, tobt immer deutlicher wahrnehmbar ein Kampf um die Machtverteilung in der Zukunft. Und mit jedem Tag verlieren wir Zeit, die wir brauchen, um ihn zu gewinnen. Normalerweise könnten wir uns daran festhalten, dass bestehende Krisen irgendwann – wenn auch viel zu spät – vorbeigehen und andere, zum Beispiel eine neue Wirtschaftskrise oder eine weitere Gesundheitskrise, abwendbar sind. Aber ausgerechnet in unserer Gegenwart gibt es kein *normalerweise* mehr. Wenn Politiker*innen und Interessenvertreter*innen in der Corona-Krise eine Rückkehr zu einem alten oder neuen oder wie auch immer gestalteten »Normalzustand« versprechen, frage ich mich, was damit gemeint sein soll. Als wäre die Welt vor der Corona-Krise in Ordnung gewesen. Der Normalzustand unserer Gesellschaft ist, das zeigten die letzten Jahre, die Krise.

Im Krisenmodus

Alles, was ich politisch kenne, sind Krisen. Finanzmarktkrise, Tausende Tote im Mittelmeer, Klimakrise und Naturkatastrophen, Hungerkrise, unsichere Arbeitsperspektiven und Sozialabbau, wachsende soziale Ungleichheit, das Erstarken rechter und reaktionärer Kräfte, jetzt eine Pandemie. Fast alle politischen Ereignisse, die ich bewusst erlebt habe, sind durchzogen von Erzählungen von Krisen. Vergangenen, bestehenden, zukünftigen. Ich schaue in die Vergangenheit, betrachte die Gegenwart, blicke in die Zukunft – und die Aussicht ist überall gleich. Wir wanken von einem Ausnahmezustand zum nächsten, getragen vom Glauben, es werde schon irgendwann wieder gut werden.

Spätestens in den vergangenen Jahren ist ein Status dicht aufeinanderfolgender Krisenzustände eingetreten. Wir leben nicht mehr in vereinzelten Krisensituationen, sondern in einer Krisenzeit, in der ständig neue Ausnahmezustände auf uns wirken. Und trotzdem – oder gerade deshalb – müssen wir alles daransetzen, weitere Krisen zu verhindern oder sie in ihren Ausmaßen zu begrenzen. Dazu können wir nicht an der Oberfläche verbleiben, sondern müssen die Ursachen des dauerhaften Ausnahmezustands beseitigen und die Gestaltung einer besseren Zukunft für alle in Angriff nehmen. Damit ist vor allem große Unsicherheit verbunden – darüber, ob das grundsätzlich möglich ist, wie diese Zukunft aussehen könnte, ob die Veränderung gelingt. Aber eines ist sicher: Einen Versuch ist es wert.

Wenn wir darüber sprechen, wie während der Corona-Pandemie die Wirtschaft angekurbelt wird, aber Dutzende Millionen vergessen werden, wenn wir über soziale Krisen debattieren, über ein Europa, das sich abschotten und andere ausbeuten kann, aber ansonsten recht handlungsunfähig erscheint, über die Missachtung von Menschenrechten, über die Klimakrise oder darüber, dass wir uns nach und nach vereinzeln: Dann müssen wir auch darüber sprechen, woher das kommt und welches Bild unserer Realität sich darin bricht. Denn in jeder Krise unserer Zeit spiegelt sich der Exzess und Verfall des darunterliegenden wirtschaftlichen und gesellschaftlichen Systems.

Man könnte jede beliebige Krise dafür als Beispiel heranziehen. Aber ich will mit der Klimakrise beginnen, weil sie die Mängel brutal vergegenwärtigt. Sie ist so groß und für viele immer noch so wenig greifbar, dass sie, vor allem in Ländern wie Deutschland, weit weg und sehr abstrakt scheint. Das birgt die Gefahr, dass sie unterschätzt wird. Und in der Tat wird sie das, immer noch. Dabei wirft sie alles, was wir über Notsituationen wissen, über Bord. Sie lässt nicht zu, dass wir Vergleichsszenarien heranziehen, auf die wir uns berufen können und die uns die Sicherheit des scheinbar Vertrauten, schon Erprobten geben könnten. Sie erreicht unvorstellbare Ausmaße, sie hat kein absehbares Ende – und sie eskaliert weiter und weiter, jeden Tag. Ausmaß und Komplexität der Klimakrise sorgen dafür, dass wir uns als Einzelne machtlos im Umgang mit ihr fühlen. Vor allem aber ist sie kein Problem, das sich in einem abgrenzbaren gesellschaftlichen Bereich abspielt. Die ökologische Eskalation, Klimaerhitzung und Biodiversitätskrise sind nur ein Teil des Krisen-Konglomerats, das längst Teil unserer Gegenwart ist. Die Klimakrise fungiert als Metakrise: Sie verschärft die einzelnen Krisensituationen, denen wir uns unmittelbarer ausgesetzt fühlen. Sie stellt Zusammenhänge zwischen den Krisen her und führt sie zusammen zu einer Systemkrise.

Diese Krise stößt uns auf die Verantwortlichen für den Status quo und auf die Gegner*innen von Veränderung. Sie offenbart alle politischen und wirtschaftlichen Ungerechtigkeiten und Machtstrukturen. Ihre Eskalation wirft ein Spotlight auf die politischen Kämpfe der Gegenwart und Zukunft. Und sie konfrontiert alle Menschen mit der Frage, welche Rolle sie darin einnehmen werden. In dieser Funktion ist die Klimakrise uns allen sehr nahe – und es ist notwendig, dass wir sie auch als persönliche Krise begreifen. Denn sie offenbart die Gemeinsamkeiten der aktuellen Wirtschafts-, Sozial-, Gerechtigkeits- und Demokratie-krisen: Im Kern sind sie Kämpfe der wenigen Mächtigen gegen die Vielen ohne Macht.

Es gilt, sie zugunsten der Vielen zu entscheiden. Dazu sollten wir beginnen, häufiger ehrlich über Politisches zu sprechen. Weil es etwas mit uns zu tun hat. Weil es uns betrifft und uns nahe ist. Wir können über Krisen sprechen und uns in unseren Emotionen verbinden, statt uns zu vereinzeln. Auf dieser Grundlage müssen wir anfangen, uns entsprechend zu organisieren. Denn es ist not-wendig, und die Zeit drängt. Und es ist ehrlicherweise auch der einzige Weg – denn der andere hieße, einfach aufzugeben.

KLIMA – DIE KATASTROPHE, DIE KEINE HÄTTE WERDEN MÜSSEN

Die Klimakrise hätte eine Katastrophenwarnung bleiben können. Die Chancen, sie abzuwenden und katastrophale Folgen der globalen Erderhitzung zu verhindern, waren gut. In den zurückliegenden vierzig Jahren gab es viele unübersehbare Warnsignale, die zeigten, dass wir handeln müssen. Bereits 1979 fand die erste Weltklimakonferenz statt. Der SPIEGEL bedachte dieses Ereignis mit dem Titel »Tod im Treibhaus«.[1] Es folgten vier Jahrzehnte mit unzähligen Erklärungen seitens der Regierungen, man habe verstanden und werde die Gefahr beseitigen. Vierzig Jahre lang wurde die Öffentlichkeit von Wissenschaftler*innen, NGOs und Aktivist*innen mit immer präziseren Daten und fundierten beängstigenden Prognosen versorgt. Aber die sich anbahnende Gefahr wurde nicht wirksam bekämpft – und eskalierte weiter. Während die unverbindlichen Beteuerungen, das Problem ernst zu nehmen, häufiger wurden, stiegen auch die CO_2-Emissionen. Und die exzessive Ausbeutung der Natur und der Arbeitskraft von Menschen wurde nicht beendet. Die Profite wuchsen und wuchsen, und mit ihnen auch die Kosten dieser Entwicklung, die in die Zukunft verlagert wurden. Vierzig Jahre lang leugneten die Verursacher*innen faktisch die Gefahren der entstehenden Klimakrise, indem sie ein wirtschaftliches »Weiter so« der Option vorzogen, sich verantwortlich zu zeigen und Lösungsversuche zu organisieren.

Die Geschichte der Klimakrise ist mehr als die Entwicklung einer ökologischen Krise. Sie ist ein Spiegelbild davon, welche

Ausmaße von Zerstörung insbesondere reiche Industrienationen und transnational aufgestellte, fossile Konzerne in Kauf genommen haben, um Erfolgsgeschichten von unendlichem Wachstum, Wohlstand und Konsum zu schreiben. Infolgedessen sind wir heute an einem Punkt angelangt, wo absehbar ist, dass unser gegenwärtiges Wirtschaftssystem sich noch in diesem Jahrhundert selbst an den Abgrund führt.

Diese Entwicklung ist nicht unwidersprochen geblieben. Die Wissenschaftler*innen warnten immer eindringlicher und verzweifelter. Diejenigen, auf deren Kosten die wirtschaftlichen Erfolgsgeschichten großer Industrienationen und Konzerne geschrieben wurden, erhoben unzählige Male ihre Stimme. Aber die Proteste von Menschen aus dem sogenannten Globalen Süden und von indigenen Völkern wurden übertönt oder bewusst überhört, vor allem, da diese im globalen Kontext nicht ausreichend repräsentiert und dementsprechend nicht mächtig genug waren. Dennoch organisieren sich seit Jahrzehnten auch im Globalen Norden immer mehr Menschen in einer breiten Umweltbewegung für konsequentes Handeln, um die Klimakrise abzuwenden.

Die Begriffe des Globalen Nordens und Südens sind losgelöst von der geografischen Bedeutung, vielmehr bezeichnen sie Positionen in der globalisierten Welt. Unter dem Globalen Norden versteht man die reichen Industrieländer in entsprechend privilegierten Positionen, mit dem Begriff des Globalen Südens werden die im globalen Machtgefüge weniger privilegierten Länder zusammengefasst.

2009: Klimakonferenz-Desaster in Kopenhagen

Im Dezember 2009 fand in Kopenhagen mit der UN-Klimakonferenz eine der größten Konferenzen aller Zeiten statt. 27 000 Menschen nahmen daran teil, darunter über 10 000 staatliche Delegierte. Die Konferenz sollte einen Aufbruch in der Klimapolitik markieren, stattdessen verkam sie zu einem diplomatischen Desaster. Das beschämende Ergebnis der Tagung war eine unverbindliche, von den Vertragsstaaten nur »zur Kenntnis« genommene Erklärung, die Erderhitzung auf weniger als zwei Grad Celsius im Vergleich zum vorindustriellen Niveau begrenzen zu wollen. Dass so wenig dabei herauskam, dafür tragen vor allem die reichen Industrieländer Verantwortung, die nur unverbindliche Minimalkompromisse auszuhandeln bereit waren. US-Präsident Obama und die deutsche Bundeskanzlerin Angela Merkel reisten ab, ohne sich auch nur mit anderen Ländern abgestimmt zu haben. Den Medien wurde die Berichterstattung über diese Veranstaltung so sehr erschwert, dass die deutschen Fernsehsender ARD und ZDF sogar einen Protestbrief aufsetzten.

In der Abschlussbesprechung der Konferenz spricht ein Teilnehmer in aller Deutlichkeit aus, welche brutalen Folgen die Klimakrise für viele Menschen haben wird, wenn die reichen Industrienationen weiter untätig blieben. »Heute Morgen bin ich weinend aufgewacht«, erzählt Ian Fru mit zitternder Stimme, als er um 3:15 Uhr in der Nacht das Wort ergreift. »Denn das Schicksal meines Landes liegt in euren Händen.«[2] Ian Fru ist der Vertreter von Tuvalu. Der nördlich von Neuseeland gelegene pazifische Inselstaat ist der viertkleinste Staat der Erde und liegt nur wenige Meter über dem Meeresspiegel. Fru muss nicht weit ausholen, um zusammenzufassen, was die Klimakrise und eine Erderhitzung von mehr als 1,5 Grad Celsius in Verbindung mit dem dadurch verursachten Anstieg des Meeresspiegels für seine

Nation bedeuten wird: den Tod. Seine Rede erntet großen Applaus. Aber als dieser verhallt, bleibt nichts übrig, was an der deprimierenden Aussicht etwas ändern würde.

Die kanadische Autorin Naomi Klein schreibt im Nachgang der Konferenz: »Diesen Abend habe ich als den Moment in Erinnerung, als die Klimabewegung erwachsen wurde. Es war der Moment, als uns allen wirklich bewusst wurde, dass niemand zu unserer Rettung kommen würde. […] Es ist tatsächlich so, dass wir ganz auf uns allein gestellt sind, und jede echte Hoffnung in dieser Krise wird von unten kommen müssen.«[3] Das sind ähnliche Erlebnisse, wie sie heute viele Klimaaktivist*innen beschreiben, die seit Jahren Menschen für den Klimaschutz mobilisiert haben – und immer wieder mit Politiker*innen und Unternehmensvorständen konfrontiert sind, die ihre eigenen verbindlichen Zusagen und ihre Verantwortung nur dann einhalten und wahrnehmen, wenn sie der Erhaltung der eigenen Machtposition dienen.

Immer wieder haben gerade junge Menschen die offene Konfrontation mit Entscheider*innen gesucht. Die damals 22-jährige Klimaaktivistin Anjali Appadurai beispielsweise schleuderte 2011 vor der UN-Klimakonferenz in Dunbar den Entscheider*innen entgegen: »Was braucht es, um in diesem Spiel mitspielen zu können? Lobbyist*innen, Unternehmenseinfluss, Geld? Ihr verhandelt schon mein ganzes Leben lang. Und in dieser Zeit habt ihr Zusagen nicht eingehalten, Ziele verfehlt, Versprechen gebrochen.« Als sie ihre Rede beendet hatte, hallte eine Stimme aus einer Gruppe von Aktivist*innen durch den Raum. Es war eine unmissverständliche Aufforderung: *Get it done.*

2015: Der Hoffnungsschimmer des Pariser Klimaabkommens

Die UN-Klimakonferenz in Paris im Dezember 2015 bot eine weitere Chance, diesem Appell zu folgen. Und sie wurde mit der Verabschiedung des Pariser Klimaabkommens augenscheinlich genutzt. Dieses enthält 29 Artikel, die zahlreiche Maßgaben zur Kooperation in der Bewältigung der Klimakrise, zur Finanzierung von Klimaschutz- und Anpassungsmaßnahmen und unterschiedlichen Verantwortlichkeitsstufen der Vertragsparteien auflisten. Als Ziel wurde formuliert, den Anstieg der weltweiten Durchschnittstemperatur auf unter zwei und möglichst unter 1,5 Grad Celsius gegenüber vorindustriellen Werten zu begrenzen, indem Treibhausgasemissionen gesenkt werden. Vorgesehen sind außerdem Anpassungen an Folgen eines veränderten Klimas, die Stärkung der Widerstandsfähigkeit gegen die Folgen der Klimakrise sowie die Lenkung von Finanzmitteln im Einklang mit Klimaschutzzielen. Alle Vertragsparteien verpflichteten sich, nationale Klimaschutzpläne zu erarbeiten und umzusetzen.

Die Verabschiedung des Pariser Klimaabkommens war ein großer Schritt nach vorn. Allerdings wurden auch hier die Kernfragen vermieden: Zum Beispiel findet sich in dieser Vereinbarung von 2015 kein einziger Hinweis auf fossile Energieträger als Hauptverursacher der Klimakrise.[4] Das Wort »Klimagerechtigkeit« kommt nur in Anführungszeichen vor; und jede Formulierung, die Reparationen oder entstehende Rechtsansprüche andeuten würde, wird vermieden.[5] Und damit werden zwei entscheidende politische Konfliktlinien ausgespart.

Der Journalist Bernhard Pötter zog anlässlich des fünften Geburtstags des Pariser Abkommens in der Tageszeitung *taz* eine Zwischenbilanz:»Kaum ein wichtiges internationales Abkommen wird gleichzeitig so unter- und überschätzt wie dieser Vertrag.« Dass fast 190 Staaten Vertragsparteien des Übereinkommens wurden, ist ein großer Schritt in der internationalen Klimapolitik. Aber es fehlten konkrete Handlungsanweisungen. Das Abkommen sehe zwar vor, Vorschläge einzusammeln und Staaten zur Verbesserung zu zwingen. Aber ob und wie die Klimaschutzpläne umgesetzt werden, dazu mache der Vertrag keine Aussage.[6]

Tatsächlich wurde die Umsetzung der Maßnahmen auch in Deutschland verschleppt. Die nationalen Selbstverpflichtungen sind bislang schlicht nicht ausreichend, um die vorgesehene Begrenzung der Erhitzung zu erreichen, wie im Februar 2021 auch der Klimabericht der Vereinten Nationen unter dem Stichwort »Alarmstufe Rot für unseren Planeten«[7] feststellte. Die 1,5-Grad-Grenze ist in weite Ferne gerückt. Denn die bisher verabschiedeten politischen Maßnahmen würden für einen Temperaturanstieg von etwa drei Grad Celsius sorgen.[8]

In der Realität hat das Abkommen also nicht genug bewegt. Aber es als gänzlich wirkungslos einzuordnen wäre ein voreilig gefälltes und falsches Urteil. Denn auf seiner Grundlage entsteht öffentlicher Druck: Die Klimagerechtigkeitsbewegung fordert weltweit politische Entscheider*innen heraus. Städte, Regionen und auch Unternehmen werden aktiv und arbeiten an eigenen Zukunftsszenarien. Weltweit liegen bei Gerichten sogenannte Klimaklagen vor, in denen Betroffene bereits eingetretener Klimaschäden sich auf das Pariser Abkommen berufen und Schadensersatz von maßgeblichen Verursacher*innen verlangen.

Die Zukunft hat längst begonnen

Es bleibt nicht mehr viel Zeit, um dem öffentlichen Druck und dem vielen Reden über die Klimakrise endlich auch tiefgreifende Veränderungen folgen zu lassen. Denn allein darauf kommt es an. Trotz aller Aufforderungen und Versprechen sind wir jetzt mit einem Wettlauf gegen die Zeit konfrontiert. Vierzig Jahre, in denen nicht oder zu wenig gehandelt wurde, haben dafür gesorgt, dass heute selbst das *Best-Case*-Szenario der Zukunft eine Katastrophe darstellt. Während Entscheidungsträger*innen sich heute noch immer auf die immer gleichen Ausflüchte zurückziehen, hat sich die Klimakrise auf furchterregende Weise beschleunigt.

Nach all den unzähligen weiteren Aufforderungen, Appellen und Verhandlungen und insbesondere nach Greta Thunbergs Rede auf dem UN-Klimagipfel vor zwei Jahren, in der sie den Entscheidungsträger*innen die katastrophalen Folgen der Klimakrise entgegenschleuderte, ist das alles längst nichts Neues mehr. Als sie 2019 beim Weltwirtschaftsforum eindringlich forderte: »Ich will, dass ihr Panik habt«, da hatte es bereits seit vierzig Jahren Anlass zur Panik gegeben.

Das Jahr 2017 fasst Stefan Rahmstorf vom Potsdam-Institut für Klimafolgenforschung folgendermaßen zusammen: »Weltweit zeigt sich in diesem Jahr all das, wovor die Klimaforscher*innen seit Langem warnen.« In Arizona konnten Flugzeuge wegen Hitzewellen nicht mehr starten. In Portugal, Spanien, Kanada, Kalifornien, Brasilien und sogar Grönland wüteten verheerende Waldbrände, und nach Extremregen gab es Überflutungen in Südasien, Peru und Italien. Tauender Permafrost und Eisrückgang sorgten für Bergstürze; Dürre verursachte Hungerkrisen im Südsudan, in Somalia, in Jemen. Houston stand unter Wasser, die Karibikinseln waren verwüstet durch eine Hurrikansaison im Atlantik.[9]

Die Klimakrise ist kein Zukunftsthema, sondern sie tobt in der Gegenwart.

Deutschland gehört zu den Nationen im Globalen Norden, die die Klimaveränderungen am wenigsten zu spüren bekommen. Aber auch hier erhalten wir schon einen Vorgeschmack auf das, was auf uns zukommen wird. In den letzten Jahren zog im Sommer der Feuergeruch von Waldbränden in Brandenburg und Mecklenburg-Vorpommern durch Berlin. Plötzlich fühlte sich die Zerstörung sehr nah an und sorgte für Besorgnis. Aber die Beunruhigung verflog mit den letzten Brandschwaden, und alles ging weiter seinen Lauf. Nachdem es 2018 und 2019 in Deutschland viel zu wenig geregnet hatte und dies in den Wintermonaten nur zum Teil ausgeglichen wurde, herrschte vielerorts bis in die tieferen Bodenschichten eine außergewöhnliche Dürre. Das Umweltbundesamt warnte 2020 unter anderem deswegen eindringlich davor, dass in Zukunft Wasser knapp werden könne, obwohl Deutschland ein sehr wasserreiches Land ist.[10]

Die Menschheit operiert in riesigen natürlichen Systemen und richtet dort verheerenden Schaden an. Die Klimakrise und der Verlust der Biodiversität verursachen Zerstörung ungekannten Ausmaßes: Der Meeresspiegel wird steigen, die Gletscher schmelzen, ganze Klimazonen und Vegetationszonen verschieben sich, Lebensräume für Menschen und Tiere werden zerstört oder verändern sich drastisch. Wie auch immer genau die Klimakrise verlaufen wird: Sie bringt unweigerlich häufigere Waldbrände mit sich. Immer stärker und immer öfter werden Wetterextreme auftreten. Die Klimakrise bedeutet Hitzewellen, Stürme, Dürren, Überflutung, Missernten – um nur ein paar der Folgen zu nennen. Hunger, Wassermangel, Krankheiten und Armut werden sich verschärfen und mit ihnen auch Fluchtbewegungen und Verteilungskämpfe.

Die Folgen der Klimaerhitzung treten nicht einzeln oder voneinander unabhängig ein, sondern häufig gleichzeitig, einander bedingend, sich summierend.[11] Kaum jemand kann sie sich konkret vorstellen, und genau das ist Teil des Problems. Denn die Klimafolgen sind nicht »nur« abstrakte Veränderungen der Natur, denen entsprechende physikalische Berechnungen zugrunde liegen. Sie betreffen sehr konkret menschliches Leben und Überleben. Bei Forderungen nach Klimagerechtigkeit geht es um Millionen von Menschen, die in den verletzlichsten Regionen der Erde überproportional von Klimaveränderungen betroffen sind, auch bezeichnet als MAPA (*Most Affected People and Areas*), von denen viele auf der Flucht sein werden oder sterben, und zwar bei jedem der jetzt noch erreichbaren Szenarien. Eine Erhitzung um 1,5 Grad Celsius stellt nur das Minimum dessen dar, was heute im Rahmen des Möglichen liegt. Es gibt Prognosen für Erhitzungspfade bis über 4,5 Grad Celsius Erderwärmung.

Eine Erhitzung um 1,5 Grad Celsius ist nur deshalb ein *Best-Case*-Szenario, weil die Hoffnung besteht, dass dann entscheidende Kipppunkte möglicherweise nicht überschritten werden. Diese Kipppunkte sind kritische Schwellen im Klimasystem, bei deren Überschreiten weitreichende, selbstverstärkende und irreversible Veränderungen in Gang kommen. Sie betreffen Prozesse wie das Schmelzen des sommerlichen Eises in der Arktis, das Schmelzen des grönländischen Eisschildes, die Reduzierung des tropischen Regenwaldes, den Kollaps des indischen Sommermonsuns, den Schwund der borealen Wälder oder die Abnahme der atlantischen thermohalinen Zirkulation, einer Kombination von Meeresströmungen, die vier der fünf Ozeane miteinander verbindet und die einen größeren Zufluss von Süßwasser bewirkt. Deshalb ist eine Erhitzung um »nur« 1,5 Grad Celsius kein politisches Ziel, über das verhandelt werden kann. Sondern eine Grenze, die einzuhalten wir mit aller Kraft versuchen müssen. Egal, wie gering die Wahrscheinlichkeit dafür sein mag. Verhandlungen lassen sich neu aufnehmen, und politische Entscheidungen können revidiert werden. Unkontrollierbare Kettenreaktionen in unseren Ökosystemen dagegen, die eintreten, sobald ihre Kipppunkte erreicht sind, nicht. Wenn die Kettenreaktionen einmal ausgelöst sind und die Erderhitzung in Gang gesetzt ist, liegt es außerhalb der menschlichen Macht, sie zu bremsen. Dann verstärken sie sich selbst und eskalieren.[12] Bei ökologischen Kipppunkten gibt es keine zweite Chance, kein »Beim nächsten Mal machen wir es besser« oder »Mehr war leider nicht drin«. Wir haben keine andere Wahl, als es beim ersten Mal gut zu machen.

Nicht das Pathos von Klimaaktivist*innen schafft diese Regeln. Vielmehr sind es die Regeln der Natur. Es ist an der Zeit, dass wir Menschen aufhören, uns als Herrscher*innen über unbeherrschbare Prozesse aufzuspielen. Denn wir beherrschen damit nicht die Natur zu Tode, sondern uns selbst.

Wir rasen auf ein *Worst-Case*-Szenario zu

Heute schon hat sich die Erde seit der Industriellen Revolution um circa ein Grad Celsius erhitzt.[13] In den meisten Tier- und Pflanzengruppen ist jede vierte Art vom Aussterben bedroht.[14] Längst stellen die Klimakrise und das Massensterben von Tier- und Pflanzenarten die zwei größten ökologischen Probleme der Gegenwart dar.[15] Bereits 2015 haben wir bei vier von neun Säulen, die man planetare Grenzen nennt und auf denen unsere Ökosysteme ruhen, die kritischen Schwellenwerte über- oder unterschritten: beim Klima, bei der Biodiversität, mit der menschlichen Landnutzung und in biochemischen Kreisläufen.[16] Mit der

Klima- und Ökologiekrise steht vieles auf dem Spiel, was wir bislang für selbstverständlich gegeben halten.

Das hat immense Folgen auf die Art und Weise, wie Menschen ihr Leben auf der Erde gestalten können. Landwirtschaft wird in vielen Regionen nicht mehr uneingeschränkt betrieben werden können. Lebensräume, vor allem in Teilen des Globalen Südens, werden unbewohnbar.[17] Ganz zu schweigen davon, dass für bis zu zwei Milliarden Menschen das Trinkwasser knapp werden kann.[18] Das betrifft jeden vierten Menschen auf der Erde. Und wenn die Erderhitzung mit der aktuellen Geschwindigkeit weiter fortschreitet, wird sie möglicherweise bereits bis 2024 vorübergehend ein Niveau von +1,5 Grad Celsius gegenüber der vorindustriellen Zeit erreichen.[19] Das liegt bereits in der nächsten Legislaturperiode. Und dennoch will Deutschland 2030 noch fast ein Jahrzehnt Kohle fördern. Auch deshalb ist die anstehende Bundestagswahl von existenzieller Bedeutung.

Es mag sich so anfühlen, als schliche der *Worst Case* auf uns zu, wenn von Zeitspannen bis 2100 oder mindestens von den nächsten Jahrzehnten gesprochen wird. Tatsächlich rasen wir jedoch mit höchstem Tempo auf die schlechtestmögliche Situation zu, weil die entscheidenden Kipppunkte nahezu jederzeit erreicht werden könnten. Aber Industrie und Politik machen weiter wie bisher, und wir fügen uns. Sei es aus unbewusster Katastrophen-Geilheit, aus morbider Gelassenheit, wegen eines eklatanten Mangels an Fantasie oder aber aus fehlendem Mut zum Widerstand und zu einem Aufstand, der eine Zeitenwende einleiten und eine neue Art des Wirtschaftens und globalen Zusammenlebens in Gang setzen könnte. In jedem Fall ist dieses Verhalten ein tödliches Experiment. In Deutschland flüchten wir uns vielleicht in trügerische Zukunftshoffnungen, weil die Auswirkungen der Krise noch vergleichsweise erträglich scheinen. In solchen Momenten sprechen wir dann über die Klimakrise, als ginge es dabei in erster Linie darum, die Schönheit der heimischen Natur zu bewahren. Aber auch hierzulande ist den meisten Menschen eigentlich klar, dass wir uns in einer gefährlichen Situation befinden.

Eine brutale Wahrheit ist: Vor allem die Länder, die die Klimakrise hauptsächlich verursacht haben, also die Industrienationen und Konzerne aus dem Globalen Norden, rauben den Menschen im Globalen Süden ihre Lebensräume und setzen so deren Leben aufs Spiel. Denn die Auswirkungen der Klimakrise treffen die ärmsten Länder und ihre Gesellschaften zuerst und am stärksten: Die Hauptlast der Krise tragen also ausgerechnet diejenigen, die am wenigsten zu ihrem Ausbruch beigetragen haben. Die drei »Hotspots« der Klimakrise sind Länder südlich der Sahara in Afrika, Südasien und Lateinamerika.[20] Zum einen sind diese Länder auch geografisch vulnerabler. Sie liegen in Gebieten, die Hitze, Trockenheit und extremen Niederschlägen schon heute am stärksten ausgesetzt sind. Zum anderen sind sie häufig von Wirtschaftszweigen abhängig, die besonders anfällig für Klimafolgen sind. Dazu zählt zum Beispiel die Landwirtschaft. Wird diese geschmälert und erschwert, fällt damit auch der Hauptmotor der Wirtschaft weg. Armut und Hunger sind vorprogrammiert.

Flucht: Wenn die Heimat lebensgefährlich wird

Das sorgt schon jetzt für dramatische Situationen. Allein 2002 sind mindestens 150 000 Menschen an indirekten Folgen der globalen Erhitzung, zum Beispiel Nahrungsmangel oder Infektionskrankheiten, gestorben.[21] Schätzungen der Internationalen Organisation für Migration (IOM) zufolge waren bereits 2008 Folgen der Klimakrise (mit-)entscheidend für die Flucht von mehr als der Hälfte der weltweit fliehenden Menschen. Das sind über 18 Millionen Menschen.[22] 2016 ging man davon aus, dass seitdem jährlich zwanzig Millionen Menschen durch Naturkatastrophen aus ihrer Heimat vertrieben wurden. Die meisten verblieben innerhalb ihres Heimatlandes. Das könnte ein Grund sein, warum wir in Deutschland und Europa bei Flucht immer noch in erster Linie an Krieg und Terror denken. Dabei flohen bereits vor einigen Jahren aus Umwelt- und Klimagründen doppelt so viele Menschen wie vor Krieg und Terror.[23]

Bis 2050 werden Dutzende oder sogar Hunderte Millionen Menschen, so die Prognosen, ihre Heimat klimabedingt verlassen müssen.[24] Mit welchem Zynismus bislang damit umgegangen wird, zeigt eine Schlagzeile der Wochenzeitung DIE ZEIT vom September 2020. In Reaktion auf eine kritisierte Studie, die eine Milliarde Klimageflüchtete bis 2050 prognostiziert, veröffentlichte die Wochenzeitung ein Interview, das sie mit dem Zitat betitelte »Wer vor Klimafolgen fliehen muss, kommt meist nicht weit«.[25] Als wäre das in irgendeiner Form beruhigend, oder als sei Flucht von geringerer (politischer) Bedeutung und Wichtigkeit, wenn die Menschen nicht nach Europa kommen. Für alle, die heute schon wegen Naturkatastrophen fliehen müssen oder sterben, kommt jede Hilfe bereits zu spät. Es ist unsere verdammte Pflicht, dass es nicht noch mehr werden.

Die Klimakrise ist nicht nur ein Umweltthema

Die Klimakrise ist kein vorrangiges Umweltthema, sondern eine allumfassende Bedrohung für menschliches Leben. Das wird in politischen Debatten häufig verschwiegen, weil die politische Sprache für die Beschreibung von Klima- und Umweltschäden fehlleitet und ungenau ist. Die Sprachwissenschaftlerin Elisabeth

Wehling beschreibt das in ihrem Buch *Politisches Framing*: Es wird viel über »Klimaschutz« gesprochen, aber eigentlich ist »Menschenschutz« gemeint.[26] Der Zweck politischer Maßnahmen ist gerade nicht, das Klima vor irgendetwas zu bewahren. Das hat es nämlich, so bescheiden sollten wir bleiben, schlicht nicht nötig. Es braucht vor allem deshalb politisches Handeln, weil wir Menschen uns vor einem sich erhitzenden Klima schützen müssen. Zwar kann und soll der Begriff auch ausdrücken, dass vor bzw. gegen die Klimaerhitzung geschützt werden soll. Dennoch schafft dieser feine Unterschied in der Sprache völlig unterschiedliche Vorstellungen davon, warum die Klimakatastrophe verhindert werden muss. Unscharfe Sprachbilder wie das des »Klimaschutzes« prägen unsere Wahrnehmung der Realität so sehr, dass wir gedanklich die Abhängigkeit von uns Menschen von intakten Ökosystemen leugnen.

Alle Menschen auf der Erde sind direkt oder indirekt vom Ozean und der Kryosphäre – also alle Teile des Klimasystems, in denen Wasser in gefrorener Form vorliegt – abhängig. Der globale Ozean bedeckt mehr als zwei Drittel der Erde; weitere zehn Prozent werden durch Gletscher und Eisschilde bedeckt.[27] Bedingt durch die Erderhitzung wird der Meeresspiegel ansteigen. Aktuelle Prognosen sagen noch einen Meeresspiegelanstieg unter einem Meter bis 2100 voraus. Das klingt nach wenig, aber ohne wirkungsvolle Gegenmaßnahmen würden bei einem solchen Anstieg des Meeresspiegels weltweit 150 000 km² Landesfläche dauerhaft überschwemmt werden, davon 62 000 km² küstennaher Feuchtgebiete.[28] 680 Millionen Menschen leben heute in niedrig gelegenen Küstenregionen. Als solche gelten Regionen, die weniger als zehn Meter über dem Meeresspiegel liegen. 2050 werden schon eine Milliarde Menschen von Überschwemmungen betroffen sein.[29]

Wenn die Verursacher*innen am wenigsten betroffen sind

Bei der Klimakrise sitzen nicht alle Menschen schicksalhaft vereint im häufig sprichwörtlich beschriebenen selben Boot. Im Gegenteil: Der Meeresspiegel beispielsweise in Bangladesch wird viermal so stark ansteigen wie in den Niederlanden. Während die Niederlande voraussichtlich in der Lage sein werden, zur Abwehr möglicher Überschwemmungen Deiche zu bauen, sorgt ein Anstieg des globalen Meeresspiegels in Bangladesch dafür, dass etwa ein Fünftel der gesamten Landfläche dauerhaft überschwemmt sein wird. Und das in einem Land, das 170 Millionen Einwohner*innen und die höchste Bevölkerungsdichte der Welt hat. Dort allein verlören Millionen Menschen ihre Heimat.

Hinzu kommen vorübergehende Überschwemmungen, in deren Folge sehr leicht Epidemien entstehen und sich verbreiten können. Überschwemmungen haben außerdem verheerende Folgen für die Landwirtschaft, erst recht durch einen erhöhten Salzgehalt im Boden.[30] Überdies hatte Bangladesch immer wieder mit Sturmfluten, die bis zu neun Meter hoch waren, zu kämpfen: 1970 und 1981 verursachten tropische Wirbelstürme große Sturmfluten, durch die mehrere Hunderttausend Menschen ihr Leben verloren. Wäre der Meeresspiegel nur einen Meter höher, würden solche Katastrophen nicht mehr außergewöhnliche Ereignisse darstellen, sondern bereits eine »übliche« Flutwelle wäre so hoch wie diese verheerenden Sturmfluten, und das von ihnen verursachte Ausmaß der Zerstörung und des Leids würde sich deshalb »normalisieren«.[31] Daher bereitet sich das Militär in Bangladesch auf soziale Verwerfungen, Spannungen und Konflikte durch bis zu 25 Millionen fliehende Menschen vor.[32] Bangladesch ist seit seiner Gründung 1972 für einen verschwindend geringen Anteil an den globalen CO_2-Emissionen verantwortlich.[33] Deutschland dagegen ist unter den historischen TOP-10-Emittenten. Noch deutlicher werden die Unterschiede, wenn man den CO_2-Verbrauch pro Kopf in beiden Ländern betrachtet: In Deutschland stößt ein Mensch im Schnitt mehr als acht Tonnen CO_2 im Jahr aus, in Bangladesch weniger als eine Tonne.[34] Die Verantwortlichkeit einzelner Länder muss sich auch daran messen lassen. Es zeigt sich: Die Klimakrise wurde durch globale Ungerechtigkeit verursacht, nicht durch kollektives Handeln der Menschheit.

Furchterregende Prognosen werden noch übertroffen

Wenn es heute bei der Klimakrise Neuigkeiten gibt, dann fallen sie zumeist in eine von zwei Kategorien. Kategorie eins: Prognosen werden Realität. Kategorie zwei: Alles läuft noch schneller und katastrophaler ab, als die Wissenschaftler*innen prognostiziert haben. Zwei Beispiele dafür sind die Permafrostböden und die Gletscherschmelze.

Die Permafrostböden machen ungefähr ein Viertel der Erdoberfläche in nördlichen Breiten aus.[35] Sie funktionieren wie eine gigantische Tiefkühltruhe für die Erde: In den Böden ist seit Jahrtausenden organisches Material in Form abgestorbener Pflanzenreste eingeschlossen. Dadurch sind die Permafrostböden riesige Kohlenstoffspeicher. Wenn sie tauen, gelangen große Mengen von Treibhausgasen in die Atmosphäre. Zu den Rückkopplungseffekten, die diese Entwicklung wiederum auf die Erderhitzung haben könnte, fehlen gute Daten. Und der Frost taut, immer schneller, immer weiter. Schon 2010 wurden jene Prognosen für den Permafrost überschritten, die zuvor erst für das Jahr 2090 vorausgesagt wurden![36] Wir haben Jahrhundertprognosen bereits drei Generationen zu früh gesprengt.

Ähnlich verhält es sich mit den Gletschern. Die gängige Prognose war, dass über die Hälfte der Gletscher auf der Nordhalbkugel bis 2100 geschmolzen sein wird.[37] Aber inzwischen werden auch die schlimmsten Schätzungen noch übertroffen: Die Gletscherschmelze ist bei grönländischen Gletschern so weit fortgeschritten, wie ursprünglich für das Szenario einer Erhitzung um über vier Grad Celsius am Ende des Jahrhunderts vorausgesagt war. Die Schmelze der drei größten Gletscher in der Arktis könnte danach den Meeresspiegel um zehn Zentimeter anheben.[38] Das mag angesichts der Größenordnungen, in denen Klimafolgen beschrieben werden, belanglos klingen. Aber in der Klimakrise müssen wir lernen zu verstehen, dass vermeintlich kleine Veränderungen (die sich, wenn man bedenkt, dass die Rede von globalen Systemen ist, in gewaltigen Größenordnungen abspielen) wie zehn Zentimeter Unterschied beim globalen Meeresspiegelanstieg große Auswirkungen haben. Diese zehn zusätzlichen Zentimeter würden bedeuten, dass bis zu zehn Millionen Menschen mehr dem damit verbundenen Risiko ausgesetzt wären.[39]

Das ist nur eines von vielen Beispielen für das, was heute schon passiert und morgen auf uns zukommen wird. Es zeigt, wie wahnsinnig es wäre, den Handlungsbedarf zu leugnen. Ich bin davon überzeugt, dass uns allen das insgeheim bewusst ist. Wir vermeiden es nur, uns ständig damit zu konfrontieren.

Kurs auf die Katastrophe

Es besteht nur noch eine sehr geringe Chance darauf, die Erderhitzungsgrenze von 1,5 Grad Celsius nicht zu überschreiten.[40] Häufig wird dabei das Thema Geoengineering ins Spiel gebracht. Damit bezeichnet man technische Eingriffe in Kreisläufe der Erde, um beispielsweise CO_2 aus der Atmosphäre zu extrahieren. Wie genau das funktionieren könnte, darüber wird noch geforscht. Die bisher bekannten Geoengineering-Eingriffe sind jedoch mit enormen Risiken für die Umwelt verbunden. Zudem sind mit solchen gravierenden Eingriffen in die Natur auch ethische Fragen verknüpft.[41]

Eine viel beachtete Studie, die unter dem Namen *Hothouse Earth Paper* besprochen wurde, hat sich mit klimatischen Rückkopplungseffekten beschäftigt. Die Ergebnisse: Selbst wenn wir eine Begrenzung der Erderhitzung um 1,5 oder auch zwei Grad Celsius einhalten, können Kippelemente ausgelöst werden, die die Erderhitzung weiter beschleunigen und eine Stabilisation des Klimas unmöglich machen. Schauen wir zurück auf den Verlauf von CO_2-Emissionen und Klimapolitik der letzten fünfzehn Jahre, dann beträgt die Abweichung vom *Worst Case*, also einer Erhitzung von über vier Grad Celsius bis 2100, weniger als ein Prozent.[42] Wir halten Kurs auf die Katastrophe, und der Abgrund ist schon so viel näher, als wir glauben.

Bereits heute leben Umweltschützer*innen vielerorts gefährlich. Zwischen 2002 und 2017 starben mehr als 1500 Menschen bei dem Versuch, die Umwelt – meistens natürliche Ressourcen und Lebensräume – zu schützen. Aktivist*innen werden ermordet, sie werden verurteilt und sitzen im Gefängnis.[43] Auch Umweltjournalist*innen haben häufig mit Einschüchterungen und Schikanen zu kämpfen. Für einige Reporter*innen, die beispielsweise in Indien, Kolumbien und im Südsudan vor Ort über Umweltkatastrophen berichten, hatte die Berichterstattung sogar tödliche Folgen.[44] In Deutschland wird zumindest immer wieder die mediale Berichterstattung bei Protesten und polizeilichen Räumungsaktionen behindert, beispielsweise im Hambacher Forst oder im Dannenröder Wald.

Häufig beklagt man das unzureichende öffentliche Verständnis der Klimakrise. Dabei ist das wenig überraschend. Denn statt die Prognosen und Folgen beim Klima wirklichkeitsgetreu abzubilden und zu vermitteln, ist die Darstellung der Klimakrise in den Medien immer wieder verharmlosend. In deutschen Medien wird Leugner*innen und selbst erklärten Kritiker*innen überproportional viel Raum in Kolumnen, Analysen und Porträts eingeräumt.[45] Obwohl sich nach letzten Untersuchungen bis zu 99,94 Prozent der Wissenschaft darüber einig sind, dass es die menschengemachte Klimakrise gibt[46], erhalten Leugner*innen in medialen Debatten teilweise mehr Raum als die Expert*innen.[47] Auf diesem Wege könnte man die Leugner*innen auch entlarven, lautet ein häufiger Einwand zur Rechtfertigung. Aber das Gegenteil ist der Fall: das Leugnen wirkt. Man muss Halbwahrheiten und Verschwörungserzählungen nicht glauben, damit sie wirken. Schon der Kontakt damit sorgt für weniger Bereitschaft, selbst Maßnahmen zu ergreifen oder politisch aktiv zu werden, erklären Katharina Nocun und Pia Lamberty in ihrem Buch *Fake Facts*.[48] Vor diesem Hintergrund ist es mindestens fahrlässig, wenn nicht nur Wissenschaftler*innen, sondern auch Klimaaktivist*innen, die wissenschaftliche Studien kommunizieren und daraus politische Forderungen ableiten, »Panikmache« oder »Hysterie« unterstellt wird. Unter anderem titelte die WELT im November 2020 »Die Auslöschungsfantasien der Aktivisten« – als wären all die Zahlen und Fakten, auf die diese sich berufen, Teil einer Science-Fiction-Romanreihe.[49] (Zuvor lautete die Schlagzeile »Wollt ihr die totale Angst?« Die WELT wandelte damit in Bezug auf Klimaaktivist*innen das Goebbels-Zitat »Wollt ihr den totalen Krieg?« ab. Das wurde nach Kritik geändert.) Doch die Aktivist*innen müssen nichts übertreiben oder auch nur ausschmücken: Die Realität ist schrecklich genug. Medien dürfen sich nicht mit denen gemein machen, die es mit der Wahrheit nicht so genau nehmen, Verschwörungsglauben befeuern und gegebenenfalls sogar Hass schüren.

Mantra der Bequemlichkeit

Daneben mehren sich Stimmen, die dafür plädieren, einfach aufzugeben und sich dem Unglück hinzugeben. Jonathan Franzen beispielsweise, ein berühmter amerikanischer Schriftsteller, veröffentlichte im Januar 2020 die deutsche Ausgabe seines Essays *Wann hören wir auf, uns etwas vorzumachen?* Der schmale Text, in dem der Autor einen von ihm geschriebenen Zeitschriftenartikel erweiterte und wiederverwertete, wurde ein Bestseller. Kein Wunder, denn er legitimiert das Zurücklehnen.

Jonathan Franzen ruft darin zur Kapitulation vor der Apokalypse auf. Die Klimakrise sei schon so weit fortgeschritten, dass der Kampf dagegen aussichtslos und überflüssig sei. Sein Plädoyer für die frühzeitige Resignation tarnt er als Akt der Vernunft – und bemüht dafür ausgerechnet die Natur des Menschen. Der Mensch sei nun einmal nicht für schnelle, radikale Umbrüche gemacht. Obwohl Franzen die Leugner*innen des menschengemachten Klimawandels verachtet, stellt er sich damit objektiv in den Dienst der Gegner*innen der Klimaforschung, die wissenschaftliche Fakten beharrlich als *Fake News* abtun und seit Jahren gegen die Klima- und Umweltbewegung mobilisieren.[50] Man muss den Essay nicht gelesen haben, um diese Argumentation wiederzuerkennen: Wir alle kennen politische Entscheidungsträger*innen und Menschen im Bekanntenkreis – oder vielleicht sind Sie es selbst? –, die sagen: *Jetzt ist es nun einmal zu spät. Schade, aber was soll man schon machen. So ist es nun einmal. So ist der Mensch.* Franzen ist nur die prominente Version des selbstgefälligen Zweiflers, der lieber das Mantra der Resignation betet, statt aufzustehen, sozusagen besser spät als nie, und den Kampf aufzunehmen.

Denn es macht sehr wohl einen entscheidenden Unterschied, ob wir jetzt die Hände in den Schoß legen oder alle Ressourcen und politischen Mittel mobilisieren, um doch noch etwas zu bewegen. Jedes Detail der Klimakrise hat Auswirkungen auf die Überlebenschancen vieler Menschen. Es gilt zu retten, was noch zu retten ist. Denn die alles entscheidende Frage in der Klimadebatte ist gerade diejenige, welches Ausmaß die Klimakatastrophe annimmt. Die Folgen, die die Temperaturanstiege jeweils haben, verlaufen nicht linear. Und sie werden auch nicht hinreichend kontrollierbar sein. Der vermeintlich kleine Unterschied zwischen 1,5 und zwei Grad Celsius durchschnittlicher Erhitzung wird über das Schicksal von 420 Millionen Menschen entscheiden, die regelmäßig extremen Hitzewellen ausgesetzt werden.[51] Dass solche Details sehr wohl noch Unterschiede machen, räumt Franzen in seinem Essay zwar ein, aber da er die Resignation vorher zur einzig rationalen Haltung erklärt hat, kann daraus kein Impuls zur Aktivität entstehen.

Wer diese Unterschiede als unbedeutend abtut, gehört aller Wahrscheinlichkeit nach nicht zu diesen 420 Millionen. Aus Franzens Aufforderung zum Sich-Ergeben spricht ein immer häufiger auftretender Zynismus, den sich nur diejenigen leisten können, die nicht ihre Zukunft zu verlieren haben, sondern allenfalls ihre Privilegien. Diese Argumentation erklärt das Schicksal von Dutzenden, wenn nicht Hunderten Millionen Menschen für nicht relevant genug. Wer jetzt schon aufgeben will, denn »Schlimmer kann es ja eh nicht mehr werden« – dem muss man sagen: Doch. Klar kann es das. Ohnmacht zu inszenieren ist kein Ausweg. Darüber hinaus wurde diese Debatte schon vor Jahrzehnten geführt und auch politisch entschieden. Denn es gibt Menschenrechte auf Leben, auf Wasser, auf Gesundheit, auf saubere Umwelt.[52] Und es gilt, für die Erfüllung dieser Rechte für jeden einzelnen Menschen zu kämpfen.

Das Kohleausstiegsgesetz – ein als Fortschritt getarnter Schritt zurück

Um rechnerisch die Erhitzung auf 1,5 Grad Celsius zu begrenzen, darf nur noch ein bestimmtes Restbudget an CO_2 emittiert werden.[*] Wenn wir so weiter wirtschaften wie aktuell, ist dieses Budget in weniger als sieben Jahren aufgebraucht.[53] Dennoch ist es noch möglich, scharf auf die Bremse zu treten. Deutschland müsste spätestens 2035 klimaneutral sein und seine CO_2-Emissionen in den nächsten fünf Jahren halbieren.[**] Die Bewältigung wäre ein globaler koordinativer Kraftakt. Aber sie wäre möglich. Alle Einwände, die auf ein Nicht-Handeln oder die fehlende Handlungsmöglichkeit Deutschlands abzielen, laufen ins Leere.

---

[*] Soll die 1,5-Grad-Grenze mit einer Wahrscheinlichkeit von 67 % eingehalten werden, beträgt dieses Restbudget ab 2018 420 Gigatonnen CO_2. Eine Wahrscheinlichkeit von 67 % bedeutet, dass die Zielerreichung mit 67 % der untersuchten Szenarien erreichbar ist. Mit einer Wahrscheinlichkeit von 50 % ist das auch noch mit einem verbleibenden Budget von 580 Gt CO_2 ab 01.01.2018 der Fall.

J. Rogelij, D. Shindell, K. Jiang u.a.: Mitigation Pathways Compatible with 1.5°C in the Context of Sustainable Development. In: Global Warming of 1.5°C. An IPCC Special Report on the impacts of global warming of 1.5 °C above pre-industrial levels (…), 2018, S. 113.

[**] Diese Berechnung orientiert sich an einem Restbudget von 580 Gt CO_2. Damit wäre die Einhaltung des 1,5-Grad-Ziels mit 50 Prozent der untersuchten Szenarien möglich.

Um eine Erhitzung um »nur« 1,5 Grad Celsius einzuhalten, müssten wir weg vom Status quo. In der Energiewirtschaft, in der Industrie, im Verkehr und bei Gebäuden. Denn dort entstehen die meisten Emissionen – in Deutschland wie auch global.[54] Ein umfassendes ökologisches und soziales Transformationsprogramm unserer Wirtschaft müsste in Angriff genommen werden. Aber bislang will Deutschland erst 2038 aus der Kohle ausgestiegen sein. Die Klimaziele der Bundesregierung sind nicht nur zu wenig ambitioniert, die Bundesregierung verpasst überdies die eigenen unzureichenden Klimaziele.[55] Die Klimaziele für 2020 wurden nur aufgrund der Einschränkungen im Zuge der Corona-Pandemie erreicht.

Was die Festsetzung des Kohleausstiegs auf 2038 betrifft, so wird dennoch immer wieder argumentiert, der Beschluss eines späten Ausstiegs sei besser als gar kein feststehender Kohleausstieg. Dieses Argument trifft jedoch nicht zu. Denn ohne den sogenannten Kohlekompromiss wäre möglicherweise ein deutlich früherer Ausstieg aus der Kohle möglich gewesen.

Die Bundesregierung verlagert mit ihrem Kohleausstiegsgesetz wichtige Entscheidungen in die Zukunft. Ursprünglich machte die zur Erarbeitung eines Gesetzesvorschlags eingesetzte Kohlekommission den Vorschlag, den Verbrauch schon 2025 mindestens um zehn Millionen Tonnen CO_2 zu reduzieren. Denn: Um drastische Reduktionen von CO_2-Emissionen zu erreichen, müssten so bald wie möglich viele Kraftwerke stillgelegt werden. Fast die Hälfte der Braunkohlekapazitäten sollen jedoch erst nach 2034 stillgelegt werden, die größten Kraftwerke sogar erst 2038.[56] So bleibt der Druck schwach, auf erneuerbare Energien umzustellen.

Einer Schätzung des britischen Thinktanks *Carbon Tracker* zufolge waren 2019 bereits rund neunzig Prozent der deutschen Kohlekraftwerke nicht mehr wirtschaftlich.[57] Kohle ist schon heute vielerorts ein Verlustgeschäft. Zusätzlich nimmt die Auslastung der Kohlekraftwerke ab.[58] Dennoch sollen Konzerne, die Braunkohle- und zum Teil auch Steinkohlekraftwerke betreiben, Entschädigungszahlungen in Milliardenhöhe für die Stilllegung ihrer Kraftwerke erhalten. Die Höhe dieser Zahlungen wird nicht an die Entwicklung der Marktpreise für Kohlestrom gekoppelt, weswegen Expert*innen wie Hanns Koenig von *Aurora Energy Research* oder die Rechtsanwältin Roda Verheyen eine »Überkompensation« der Betreiberfirmen befürchten.[59] Das 2020 beschlossene Kohleausstiegsgesetz könnte auf diesem Wege Anreize entfalten, Kraftwerke länger zu betreiben. Somit ist das Kohleausstiegsgesetz nicht einmal ein mittelmäßiger Kompromiss. Stattdessen stellt es ein Kohle-Wiedereinstiegs-Gesetz dar – und damit lenkt die Politik in die völlig falsche Richtung. Oder wie Petra Pinzler es in einem ZEIT-Artikel im Januar 2020 zusammenfasst: Am Ende gewinnen immer die Konzerne.[60] Die Bürger*innen zahlen dagegen beispielsweise die Kohleverstromung gleich dreifach: Das erste Mal, um die Kohleverstromung zu ermöglichen, dann um sie zu beenden, und schließlich, um mit ihren Schäden umzugehen.

Statt einen *Turnaround* einzuleiten, finanziert Deutschland einen umweltzerstörerischen Status quo in Deutschland weiterhin mit etwa sechzig Milliarden Euro an umweltschädlichen Subventionen jährlich.[61] Und auf europäischer Ebene soll mit 400 Milliarden Euro für die nächsten Jahre eine weitgehend unökologische Landwirtschaftspolitik weiter verankert bleiben,[62] die große Flächen statt Nachhaltigkeit belohnt. Die ökologische Transformation der Wirtschaft, der Infrastruktur und der Gesellschaft findet längst nicht überall statt und zudem viel zu schleppend. Was wir aktuell beobachten können, kommt einem Ausverkauf der Gegenwart und der Zukunft gleich.

Das unbeirrte »Weiter so« von Politiker*innen trotz der größten Proteste in der deutschen Geschichte hat – parallel zu Naomi Kleins Erweckungsmoment in Kopenhagen 2009 – große Teile der Klimabewegung gewissermaßen erwachsen werden lassen. Wer hoffte, die Politik werde sich mit einer kleinen Erinnerungsstütze an ihre eigenen Verbindlichkeiten zur Bekämpfung der Klimakrise schon kümmern, wurde eines Besseren belehrt.

Die Bekämpfung der Klimakrise scheitert nicht daran, dass wir ihre Folgen zu schlecht abschätzen können oder zu wenig über ihre Ursachen wissen. Sie scheitert auch nicht an Kenntnissen darüber, was passieren müsste, um noch größere Katastrophen zu verhindern. Wir wissen all das. Und es gibt Pläne, wie wir es ändern können. Wissenschaftler*innen, NGOs und Zivilgesellschaft haben die Arbeit politischer Entscheidungsträger*innen in den letzten Jahren übernommen und Pläne vorgelegt, wie Veränderung in Richtung einer besseren Zukunft gelingen könnte. *Fridays for Future* haben mit dem Wuppertal Institut eine Studie veröffentlicht, die aufschlüsselt, welche Maßnahmen für deutsche Klimaneutralität 2035 nötig wären.[63] Die NGO *German-Zero* hat ebenfalls einen Klimaplan für Deutschland vorgelegt.[64] Zahlreiche Menschen schreiben gemeinsam an einem »Klimaplan von unten«.[65] In den USA kämpft die Klimabewegung für einen Green New Deal – und auch in Europa gab es Ansätze dafür – , der allerdings etwas völlig anderes gewesen wäre als das, was Ursula von der Leyen nun umsetzen möchte.[66] Und ich selbst war 2019 Teil eines Autor*innenteams des Jugendrats der Generationen Stiftung. Wir haben der von uns empfundenen Planlosigkeit der Politik einen Politikentwurf entgegengesetzt, der neben dem Klima und der Wirtschaft auch soziale und globale Gerechtigkeit und demokratische Veränderungen in den Blick nimmt.[67]

Die Bekämpfung der Klimakrise scheitert bislang an Politiker*innen, die sich gegen Veränderung stemmen. Sie scheitert an Verursacher*innen, die ihre Machtpositionen nicht verlieren wollen. Und sie scheitert an der kapitalistischen Wirtschaftsweise, die im Begriff ist, mit der Klimakrise nicht in erster Linie den Planeten, sondern menschliche Lebensgrundlagen und Lebensräume zugrunde zu richten, um weiter Profite und Wachstum zu produzieren.

Konsequentes kollektives Handeln könnte einen Unterschied machen. Zum Beispiel, indem die entscheidenden Verursacher*innen der Klimakrise – angefangen bei mutloser Politik, weiter bei der Wirtschaft und den Gesellschaften der Industrienationen des Globalen Nordens – zu einem *Turnaround* gezwungen werden. Und damit diejenigen, die aus der Ankündigung einer sich entwickelnden Klimakrise erst eine Katastrophe gemacht haben. Natürlich ist radikale Veränderung aller Rahmenbedingungen nicht einfach, schließlich richtet sie sich gegen die, die heute Entscheidungs- und Handlungsmacht haben. Sie ist vielleicht sogar unwahrscheinlich. Aber nicht unmöglich.

Einige Schritte dazu sind bereits getan: Alle reden über das Klima und über den dringenden Handlungsbedarf. Einer Eurobarometer-Umfrage der Europäischen Kommission zufolge sehen 93 Prozent der EU-Bürger*innen in der Klimakrise eine ernst zu nehmende Bedrohung.[68] Das Thema Klima war dank Protesten der Klimagerechtigkeitsbewegung in manchen Wahlen entscheidend. Und die Mächtigsten der Welt geraten in die Öffentlichkeit, wenn junge Menschen sie mit ihrer Verantwortung konfrontieren. Mit diesem Rückenwind gilt es, den Kern der Klimakrise in den Blick zu nehmen und die notwendigen Veränderungen zu schaffen. Aber das allein wird nicht reichen. Bei der Klimakrise geht es weniger um Energie, technische Lösungen und Innovation und auch nicht um Öffentlichkeit und Konsens als vielmehr um Machtverhältnisse zwischen Globalem Norden und Süden, zwischen Konzernen und Menschen. Dort müssen wir genauer hinsehen, wenn wir Begründungen dafür suchen, warum politisches und wirtschaftliches Umdenken seit Jahrzehnten ausbleibt.

BLICK IN DEN ABGRUND: WARUM WIR EINEN »SYSTEM CHANGE« BRAUCHEN

In mancher Hinsicht könnte man glauben: Wir sind heute auf einem guten Weg. Das Problem der ökologischen Krisen, insbesondere das der Klimakrise, ist zur breiten gesellschaftlichen und politischen Debatte geworden. Das Wort *Nachhaltigkeit* ist nicht mehr wegzudenken: Nicht aus Reden über die Zukunft, nicht aus Parteiprogrammen, nicht von Unternehmens-Websites. Nachhaltigkeit ist überall angekommen – oder zumindest ist sie *en vogue*. BP, einer der größten fossilen Konzerne, wirbt auf seiner Website mit »Energie und Mobilität der Zukunft«. Daimler bezeichnet Nachhaltigkeit als die »Grundlage seines Geschäfts«. Und an Absurdität kaum zu überbieten ist Rheinmetall, einer der TOP 100 der globalen Rüstungskonzerne. Der Konzern präsentiert stolz seine *Corporate Social Responsibility*. Frei nach dem Motto: Geschäfte mit dem Tod ja, aber gerne klimaneutral. Es hat eben doch auch hin und wieder einen faden Beigeschmack, das Spiel mit der Nachhaltigkeit.

Dennoch gilt: Dass kaum jemand mehr den Debatten um Zukunftsfähigkeit entkommt, ist ein Erfolg der Klimagerechtigkeitsbewegung der letzten Jahre – und eine wichtige Fortsetzung der Arbeit der Umweltbewegung der 1980er-Jahre, der Anti-Atomkraft-Aktivist*innen und jener hartnäckigen Wissenschaftler*innen und Vorbilder, die in den letzten Jahrzehnten immer wieder mahnend in die einkehrende Stille hineingerufen haben.

Alles wird gut?

Es rumort gesellschaftlich. In immer kürzeren Abständen entstehen Bewegungen und Initiativen, die Veränderungen einfordern. Sie betreffen mehr und mehr den Kern unserer Lebensweise. Seien es Klimaproteste, seien es antirassistische Black-Lives-Matter-Proteste oder Bündnisse für eine menschenwürdige Flucht- und Migrationspolitik unter dem Hashtag #leavenoonebehind oder Kampagnen für einen solidarischen, aber wirksamen Umgang mit der Corona-Krise.

In den letzten Jahren haben für den Klimaschutz die größten Demonstrationen in der deutschen Geschichte stattgefunden. 226 Kommunen haben sich zu sogenannten Sicheren Häfen erklärt und wollen mehr Menschen auf der Flucht aufnehmen. Große Gegenkundgebungen finden statt, wenn die rechte AfD oder Verschwörungsgruppen zu Demonstrationen und Veranstaltungen aufrufen. Aktivist*innen haben mit ihrem Protest die Rodung des Hambacher Forsts verhindert, und im Dannenröder Wald entstanden neue Allianzen, bei denen sich Dorfbewohner*innen mit Waldbesetzer*innen verbündeten. Viele *weiße*[69] Menschen haben im Sommer 2020 das erste Mal begonnen, sich mit Rassismus, auch mit ihrem eigenen, zu befassen.

In der Corona-Pandemie organisierten sich viele Menschen in Nachbarschaftsnetzwerken. Sie kauften für andere ein, sorgten füreinander – und Antworten auf die Frage »Wie geht es dir?« hatten plötzlich sehr viel mehr Raum als sonst, wenn man einander im Treppenhaus oder auf der Straße begegnete. In den Gesprächen darüber, was diese Situation mit uns macht, wurden wir immer ehrlicher. Und wenn auch während der Corona-Pandemie die wichtigen Proteste aus dem Fokus der Öffentlichkeit verdrängt wurden, sind sie doch nicht vergessen, und sie sind auch nicht verschwunden. Diskurse wandeln sich, das Sprechen über Krisen wandelt sich, und Personen, die Meinung machen und Menschen hinter sich versammeln, werden andere. Gleichzeitig laufen die Entwicklungen, wegen derer Menschen sich politisieren und gegen die sie aufbegehren, in unverminderter Geschwindigkeit weiter und eskalieren.

Ungerechtigkeiten und rechte Gewalt

Europas Außengrenzen sind weiterhin tödlich. Auch in Corona-Zeiten werden Geflüchtete in Lagern zusammengepfercht. In Zelten. Im Winter. Auch die deutsche Bundesregierung zeigte sich selbst dann nicht zur Aufnahme Hilfsbedürftiger bereit, als Journalist*innen berichteten, dass Kinder im Schlaf von Ratten gebissen wurden oder Suizidraten in die Höhe schnellten. Während man in Deutschland dazu mahnt, Abstand zu halten und uns räumlich voneinander zu distanzieren, ist das, was man in Lagern auf Lesbos oder Samos beobachten kann, ein »Lockdown der Menschlichkeit«.[70] In einheiliger Entschlossenheit beschloss Europa, gemeinsam einfach *nichts* zu tun, oder zumindest das Gegenteil von Helfen: Die Grenzen werden verteidigt und die europäische Grenzschutzbehörde *Frontex* stärker ausgebaut. Bereitwillig setzen politische Entscheider*innen einen menschenverachtenden Kontrapunkt zu den warmen Worten, mit denen sie sonst politische Reden in Krisenzeiten einleiten. Manchmal tun sie das sogar genüsslich, wie im Falle von Innenminister Horst Seehofer, an dessen 69. Geburtstag 69 Geflüchtete nach Afghanistan abgeschoben wurden, was für ihn vor allem einen Anlass zum Scherzen darstellte. Das ist die Realität der Friedensnobelpreisträgerin 2012 Europäische Union.

Auch innerhalb Deutschlands und Europas grassiert die Ungerechtigkeit weiter. Die berüchtigte Schere zwischen Arm und

Reich geht weiter auseinander. Was wir in diesem scheinbar harmlosen Sprachbild verpacken, sind soziale Spaltung und die Bereicherung weniger bei gleichzeitiger Armut vieler, sind Menschen, die um ihre Existenzgrundlage bangen. Die Corona-Pandemie hat die soziale Ungleichheit weiter verschärft[71]: Während die Reichsten Vermögen dazugewonnen haben, sind von Einkommensverlusten vor allem diejenigen betroffen, die vorher schon ein geringes Einkommen hatten. Migrantische und migrantisierte Menschen sind stärker betroffen als andere, Arbeiter*innen in atypischen (zeitlich befristeten oder Teilzeit-)Beschäftigungsverhältnissen oder prekären Berufen haben häufiger Einkommen verloren als stabil Beschäftigte, und Erziehungsberechtigte sind größeren Einbußen ausgesetzt als Kinderlose. Unter den Auswirkungen der Corona-Pandemie leiden verstärkt Frauen. Sie haben öfter als Männer im ersten *Shutdown* ihre Jobs verloren, sind häufiger atypisch beschäftigt und erhalten aufgrund ihrer kleineren Einkommen sogar niedrigeres Arbeitslosengeld.[72] Systemrelevante Berufe waren uns bislang nicht mehr wert als Applaus. Kein Wunder, dass Pflegekräfte wie Nina Böhmer Bücher mit Titeln wie *Euren Applaus könnt ihr euch sonst wohin stecken* schreiben. Wohlgemeinter Applaus bei gleichbleibend schlechten Arbeitsbedingungen ist am Ende eben wenig mehr als nett gemeinte Verachtung.

Das ist es also, was übrig geblieben ist von der »Krise als Chance«. Und all das ist Ausdruck der modernen Klassengesellschaft.

Je weiter »unten« jemand in der Klassengesellschaft verortet ist, desto härter gestaltet sich für ihn oder sie der Umgang mit der Krise. Wer Hartz IV bezieht, verfügt über weniger als zwanzig Euro im Monat für Hygieneartikel und muss sich jetzt davon noch Schutzmasken kaufen. Die Bundesregierung kam erst auf die Idee, dafür Unterstützung bereitzustellen, als es großen Widerstand aus der Bevölkerung gab. Auch nach einem Jahr Pandemie fehlt es an Infrastruktur, Konzepten und Strategien für Kita- und Schulöffnungen sowie *Homeschooling*. Und darunter leiden vor allem die, die mit mehreren Menschen in kleinen Wohnungen leben, sich die Anschaffung technischer Geräte nicht leisten oder die Betreuung zu Hause nicht gewährleisten können.

Durch die Corona-Bestimmungen stehen den Obdachlosen weniger Schlafplätze in Einrichtungen für Wohnungslose zur Verfügung. Seit Ladenzeilen geschlossen wurden und das öffentliche Leben stark heruntergefahren wurde, ist der Alltag für wohnungslose und obdachlose Menschen härter als zuvor. Wohnungslosenhilfe gilt aber nicht einmal überall als systemrelevant.

Rechte Gewalt eskaliert weiter. Im Juni 2019 wurde der nordhessische Regierungspräsident Walter Lübcke von einem rechtsextremistischen Gewalttäter ermordet. Bei einem Anschlag in Hanau am 19. Februar 2020 ermordete ein Rechtsterrorist neun Personen aus rassistischen Gründen: Ferhat Unvar, Hamza Kurtović, Said Nesar Hashemi, Mercedes Kierpacz, Sedat Gürbüz, Gökhan Gültekin, Kaloyan Velkov, Vili Viorel Păun, Fatih Saraçoğlu. Anschließend tötete er seine Mutter und sich selbst. Nahezu täglich werden rechtsradikale »Einzelfälle« in Sicherheitsbehörden bekannt. Aus Bundeswehrbeständen fehlen Zehntausende Schuss Munition. Im Mai 2020 wurde bei einem Soldaten der Eliteeinheit KSK ein ganzes Waffenlager ausgehoben – neben Sprengstoff, Zündschnur und einem SS-Liederbuch.[73] Rassistische und antisemitische Gewalt ist an der Tagesordnung. Und während die mehrheitlich *weiße* Gesellschaft sich weigert, ihr Rassismus-Problem anzuerkennen, richtet der eingeschriebene Rassismus in Institutionen, Strukturen und im alltäglichen Verhalten weiter Unterdrückung, Gewalt und Schmerz an.

Ressourcenraubbau und Umweltzerstörung

Trotz der Sonntagsreden über das Klima lässt der ökologische Umbau von Wirtschaft, Infrastruktur und Gesellschaft auf sich warten. Zwar werden mittlerweile Lobeshymnen auf Klimaaktivist*innen gehalten, und Entscheidungsträger*innen dekorieren sich mit Nachhaltigkeitskonzepten, aber der globale Ressourcenraubbau hat sich seit 1970 verdreifacht.[74] Die Umweltzerstörung schreitet weiter immer schneller voran. Und die Investitionen in fossile Energie sind immer noch höher als diejenigen in den Klimaschutz.[75] Was bislang an Umbaumaßnahmen beschlossen wurde, reicht bei Weitem nicht aus und kratzt in Sachen Krisenbewältigung allenfalls an der Oberfläche.

Jedes Jahr findet der sogenannte *Earth Overshoot Day* früher statt. Das ist der Tag, ab dem die Weltbevölkerung »auf Pump« lebt, weil sie alle bereitgestellten Ressourcen verbraucht hat, die die Erde in einem Jahr erneuern kann. Der deutsche Verbrauch von fossilen Energieträgern, die vor allem für Maschinenbau, Autos und elektronische Geräte benötigt werden, liegt hundert Prozent über dem globalen Durchschnitt.[76] Würden weltweit alle Menschen leben wie wir Deutschen, müsste die Menschheit über drei Erden verfügen. Der ressourcenintensive Lebensstil verbreitet sich mit zunehmend fatalen Folgen: Die Endlichkeit der Ressourcen stellt sich immer dramatischer dar – und damit nehmen Konflikte zu. Schätzungsweise standen mehr als vierzig Prozent der weltweiten Konflikte der letzten sechzig Jahre bereits mit dem Abbau von Rohstoffen in Verbindung.[77] Und auch Umweltkatastrophen sind unter anderem das Resultat eines verschwenderischen Zugriffs auf die Ressourcen unserer Erde.

Zur Beschreibung der Klimakrise werden häufig große Worte herangezogen. Immer wieder heißt es dann, die Klimakrise sei die größte Herausforderung der Menschheitsgeschichte oder wahlweise, so Angela Merkel, eine Menschheitsherausforderung.[78] Solche Bezeichnungen können in die Irre führen, denn an den ökologischen Krisen trägt nicht »die Menschheit« Schuld. Die Verursachenden sind nicht *wir alle*. Zwar beeinflussen alle Menschen die Klimaveränderung, aber eben in sehr unterschiedlichen Ausmaßen. Der ökologische Notstand wurde verursacht von einem bestimmten kleinen Teil der Menschheit, der in mindestens lebensgefährlicher Weise auf die Natur, aber auch den größeren Teil der Menschheit einwirkt. Zu den Verursacher*innen gehören besonders die Menschen, die in den Industrienationen des Globalen Nordens leben. Länder im Globalen Norden sind für mehr als zwei Drittel der historischen Treibhausgasemissionen verantwortlich und haben daraus ihren Wohlstand und ihre heutige Machtposition in der Welt geformt. Jetzt tragen sie die Verantwortung, am effektivsten gegen die Krise vorzugehen.

Die Länder des Globalen Südens sind hingegen zwei- bis dreimal so anfällig für die Folgen der Krise. Die Gegensätze, die bei der Klimakrise zwischen den verursachenden Nationen und Konzernen aus dem Globalen Norden und den maßgeblich Betroffenen aufklaffen, könnten größer kaum sein und sind nicht zufällig: Die einen eignen sich weltweit Natur an und richten damit riesige Ausmaße von Zerstörung an, die anderen tun das nicht und werden zusätzlich am empfindlichsten getroffen. Die Klimakrise ist also keinesfalls eine Gleichmacherin, sondern verschärft die Ungleichheit, die unser Wirtschaftssystem produziert. Einige Länder spezialisieren sich auf das Gewinnen – und andere auf das Verlieren. So beschrieb der uruguayische Schriftsteller und Journalist Eduardo Galeano schon vor fünfzig Jahren die makabre internationale »Arbeitsteilung«.[79] Seine Diagnose trifft immer noch zu. Eine Studie der Stanford University zeigte 2019 auf, wie die Klimakrise wirtschaftliche Ungleichheit weiter verschärft: Die Kluft zwischen reichen und armen Ländern habe sich bereits jetzt um ein Viertel vergrößert.[80] Während Länder wie Finnland, Norwegen oder Kanada gerade wegen der Erderhitzung bessere wirtschaftliche Bedingungen vorfinden, haben beispielsweise Mauretanien oder der Sudan Einbußen von etwa vierzig Prozent ihres Bruttoinlandsprodukts zu verzeichnen. In Reaktion darauf heißt es häufig reumütig, wir hätten in den letzten Jahrzehnten über unsere Verhältnisse gelebt. Aber das stimmt nicht. Wir leben nicht über *unsere* Verhältnisse, sondern über die Verhältnisse *anderer*,[81] wie der Soziologe Stephan Lessenich konstatiert.

Durch pandemiebedingte Einschränkungen war für 2020 ein Rekord-Rückgang der CO_2-Emissionen zu verzeichnen. Dem Forschungsnetzwerk *Global Carbon Project* zufolge ging der Ausstoß von Kohlendioxid, der durch Verbrennung von Kohle, Gas und Öl verursacht wird, im Vergleich zu 2019 um sieben Prozent zurück. Beim Verkehr – vor allem in der Luftfahrt – sank der CO_2-Ausstoß sogar fast um ein Viertel. Das ist ein Rekordwert, aber er bietet keinen Anlass zum Aufatmen: UN-Schätzungen zufolge müssten die weltweiten Emissionen in diesem Jahrzehnt pro Jahr noch stärker sinken.[82] Die Entwicklung im letzten Jahr erinnert außerdem stark an die Situation in der Finanzkrise 2008/09: Damals war erst ein ähnlicher Rückgang der Emissionen zu verzeichnen. Nach der Finanzkrise jedoch wuchsen diese wieder sprunghaft an, und zwar mit der größten absoluten Zunahme seit der Industriellen Revolution.[83] Die Befürchtung, dass sich ein ähnlicher Effekt auch nach der Corona-Pandemie einstellt, ist begründet. Grund dafür, damals wie heute: Die Wirtschaft erholt sich. Und dann droht alles weiterzugehen wie bisher.

All das sind keine Missstände, unter denen erst die heutigen jungen oder die zukünftigen Generationen leiden. Diese Ereignisse und Entwicklungen formen unsere Gegenwart. Verpackt in Erschöpfung, Zermürbung, Sorge oder in Armut, Hunger und Katastrophenaussichten. Phrasen à la: »Alles wird gut, sowieso« bleiben damit doch eher Material für allenfalls mittelmäßige Popsongs.

Das System wuchert

Stattdessen wird immer deutlicher, dass wir uns in einer grundsätzlichen Schieflage befinden. Heute lässt sich manchmal kaum noch beziffern, wo die eine Krise aufhört und wo die nächste beginnt. Finanzmarktkrise, Schuldenkrise, Abschottung und Menschenrechtsverletzungen, soziale Spaltung, politischer Vertrauensverlust, Angriffe auf die Demokratie. Hinzu kommt die ökologische Krisensituation, die neben der Erderhitzung und dem Verlust von Biodiversität die anderen verstärkt, sie wieder auf die Agenda bringt und eine völlig neue Krisendimension darstellt. Eine, die in ihrer Größe kaum begreiflich scheint und gleichzeitig weit weg. Die schöne heile Welt hat angefangen zu wuchern, und ihre schillernde, glatte Oberfläche bröckelt. Und wenn wir auf das Gehäuse des so schön verpackten gesellschaftlichen und wirtschaftlichen Gesamtgefüges schauen, verblassen die Rekordprofite und rosigen Aussichten. Stattdessen stechen die Verbindungen zwischen den Krisen hervor, sie offenbaren deutlich die Krisenherde, und es brennt lichterloh, nahezu überall. Die Rückkehr eines wie auch immer gearteten Normalzustands, wie er in politischer Krisenrhetorik immer wieder herbeigesehnt wird, lässt sich darin dagegen nur schwerlich und überhaupt nur mit einer gehörigen Portion Fantasie entdecken. Denn wir leben längst nicht mehr in einer Zeit einzelner Krisen, sondern haben »eine Katastrophenzeit erreicht«,[84] die von einer

»multiplen Krise«[85] dominiert wird. Diese übergeordnete Krise setzt sich maßgeblich aus Finanz- und Wirtschaftskrisen in Verbindung mit ökologischen Krisenzuständen zusammen.[86] Und sie wirkt sich in Kontrollverlust und wachsender Ungleichheit auf die Gesellschaft aus.

Es wird weitergehen. Aber ob in Richtung Katastrophe oder auf einem Weg zur Verbesserung, das ist die Frage. Die Zukunft ist immer formbar, abseits aller Indizien und Prognosen, abseits von Berechenbarkeit und Sicherheit. Um zu erkennen, wie Wege aus den Notlagen aussehen können, müssen wir deren Wurzeln verstehen. Einen Blick in den Abgrund wagen. Woher kommen all diese zerstörerischen Tendenzen? Was sind ihre Ursachen und was sind Gegenmittel? Aber vor allem: Wie kann es sein, dass alle – Bürger*innen, Politiker*innen, Wirtschaftsvorstände – betonen, etwas verändern zu wollen, aber doch nichts passiert?

»Die Wirtschaft« als Heilsbringerin: Zu schön, um wahr zu sein

Wenn über »die Wirtschaft« gesprochen wird, dann meistens über die Versprechen von Wohlstand, Wachstum und Konsum für alle. Der Markt stehe allen offen, heißt es, und wer sich genügend anstrenge, werde mit wirtschaftlichem Erfolg belohnt.

Für Menschen, die in diesem System gut funktionieren, gibt es ein eigenes Menschenbild: den *homo oeconomicus*, der alle Handlungen nach den Kriterien des wirtschaftlichen Eigennutzes abwägt und bewertet. Seiner Erzählung zufolge soll der freie Markt über Konkurrenz Wahlfreiheit für alle schaffen und Überfluss, selbstverständlich zu niedrigen Preisen. Er ermögliche ein freies Wechselspiel von Angebot und Nachfrage. Um diesem

Ideal gerecht zu werden, wurden in den vergangenen Jahrzehnten globale Märkte dereguliert und liberalisiert und öffentliche Infrastruktur privatisiert.

Das Mittel gegen Armut, Ungleichheit und Knappheit im Kapitalismus lautet immer gleich: Dauerhaftes Wachstum soll das Allheilmittel gegen all diese Schmerzpunkte im System sein. Es soll immer weiter bergauf gehen – und irgendwann auch für alle, ganz sicher. Das Dogma von der Notwendigkeit beständigen Wachstums durchzieht unsere gesamte gesellschaftliche Lebens- und Konsumweise. Menschen sollen an ihren Herausforderungen wachsen, Autos werden größer, in reichen Ländern nimmt die Wohnfläche immer weiter zu.[87]

Tatsächlich hat das Wirtschaftswachstum insbesondere in der Nachkriegszeit in Deutschland für einen »Fahrstuhl-Effekt« gesorgt, bei dem es allen Gesellschaftsschichten materiell besser ging – nicht, weil umverteilt wurde, sondern weil die Klassengesellschaft gemeinsam eine Etage höher fuhr.[88] Daraus nährt sich noch heute der Glaube, dass Wirtschaftswachstum das Mittel sei, mit dem sich Armut und schließlich auch Ungerechtigkeit im Ganzen beseitigen ließe. Das Resultat: Wachstum ist bis heute das höchste politische Ziel. Es genießt eine solche Selbstverständlichkeit, dass lange kaum jemand ernsthafte Bedenken äußerte, ob es eigentlich das geeignetste Mittel ist, nicht nur um Gerechtigkeit zu schaffen, sondern auch soziale und ökologische Probleme zu lösen. Und so heißt es auch in der Corona-Pandemie, man müsse das Wirtschaftswachstum wieder ankurbeln. Ein Konjunkturpaket nach dem anderen wird geschnürt. Wachstum helfe uns aus den Krisen hinaus, so das Versprechen. Das klingt fast zu schön, um wahr zu sein. Und genau das ist es auch.

Denn in der Art und Weise, wie wir wirtschaften, liegt auch der Ursprung der Treibhausgasemissionen und damit der Klimakrise.

Kohlendioxid entsteht, wenn wir die fossilen Energieträger Öl, Gas und Kohle verbrennen. Das tun wir, um Energie zu gewinnen, um zu produzieren, um zu konsumieren, um zu transportieren, eine Infrastruktur aufzubauen und zu erhalten, während wir unseren Alltag bestreiten. Mehr als achtzig Prozent der deutschen Gesellschaft funktionieren heute immer noch dank fossiler Brennstoffe.[89] Methan und Lachgas, die ebenfalls verantwortlich sind für den sogenannten Treibhauseffekt, der die Erderhitzung höher treibt, entstehen beim Düngen, beim Anbau, bei der Viehzucht. Zusammen mit anderen katastrophalen Folgen ist die aktuelle Form der Landwirtschaft deshalb ein weiterer entscheidender Treiber der ökologischen Krisen. All diese Tätigkeitsfelder kommen zusammen in einer Struktur, verbunden durch Produktions- und Konsummuster.

Bislang hat das Wachstum weder die extreme Armut beseitigt noch die Verteilungsungerechtigkeit, weder innerhalb Deutschlands und Europas noch im weltweiten Maßstab. Obwohl Lebensmittel für über zwölf Milliarden Menschen produziert werden, hungern weltweit (laut UN-Report 2020) 690 Millionen Menschen. Das Problem verschärft sich durch die Corona-Pandemie zusätzlich. Den Glauben, dass das Wirtschaftswachstum und der Reichtum aber dennoch nach und nach von den oberen auch zu den unteren Schichten durchsickern werden, hat das aber nicht erschüttert. Dieser lässt sich in etwa so beschreiben: »Was gut für das Geschäft ist, ist gut für alle; es wird den Kuchen vergrößern, und die unsichtbare Hand des Marktes wird, so die These, dafür sorgen, dass zumindest einige Krümel mit dem Rest geteilt werden.«[90] Man nennt diese Annahme *trickle down* – und jede nähere Betrachtung zeigt: Sie ist ein makabres Märchen. Wollte man beispielsweise nur durch Wirtschaftswachstum die extreme Armut weltweit beenden und dabei die bisherige Verteilung von

Wohlstandsgewinnen beibehalten, würde das womöglich über 200 Jahre dauern und die globale Wirtschaft müsste um das 175-Fache anwachsen.[91] Die Zeitspanne ist ein Skandal, ein solches Wirtschaftswachstum sogar unmöglich, schon aufgrund der Endlichkeit der Ressourcen. Mit der Logik des *trickle-down*-Effekts können wir also nicht die extreme Armut auf weiten Teilen der Erde beenden. Schlimmer noch: Der Reichtum verschiebt sich eher nach oben. Es *tricklet* also mehr *up* als *down*.

Der Wachstumszwang

Das Wachstum hat damit vor allem eine spezifische Wirkung: Mit ihm steigen Umsätze und Gewinne der Marktteilnehmer*innen, bei denen sie verbucht werden – aber das hat nicht notwendigerweise Auswirkungen auf die Löhne der Vielen, die diese Gewinne erarbeitet haben. Selbst wenn es allen immer besser geht, verdeutlicht der Fahrstuhleffekt auch: Es entsteht nicht mehr Gerechtigkeit, sondern die bestehenden Ungerechtigkeitsverhältnisse werden weiter nach oben getragen. Von dem immer neuen Wachstum profitieren vor allem Reiche, sodass sich die Ungleichheit weiter verschärft. Um im Bild des Kuchens zu bleiben: »Selbst große Kuchen [werden] für gewöhnlich allein oder ausschließlich mit geladenen Gästen verspeist.«[92] Dieses Fazit zieht die Juristin Katharina Pistor in ihrem Buch *Der Code des Kapitals* und verdeutlicht damit, dass das Problem nicht Knappheit ist – denn die ließe sich natürlich durch ein *Mehr* an Produktion und Konsum beseitigen –, sondern Verteilungsungerechtigkeit.

Dass wir dennoch nicht vom Wachstum ablassen, hängt mit dem Stellenwert zusammen, den es in unserer gegenwärtigen, kapitalistischen Wirtschaftsweise genießt. Gewinn, also die Mehrung von Kapital, ist darin die treibende Kraft. Die Spielregeln sind einfach: Wer keinen Gewinn erzielt, wird vom Markt verdrängt. Dieser stellt den zentralen Umschlagplatz für die Verteilung von Waren und Dienstleistungen dar; er regelt Angebot und Nachfrage. Wer auf dem Markt und gegenüber der Konkurrenz bestehen will, muss profitabel sein. Er muss also dauerhaft zusätzlichen Wert (Mehrwert) produzieren. Waren, die zu diesem Zweck auf dem Markt gehandelt werden sollen, müssen erst einmal produziert werden. Das geschieht mithilfe von Maschinen, Rohstoffen und Arbeitskraft. Alle drei Faktoren kosten Geld, es wird also zunächst Kapital investiert. Diese Investition wird getragen von der Spekulation, dass sie sich rentiert. Doch das tut sie nur, wenn am Ende mehr Kapital entsteht, als zuvor investiert wurde. Die Waren müssen deshalb zu einem höheren Preis verkauft werden, als sie in der Produktion gekostet haben. Nach dieser Funktionsweise entsteht Profit. Karl Marx (Sie wissen schon, dieser Mann mit dem Gespenst, das umgeht.) fasste das in der Formel G-W-G' zusammen: Aus Geld wird eine Ware und daraus wiederum mehr Geld. Nur, wer es schafft, diesen Kreislauf aufrechtzuerhalten, kann als Unternehmen auf dem Markt bestehen. Wer nicht wächst, dem droht Untergang oder Übernahme.[93] Der erzielte Mehrwert wird wiederum so eingesetzt, dass das Kapital weiter vermehrt wird. Die kapitalistische Produktionsweise zeichnet sich deshalb durch die Tendenz aus, einen ständigen Zuwachs an Produktionsmitteln und Konsumgütern zu erzeugen. So wird, getrieben vom Profit, der Umfang des Produktionsprozesses immer größer.[94]

Unserer Wirtschaftsweise liegt somit ein systemischer Wachstumszwang zugrunde. Diese Struktur ist nicht abhängig von persönlichen Präferenzen und noch viel weniger eine Frage des eigenen moralischen Empfindens. Wachstum in Form von Kapital, das bewegt werden kann, ist der Imperativ der einzelnen Handelnden

in der Wirtschaft. Der Wachstumszwang ist schlicht eine Über-
lebensfrage im Kapitalismus. Wachse oder weiche, und zwar unendlich, heißt die Devise. Denn das Wachstum kennt für sich
selbst erst einmal keine Grenze, es gibt kein »genug«.

Ausbreitung und Aneignung

Mit ihrer Fixierung auf die Maximierung von Profiten und damit auf Wachstum hat die kapitalistische Produktion einen bisher ungekannten Reichtum hervorgebracht. Aber der hat seine
Schattenseiten. Sie finden Ausdruck im Ressourcenraubbau,
den viel zu hohen Emissionen, unmenschlichen Arbeitsbedingungen, in globaler Ungerechtigkeit und in der Auslagerung
sozialer und ökologischer Folgen der kapitalistischen Erfolgs-
märchen. Nur wird dieser Teil der Erfolgsgeschichten häufig
ausgespart. Auf welchen Ausmaßen an Zerstörung der Wohlstand vor allem im Globalen Norden beruht, wird systematisch
verschwiegen. Das, was wir da als Wirtschaft bezeichnen, dreht
sich um Verkaufszahlen, Preise, Börsenkurse, Rekordprofite und
Shareholder Values oder, wenn Veränderungsbereitschaft suggeriert werden soll, auch mal um Effizienzsteigerung. Aber die
ökologischen Folgekosten der Produktion und der vielen ange-
eigneten unbezahlten oder schlecht bezahlten Arbeit auf dem
Weg dorthin kommen im Scheinwerferlicht der Aktionärsver-
sammlungen und in den Jahresbilanzen der großen Konzerne
nicht vor. Und wenn doch, dann nur als Druck auf den *Return
on Invest*.[95]

Um dem Dogma vom ewigen Wachstum zu folgen, müssen
Menschen und Natur ausgebeutet werden. Das System muss
sich ständig ausweiten. Alles wird kommodifiziert, also zur
Ware gemacht, und kapitalisiert, also in Wert gesetzt. Durch

Expansion werden immer neue Märkte erschlossen, um den unbegrenzten Zugriff auf Arbeitsvermögen und Ressourcen zu gewährleisten – die Grundlage der Mär vom unendlichen Wachstum.[96] Mächtige Industriestaaten und transnationale Konzerne setzen ihre Interessen notfalls auch auf gewaltsamem Wege durch. Die eigenen Profite und damit die Konkurrenzfähigkeit lassen sich vor allem erhöhen, indem man Preise senkt. Dazu müssen aber auch die Kosten in der Produktion gesenkt werden. Der Zwang, immer weiter Profite zu maximieren, erzeugt über den Wettbewerb zudem einen enormen Druck auf die Herstellungskosten und sorgt für eine Verlagerung der Produktion dorthin, wo Arbeit und Natur billig sind. Arbeitsintensive Produktion findet dort statt, wo schlechte Arbeitsbedingungen herrschen, und umweltschädliche Prozesse werden in Regionen ausgelagert, wo Umweltgesetze und -standards nur rudimentär oder gar nicht vorhanden sind.[97] In nahezu jedem Industriezweig werden Menschenrechte mit Füßen getreten, Lebensräume durch multinationale Konzerne plattgewalzt und Ökosysteme zerstört. Die Profite, die in den Ländern des Globalen Nordens als Maß für Überlegenheit, Geschick und Fleiß verkauft werden, sind Ergebnis von Ausbreitung und Ausbeutung. Die Gewinner*innen im globalen Kapitalismus verursachen ökologische und soziale Schäden in ungeheuerlicher Höhe. Und sie leben gut davon.

Nachdem sie sich weltweit Natur und Arbeitskraft angeeignet haben, lagern die Mächtigsten in der globalisierten Welt die Kosten, die das verursacht, aus. Auf die Expansion und Aneignung folgt die Externalisierung. Die sozialen und ökologischen Nebenwirkungen der kapitalistischen Wirtschaftsweise kommen in den Kalkulationen nicht vor. Sie spielen schlicht keine Rolle.

Das BIP: Eine Geschichte privatisierter Gewinne

Das zeigt sich auch in der Verwendung des Bruttoinlandsprodukts (BIP) als zentrale wirtschaftliche Orientierungsgröße. Es misst das Gesamtvolumen der wirtschaftlichen Leistung in einem Land, den Wert aller im Inland innerhalb eines Jahres hergestellten Waren und Dienstleistungen. Die These, an der sich diese Messung ausrichtet, lautet: Je höher das BIP, desto höher auch der gesamtgesellschaftliche Wohlstand und Lebensstandard. Aber das BIP kann auch wachsen, wenn ein Krieg stattfindet, ein schrecklicher Verkehrsunfall geschieht oder beispielsweise ein Land durch ein Erdbeben erschüttert wird. Denn in Krisenzeiten müssen Ressourcen mobilisiert werden – und das sorgt für Wachstum.

Außerdem erfasst das BIP nur gehandelte Leistungen: Fürsorge-Tätigkeiten wie Kindererziehung oder ehrenamtliches Engagement spiegeln sich darin nicht wider; ebenso wie die sozialen und ökologischen Folgen des Wachstums. Das BIP sagt deshalb nichts darüber aus, wie eine Gesellschaft sich tatsächlich entwickelt. Die Wachstumsziffern erzählen Geschichten privatisierter Gewinne – aber geben keine Auskunft darüber, ob das Leben besser wird, und wenn ja, für wie viele und zu welchem sozialen und ökologischen Preis. Soziale und ökologische Kosten werden auf die Natur oder die Allgemeinheit beziehungsweise auf bestimmte Individuen und Gruppen abgewälzt.

Der Markt wurde zu einem Heilsbringer für Grenzenlosigkeit, Überfluss und Selbstverwirklichung erhoben – aber dieses Versprechen galt immer nur für privilegierte Gruppen, die vor allem in den Industrienationen des Globalen Nordens leben. Und selbst dort erfüllt sich dieses Versprechen nur für Teile der Gesellschaft. Hinter dem verklärenden Bild von »der Wirtschaft« verbirgt sich ein gefräßiges System. Und dieses ist nicht ein Heilsbringer, sondern die Ursache der vielfältigen Krisen.

Krisen sind systemrelevant

Seien es die grassierende Ungerechtigkeit oder immer weiter fortschreitende Zerstörung überlebenswichtiger ökologischer Systeme: Die Krisen unserer Zeit sind kein Zufallsprodukt einer Wirtschaftsweise, die den Schutz der ökologischen und sozialen Lebensgrundlagen kurz aus den Augen verloren hat. Sie sind die unausweichliche Konsequenz des kapitalistischen Wirtschaftssystems, das sich durch ständigen Ressourcenraubbau, Ausbeutung und Ausbreitung nährt und daraus Wohlstand, Wachstum, Macht, Profit, Konsum, Angebot und Nachfrage oder auch Fortschritt macht. Sie sind einerseits Ausdruck der Sucht nach Profit und Wachstum, die das System am Laufen hält. Und andererseits haben sie das Potenzial, das »Weiter so« so radikal und ernsthaft infrage zu stellen, dass sie dem System, das ihnen zugrunde liegt, gefährlich werden. Damit sind sie gleich doppelt systemrelevant.

Immer wieder hört man, das System, das so viele Krisen hervorbringe, habe versagt. Aber damit macht man es sich zu einfach. Ein System, das systematisch dieses Ausmaß an Zerstörung produziert, *versagt* nicht. Wer versagt, der*die stolpert, tritt in Fettnäpfchen oder erreicht Ziele nicht. Wenn ich versage, dann bestehe ich Prüfungen nicht, halte einen schlechten Vortrag oder halte Fristen nicht ein. Unsere Wirtschaftsweise aber erreicht alle selbst gesteckten Ziele nahezu mühelos. Ein System, das sich jeden Fleck der Erde unter den Nagel reißt, das aus zig Kilometern Tiefe Öl hervorbohrt, um seinen Energiebedarf zu decken, das seit Jahrhunderten Menschen ausbeutet und mit immer neuen Narrativen dem Gesetz des Marktes unterwirft, ist nicht gescheitert. Sein Erfolg mag einen viel zu hohen Preis haben. Aber es funktioniert prächtig – wenn auch nicht so, wie wir das gerne behaupten oder glauben. Die Klimakrise, globale Ungerechtigkeit und Sklaverei, Selbstauslöschung und die Aushöhlung der

Demokratie: All diese »Nebenwirkungen« des Kapitalismus sind unvermeidlich Teil der wirtschaftlichen Erfolgsgeschichten. Nur eben der Teil der Erfolgsgeschichte, den wir ungern erzählen oder aber als uns oft nicht unmittelbar betreffend verdrängen. Er handelt von provozierter Nahrungsmittelunsicherheit, von Millionen Menschen, die ihre Heimat verlieren, von riesigen Wäldern und unzähligen Tieren, die der Profitgier zum Opfer fallen. Von Kinderarbeit und Menschenrechtsverletzungen, von der Vergiftung riesiger Landstrecken, von Menschen, die sich für den Rohstoffbedarf von Ländern wie Deutschland zu Tode arbeiten müssen. Und weiterhin von Renditesteigerungen unter dem Vorwand der Entwicklungszusammenarbeit, mit denen der globale Süden in Abhängigkeit vom Norden gehalten wird. Dieser Teil der Erfolgsgeschichte ist die Schattenseite des Überflusses, der niedrigen Preise und des Endlos-Wachstums. Er erzählt von der Aneignung von Naturgebieten und menschlicher Arbeit für ein System, das diesen Faktoren erst Wert beimisst, wenn es sie verkaufen kann. Und so ist längst nicht erst die Zukunft, sondern bereits die Gegenwart auf Bergen von Müll gebaut – mittels Ausbeutung und Zerstörung.

Fossile Energien: Der Treibstoff, der unsere Wirtschaftsweise am Laufen hält

Die Nutzung fossiler Energien ist der Motor, der unsere Wirtschaftsweise am Laufen hält. Wir benötigen davon immer mehr. Diese Gier hat dramatische ökologische und auch soziale Folgen: Weltweit sterben mehr Arbeiter*innen in der Öl-, Gas- und Kohleextraktion als in allen anderen Industrien zusammen.[98] Der Zugang zu Erdöl ist hart umkämpft. Es ist eine so wertvolle Ressource, dass Kriege geführt werden, um einen möglichst guten Zugang zu ihr zu erhalten. Der Bevölkerung ganzer Länder wird für den Abbau fossiler Energieträger die Lebensgrundlage entzogen.[99]

Rücksichtslosigkeit und Zerstörungswut, selbst Umweltkatastrophen im Rekordausmaß und Milliardenumsätze schließen sich gegenseitig nicht aus. Im Gegenteil: Im Geschäft mit fossiler Energie gehört das eher zum Standard. Ein Beispiel dafür ist der Gas- und Ölkonzern BP. Der Konzern stand 2020 auf der Liste der weltweit umsatzstärksten Unternehmen des US-Wirtschaftsmagazins *Fortune* auf Platz acht.[100] Und er ist Urheber einer der größten Umweltkatastrophen in der Geschichte: Im April 2010 explodierte im Golf von Mexiko die von dem Konzern beauftragte Ölplattform *Deepwater Horizon*. 800 Millionen Liter Öl strömten in der Folge in den Golf von Mexiko. Die Katastrophe war kein schrecklicher Zufall oder eine Tragödie. Er war das »Ergebnis haarsträubender Schlampereien seitens des Ölkonzerns, der Betreiberfirma *Transocean* und des Unternehmens *Halliburton*, das eine falsche Zementmischung zur Abdichtung des Bohrlochs geliefert hatte, sowie der Behörden, die alle Augen zudrückten«.[101] Arbeiter*innen nannten das Bohrloch zuvor schon »Bohrloch der Hölle«, weil es in den fünfzehn Jahren vor der Katastrophe bereits Dutzende Störfälle gegeben hatte. Die Betreiber hatten die Kontrolle über das Bohrloch verloren.[102] Infolge der Katastrophe verloren 20 000 Menschen, vor allem in der Fischerei, ihre Arbeit. Der Konzern zerstörte erst ihre Lebensgrundlage – und legte dann nach, indem er sie engagierte, um den Dreck zu entfernen. Die Menschen mussten ohne geeignete Schutzkleidung und Atemschutzmasken arbeiten. Das giftige Reinigungsmittel *Corexit*, das sie dabei verwendeten, hat Tausende Menschen unheilbar krank gemacht.[103] Bereits 2014 stellte der Konzern seine Aufräumarbeiten wieder ein, mit der Aussage, es sei im Golf von Mexiko wieder alles in bester Ordnung. Tatsächlich könnte diese Aussage nicht weiter von der Realität entfernt sein.[104] Der CEO von *Transocean* hingegen erhielt nach der Katastrophe über vier Millionen Dollar an Prämien. Das betreffende Jahr sei das sicherste in der Konzerngeschichte gewesen – weil die Zahl der tatsächlichen im Vergleich zu den möglichen Vorfällen so niedrig war wie nie zuvor.[105] So kann Katastrophenbewältigung durch Großkonzerne aussehen.

Landwirtschaft: Wir verschlingen Erdöl

Auch hinter den vollgepackten europäischen Supermarktregalen oder den Lebensmitteln auf den Tellern der Gesellschaften der Industrienationen des globalen Nordens verbergen sich Ausbeutung von Millionen Landwirt*innen und Umweltzerstörung: Der Lebensmittelsektor ist insgesamt für etwa vierzig Prozent der Treibhausgasemissionen verantwortlich.[106] Die meiste Energie wird für Verarbeitung, Verpackung, Lagerung, Transport und Zubereitung aufgewandt.[107] Die Entwicklung von der Landwirtschaft, wie wir sie uns manchmal noch vorstellen, zu einem der größten Industriezweige ist alles andere als nachhaltig. In den letzten sechzig Jahren ist der Energieverbrauch für die Landwirtschaft um das Fünfzigfache gestiegen.[108] Effizient ist das nicht. Es wird geschätzt, dass in der industriellen Landwirtschaft zehn bis fünfzehn fossile Kalorien notwendig sind, um eine Nahrungsmittelkalorie zu produzieren.[109] Man könnte auch sagen: Wir verschlingen Erdöl.

Um die Marktmacht der Agrar- und Lebensmittelkonzerne zu vergrößern, werden weltweit Millionen Landwirt*innen verdrängt. Für den Profit werden sie ihrer Lebensgrundlagen beraubt. Auch mit politischen Instrumenten wie den Landwirtschaftsabkommen der Welthandelsorganisation WTO, die maßgeblich dazu beitragen, globale Agrarmärkte zu liberalisieren und die Macht multinationaler Unternehmen auszubauen.[110]

Staaten und Banken haben die Agrarbranche als wertvolles Anlageobjekt entdeckt.[111] Und sie machen mit der Landwirtschaft großartige Geschäfte: Der steigende Fleischkonsum und damit auch die Steigerung des Weltmarktpreises für Soja haben ganze Länder zu Sojafabriken gemacht. In Argentinien werden mittlerweile zwei Drittel des fruchtbaren Landes durch Soja-Monokulturen in Anspruch genommen. Das Land ist damit drittgrößter Produzent und Exporteur – und nimmt dafür dauerhaften ökologischen Schaden, die Zerstörung ländlicher Lebensformen, Gefährdung der öffentlichen Gesundheit und strukturelle Abhängigkeit vom durchaus kriminellen und gewalttätigen Agrokapitalismus in Kauf, wie der Soziologe Stephan Lessenich in seinem Buch *Neben uns die Sintflut* aufschlüsselt.[112]

In Abhängigkeit von Großkonzernen

Das Boom-Geschäft hat einen hohen Preis: Um die intensive Bewirtschaftung leisten zu können, ist zudem massiver Chemikalieneinsatz notwendig. Das ist ein Faktor, der die Landwirt*innen im Sojaanbau von der Agrochemieindustrie abhängig macht. Zwischen 1990 und 2015 hat sich der Einsatz von Herbiziden, Pestiziden und Fungiziden fast verzehnfacht. Über 300 Millionen Liter davon wurden 2015 versprüht. Der Großkonzern Monsanto, der mittlerweile der deutschen Bayer AG gehört, stellte nicht nur das Mittel Glyphosat her, sondern kreierte zusätzlich noch die genveränderte Sojabohne, die gegen genau dieses Gift resistent ist. Der Agrarriese macht ein doppeltes Geschäft – und die landwirtschaftlichen Betriebe hängen davon ab. Glyphosat steht im Verdacht, krebserregend zu sein.*** Das wurde hierzulande erst Thema, seit man auch Rückstände des Wirkstoffs in der Muttermilch und im Bier nachgewiesen hat. Die Aussaat genveränderter Sojapflanzen ist in EU-Ländern verboten, deren Einfuhr nicht. Wir wollen den Konsum, aber nicht die zerstörerischen Folgen davon.

Bayer und Monsanto sind gemeinsam seit ihrer Fusion der größte Agrarkonzern der Welt. Der Konzern verfügt über eine riesige Marktmacht. Er bedient ein Drittel des globalen Marktes für kommerzielles Saatgut und zwei Drittel des Pestizidmarktes. Diese Produkte kann sich aber nur leisten, wer Kapital hat – also größere Betriebe. Das führt dazu, dass über die Hälfte der argentinischen Felder von nur noch wenigen Prozent der Produzent*innen kontrolliert wird. Konzerne, Agrarpools und Investmentfonds haben das Geschäft übernommen. Und wenn nötig, setzen sie Besitzwechsel auch mit ihnen in die Hände spielenden Richter*innen, Bestechungen und bewaffneten »Sicherheitsdiensten« durch. Kleine Betriebe können auf dem riesigen Agrarmarkt nicht mehr mithalten. Dabei produzieren nicht die großen Konzerne, sondern die kleinbäuerlichen Betriebe siebzig Prozent der

---

*** Genauso übrigens wie das Entlaubungsmittel *Agent Orange*, das großflächig im Vietnamkrieg verwendet wurde und krebserregend ist. Unter den gesundheitlichen Folgen leiden noch heute Millionen Vietnames*innen. Die Journalisan Trần Tố Nga klagt nun in Frankreich unter anderem gegen Monsanto, der Hersteller dieses Mittels war. »Sollte das Gericht zu Schuldsprüchen gelangen, wäre es das erste Mal in der Geschichte, dass ein vietnamesisches Opfer entschädigt wird«, schreibt dazu der SPIEGEL. (Petra Truckendanner: Eine für alle gegen die Chemiegiganten, in: SPIEGEL, 25.01.2021. (https://www.spiegel.de/geschichte/agent-orange-im-vietnamkrieg-tran-to-nga-verklagt-chemiefirmen-monsanto-und-dow-chemical-a-e3b44469-25f3-4cc0-8016-cf4968383f1b)

weltweiten Nahrungsmittel und sind damit Garanten der Ernährungssicherheit. Kein Wunder, dass die Sojabohne von Kritiker*innen die »Killerbohne« genannt wird.

Menschenrechtsverletzungen und Hungerlöhne als Basis des Profits

Ein ähnliches Bild bietet sich beim Palmöl: Das Produkt ist das meistproduzierte und billigste Pflanzenöl der Welt. Die handelsstärksten Produktionsländer dafür sind Indonesien und Malaysia; sie decken gemeinsam achtzig Prozent des Weltbedarfs. Und haben dafür die Anbauflächen innerhalb von zwei Jahrzehnten verzehnfacht. Dem mussten in Brandrodungen 26 Millionen Hektar Wald weichen. Dabei gehören die Wälder Indonesiens zu den wichtigsten der Welt. Die Gewinnung von Palmöl heißt, Lebensräume und Artenvielfalt zu zerstören und die einheimische Bevölkerung zu vertreiben. Infolge von Brandrodungen sind chronische Atemwegserkrankungen an der Tagesordnung. Und das Geschäft ist nicht selten mit Kinderarbeit, Zwangsumsiedlungen und Menschenrechtsverletzungen verbunden. Ach ja: Nicht irgendwer, sondern die EU ist drittgrößter Importeur von Palmöl.[113]

Auch die Textilindustrie geriet in die Schlagzeilen, als 2013 die Fabrik Rana Plaza in Bangladesch einstürzte. Über tausend Menschen starben bei diesem Ereignis. Alle westlichen Kleiderfirmen, die dort nähen ließen, hatten vorher abgegebene freiwillige Selbstverpflichtungen untergraben. Nach einem kurzen Erschrecken und Bedauern lief das Geschäft mit der billigen Kleidung weiter. Denn solange die Produktionsweise nicht unmittelbar zu Toten führt, geraten die skandalösen Arbeits- und Herstellungsbedingungen schnell wieder aus dem öffentlichen

Fokus. Die Textilindustrie gilt als der drittgrößte industrielle Umweltverschmutzer. Pro Jahr werden mehr als hundert Milliarden Kleidungsstücke hergestellt.[114] Man könnte sich fragen, wer das alles kaufen und tragen soll. Die Antwort ist schnell gefunden: Die EU hat allein im Jahr 2012 mehr als drei Millionen Tonnen an Textilimporten zu verzeichnen. Ein Viertel der dazu weltweit benötigten Baumwolle wird in Indien produziert, vor allem aus genetisch modifizierter Baumwolle. Auch hier mischen Monsanto und sein Wundermittel Glyphosat mit. Der Baumwollanbau und die Weiterverarbeitung verbrauchen Unmengen an Wasser, beispielsweise für die Bewässerung der Anbauflächen. In der Folge ist zum Beispiel der Aralsee zwischen Kasachstan und Usbekistan, einst der viertgrößte Binnensee der Welt, innerhalb eines halben Jahrhunderts fast vollständig ausgetrocknet.

Der Durchschnittslohn in Indien lag in der Textilindustrie vor zehn Jahren bei nicht einmal einem Viertel des in Indien geltenden Existenzminimums.[115] Und damit noch deutlich höher als in Bangladesch. Wir lassen Menschen sich für billige Kleidung und neueste Modetrends zu Tode arbeiten.

Digitalisierung: Rohstoffbedarf zum Spottpreis

Wer jetzt vermutet, die Digitalisierung würde einen Wirtschafts-Boom jenseits all dieser katastrophalen Zustände schaffen, irrt: In einem Smartphone beispielsweise sind rund sechzig Rohstoffe aus bis zu hundert Minen verarbeitet. Dazu zählen Gold, Tantal, Wolfram und Zinn. Um solche Rohstoffe toben bewaffnete Konflikte, zum Beispiel in der Demokratischen Republik Kongo, in Kolumbien, in Myanmar und Zimbabwe. Fast ein Drittel der Menschenrechtsverletzungen weltweit wird laut UNHCR im Bergbau begangen.[116] Seltene Erden werden in China »unter hochgradig gesundheits- und umweltgefährdenden Bedingungen« gewonnen.[117] Heute verbraucht die Produktion mobiler Endgeräte mehr Zinn als die Autoindustrie. Ein Drittel des auf dem Weltmarkt verkauften Zinns stammt von den indonesischen Inseln Bangka und Belitung. Die zur Rohstoffförderung vewendeten Praxen zerstören die Lebensgrundlage der Bevölkerung.[118]

Der Handel mit Smartphones boomt: 2010 wurden 300 Millionen Smartphones verkauft, nur fünf Jahre später bereits 1,4 Milliarden. Eine Handvoll riesiger Konzerne kontrolliert das Geschäft mit Umsätzen in schwindelerregender Höhe. Besonders Apple konnte für seine Produkte bei geringen Produktionskosten hohe Verkaufspreise erzielen. Weniger als ein Drittel des Produktpreises fiel für Produktion und Löhne an.

Unliebsame Öffentlichkeit verschaffte dem Konzern 2010 eine Reihe von Suiziden beim damaligen Apple-Zulieferer Foxconn; einem der größten Fertigungsbetriebe für Elektronik weltweit. Er beschäftigt über eine Million Arbeiter*innen. Mit fünf weiteren Konzernen kontrolliert er achtzig Prozent der Markenprodukte in dem Bereich. Als Reaktion auf den Skandal wurden die monatlichen Basislöhne auf 285 Euro angehoben, die Wochenarbeitszeit auf sechzig Stunden begrenzt, und in den betriebseigenen Unterkünften schliefen künftig nur noch acht Menschen in einem Zimmer. Immer noch sind das unwürdige Arbeitsbedingungen. Apple jedoch wurde die Produktion daraufhin zu teuer – der Konzern wechselte zur günstigeren Konkurrenz.

Die technischen Produkte werden vor allem in den Ländern des Globalen Nordens nachgefragt. In reicheren Ländern Europas und in Nordamerika ist der durchschnittliche Ressourcenverbrauch pro Kopf viel höher als in Ländern mit niedrigem Einkommen. Länder wie die Demokratische Republik Kongo, Bolivien oder Südafrika haben in der Arbeitsteilung die Rolle der günstigen Rohstofflieferanten für die Informations- und Kommunikationstechnologien.[119] Die EU ist der weltweit größte Importeur von Rohstoffen auf internationaler Ebene. In ihren Rohstoffstrategien setzen die EU und die deutsche Bundesregierung auf Handelsabkommen und politisch-ökonomischen Druck, um dieses Ziel zu erreichen.

Müllhalden des Überflusses

Und wenn der Konsumwahn dann in Müll umschlägt, werden große Teile der Erde gerne als Müllhalde unseres Überflusses verwendet. Über Hongkong zum Beispiel gelangen jährlich unzählige Tonnen Elektroschrott nach Guiyu in der Provinz Guandong in China. Dort arbeitet ein Großteil der Bevölkerung – darunter häufig auch Minderjährige – im Recyclinggeschäft. Da die Arbeiter*innen den giftigen Dämpfen schutzlos und ohne jede Gesundheitsvorkehrung ausgesetzt sind, erkranken sie häufig.[120] Allein 2011 exportierten die USA 300 000 Tonnen Elektronikschrott nach Asien und über 100 000 Tonnen in Richtung der Grenze nach Mexiko. Beliebt sind auch Metropolregionen in Afrika. In der Großstadt Accra im westafrikanischen Ghana wird ein ganzes Stadtviertel als Mülldeponie für Elektroschrott verwendet, beispielhaft und erschreckend dargestellt in dem Dokumentarfilm *Welcome to Sodom*.

Die EU und ihre neokolonialen Handelsstrukturen

Die Expansion und Ausbeutung findet auch unter dem Deckmantel der »Entwicklungszusammenarbeit« statt. Diese wurde dahingehend umbenannt, seit man suggerieren will, dass die Grausamkeiten des Neokolonialismus jetzt auf Augenhöhe stattfinden.

Mit dem Trend der sogenannten Entwicklungspartnerschaften investieren zunehmend Firmen in die Partnerländer und erhöhen so ihre Rendite. Umgekehrt soll das der Wirtschaft und Gesellschaft vor Ort die Gelegenheit geben, sich zu »entwickeln«. Meist jedoch zerstören die Partnerschaften die lokale und regionale Wirtschaft. Diese Form der Politik hat zum Beispiel großen Agrarkonzernen die Tür geöffnet, die immer größere Marktanteile an sich reißen. Auch die Zollpolitik, Freihandelsabkommen und Subventionen der Europäischen Union befeuern die wirtschaftliche Abhängigkeit des Globalen Südens vom Norden. Durch die Liberalisierung des Handels verelenden vor allem die ärmsten Länder.[121] Institutionen wie die Weltbank und der Internationale Währungsfonds (IWF) verstetigen diese Muster, indem sie ihre Unterstützung an Bedingungen koppeln, die von den G-20-Ländern bestimmt werden. Beispielsweise gibt es keine Einfuhrzölle auf noch nicht geröstete Kaffeebohnen, auf geröstete dagegen sieben bis neun Prozent Importzoll. Deshalb lohnt es sich nicht, in den Anbauländern die Verarbeitung vorzunehmen, und mit den unverarbeiteten Bohnen wird auch das »Potenzial zum Geldverdienen«[122] in die EU exportiert. Die EU setzt etwa ein Drittel des mit Kaffeeexporten verdienten Geldes um. Der ganze Kontinent Afrika dagegen nur sechs Prozent, obwohl dort die Kaffeepflanzen beheimatet sind.[123]

Die strukturelle Grundlage für die Abwertung und ökonomische Ausbeutung der Länder im Globalen Süden ist die sogenannte *weiße* Vorherrschaft (White Supremacy); die Verhältnisse sind Ausdruck einer rassistischen Struktur. Diese wirkt auch in Deutschland, und im schlimmsten Fall hat sie rassistisch motivierte Gewalttaten wie im Februar 2020 in Hanau zur Folge. Die Gewalt vor der eigenen Haustür stützt sich auf dieselben Denkmuster wie neokoloniale Handelsregime.

Die Bilder der Zerstörung sind überall

Es ist ja nicht so, als wären die Folgen des globalen Kapitalismus nicht hinreichend bekannt: Wir können die Bilder der Zerstörung in den Nachrichten sehen. Sie gehen in sozialen Medien um die Welt, auch in Tages- und Wochenzeitungen, die dazu Hintergrundberichte veröffentlichen. Und es gibt zahlreiche Bücher, in denen die skandalösen Zustände aufbereitet werden. Bei den Widersprüchen zwischen den gesellschaftlichen Erzählungen von Wachstum und Wohlstand und den sie torpedierenden Folgen von Ausbeutung und Zerstörung herrscht kein Aufklärungs- oder Wissensproblem. Das einzige Problem, das wir potenziell haben, ist ein Anerkennungsproblem dieser Widersprüche und ein Mangel an Entschlossenheit, sie zu lösen.

Die dreckigen Spuren des vermeintlichen wirtschaftlichen Erfolgs finden sich überall. In jedem Bereich unseres Alltags, in jeder Selbstverständlichkeit unserer Lebensweise, in den Lieferketten und Produktionsabläufen. Sie starren den Verursacher*innen in Deutschland und in Europa aus den Börsenkursen der Industrienationen entgegen. Und sie (wir) glotzen mit leerem Gesicht zurück und spulen nach jeder Katastrophe, die bekannt wird, die gleichen Sätze ab: *Ach, was. Das konnten wir ja nicht wissen. Wie schrecklich.* Und zwar so oft und so lange, bis alle es wissen – und trotzdem nichts passiert.

Auf dem Weg zur Selbstauslöschung

In der Masse und Systematik, in der sie auftreten, können wir all diese »Nebenwirkungen« nicht mehr als Schönheitsfehler abtun. Erst recht nicht, weil die Folgen der ökologischen Krisen wiederum die Eskalationsspirale von Abschottung, Finanzkrisen, Ungerechtigkeit und Erosion der Demokratie anheizen. Die

Gegensätze des kapitalistischen Wirtschaftssystems lassen sich nicht einfach wegoptimieren oder managen, wie man heute all das managen will, an dem sich nichts Grundlegendes ändern soll. Diese Gegensätze sind bedrohlich. Immer mehr Menschen erkennen, dass hier etwas in die falsche Richtung läuft. Weil die Folgen der Klimaerhitzung auch schon im Globalen Norden zu spüren sind, weil auch europäische Gewässer voller Mikroplastik sind und weil die natürlichen Ressourcen, von denen auch wir abhängig sind, sich als endlich erweisen.[124] Die Gegenwart und die Aussicht auf eine unheilvolle Zukunft werfen zunehmend fahles Licht auf die Erzählungen vom Wohlstand für alle, von Innovation und Wachstum als Allheilmittel und vom Markt als unsichtbarem Lenker. Die vermeintlichen Nebenwirkungen nehmen so katastrophale Ausmaße an, dass die eigentlichen Wirkungen daneben langsam ziemlich klein scheinen. Unter der Oberfläche der Erzählungen vom Wohlstand für alle und von einem wirtschaftlichen »Weiter so«, das Armut beseitigt, Ausbeutung beendet und ewiges Wachstum mit planetaren Grenzen versöhnt, lodert es gewaltig. Denn die Widersprüchlichkeiten der kapitalistischen Wirtschaftsweise, die in unsere Realität drängen, sind innerhalb der gegenwärtigen Produktionsweise nicht einfach so auflösbar. Die Zerstörung der Natur, die Verletzung von Menschenrechten, der Export des Mülls und der Import von Profiten: Das alles ist der Motor des Erfolgs im Kapitalismus, angetrieben von dem Drang nach Mehr und nach der absoluten Kontrolle der Märkte. Auf diese Weise arbeitet ein System, von dem ständig behauptet wird, dass es das bestmögliche sei, konsequent auf die Selbstauslöschung hin – und es kann sich noch in diesem Jahrhundert zu Tode siegen.[125]

Der vermeintliche Normalzustand: imperiale Lebensweise

Das Gefühl der Normalität hielt sich in Deutschland und Europa trotz der drastischen Lage vor allem deshalb so lange, weil man Krisen lange verdrängte, die anderenorts grassierten. Die Verhältnisse sind zugunsten des Globalen Nordens ausgestaltet. Sie sind in den politischen Institutionen, der Wirtschaft, der Kultur und den dominierenden politischen und gesellschaftlichen Erzählungen tief verankert. Sie setzen sich in Diskursen und Weltauffassungen fest. Wir alle befeuern mit jeder Minute unseres Alltags die imperiale Lebensweise.[126] Wir folgen dem Konsumwahn, weil wir immer neue Bedürfnisse stillen, von deren Existenz wir ohne die Verlockungen der Industrie und dem ewigen *Triggering* der Werbung nie gewusst hätten. Die Kosten scheren uns nur wenig, höchstens manchmal in der Frage, ob das denn eigentlich die Wirtschaftsform ist, an die wir uns verkaufen wollen. Das alles wird dann »Modernität«, »Wohlstand« oder »Alltag« genannt.

Unsere Lebensweise wird uns als das gute, richtige, aufgeklärte Leben dargestellt, wozu alle anderen aufblicken. Wenn im Bewusstsein über das Leid und die Unterdrückung, auf denen unser Wohlstand beruht, von *unserer Leistung* gesprochen wird, dann ist das nicht nur anmaßend und unverschämt, sondern auch schlicht falsch. Nur, weil wir unsere Rolle im Gesamtgefüge der Produktion und des Konsums leugnen, funktioniert die Zerstörung so gut. Die neokolonialen Nord-Süd-Verhältnisse, der grassierende Rassismus in Konsum- und Produktionspraxen und die dazu passenden Erzählungen von »unterentwickelten Ländern« und »Deutschland als Vorreiter« normalisieren Unterdrückungsstrukturen, auch in Klassen- und Geschlechterverhältnissen, so lange, bis sie nicht mehr als solche wahrgenommen werden.[127] Dann empfinden wir sie als natürlich – und verteidigen sie mit

Sätzen wie »So ist es nun einmal«. In diesen Erzählungen reproduziert sich die Norm der imperialen Lebensweise, eben weil sie in unserem Alltag und unserem Alltagsverstand verankert ist. Dieses Phänomen hat Antonio Gramsci unter dem Begriff der Hegemonie zusammengefasst: einem »Typus von Herrschaft, der im Wesentlichen auf der Fähigkeit basiert, eigene Interessen als gesellschaftliche Allgemeininteressen zu definieren und durchzusetzen«.[128]

Um damit zu brechen, müssen wir im ersten Schritt anerkennen: Unsere Lebensweise ist imperial. Uns geht es vergleichsweise gut, nicht während, sondern *weil* es anderen schlecht geht. Gewinnen und Verlieren hängen unmittelbar und untrennbar miteinander zusammen. Unsere Gesellschaft ist durchzogen von Ungleichheits- und Unterdrückungsstrukturen, die miteinander verschränkt sind und gesellschaftliche Machtverhältnisse prägen. Das geschieht entlang von Kategorien wie Geschlecht, Ethnizität, Klassenzugehörigkeit, Nationalität oder Sexualität. Es entsteht ein Geflecht, bei dem sich zu jeder Personengruppe ein unterschiedliches Diskriminierungsmuster formt: Charakter von Strukturen ist dabei gerade, dass sie sowohl individuell als auch auf allen gesellschaftlichen Ebenen wirken. Sie verbinden die Diskriminierung der*des Einzelnen mit globalen Ungerechtigkeitsverhältnissen.

Im globalen Maßstab haben wir die Folgen unseres Handelns zeitlich und räumlich ausgelagert – auf die Zukunft oder in ein globales »Außen«. Menschen hier wähnten sich in Normalität, während anderswo die Zustände eskalierten. Rob Nixon schreibt dazu: »Es ist ein charakteristisches Merkmal von Imperien, weite Teile des Planeten zu beeinflussen, ohne dass sich die Bevölkerung des Imperiums dieses Einflusses bewusst wäre – oder dass sie auch nur von der Existenz vieler der betroffenen Orte wüsste.«[129] Und er bringt damit die vielen Beispiele auf einen entscheidenden Punkt: Kapitalistische Erfolgsgeschichten sind nur möglich, indem die Bedingungen und Folgen davon externalisiert und unsichtbar gemacht werden. Das ist der Kern eines modernen Imperialismus.

Unsere Lebensweise ist gerade darauf angelegt, dass sie nicht verallgemeinerbar ist. Sie verlangt, dass wir permanent und nahezu unbegrenzt auf die Ressourcen anderer zugreifen können. Die Zahl derjenigen, die so verfahren können wie die reichen Industrienationen im Globalen Norden – also auf die Flächen, Rohstoffe und natürlichen CO_2-Senken anderer zugreifen und die Überbleibsel des eigenen Konsums anschließend wieder exportieren –, ist begrenzt. Wir missbrauchen große Teile der Welt als Rohstoffquellen und Müllhalden für *unseren* Überfluss und gehören deshalb zu denen, die im globalen Maßstab Verursacher*innen und Profiteur*innen sind. Das führt dazu, dass Ausbeutung, Umweltzerstörung und Ungerechtigkeit erst jenseits Deutschlands und Europas Außengrenzen richtig an Fahrt aufnehmen, an den »Außenposten des globalen Kapitalismus«[130] – Orten, über die die meisten von uns wenig wissen –, und das macht es uns leicht zu verdrängen, welche Folge diese Lebensweise hat.

Es gab nie eine andere Normalität

Dass so viele verschiedene Krisenzustände uns als Gesellschaft so gehäuft erschüttern, mag neu sein. Die Strukturen, die sie verursachen, sind es jedoch nicht. Sie sind nicht etwa ein Exzess der letzten Jahrzehnte, den wir einfach so zurückdrehen könnten, sondern die Gegensätze begleiten den globalen Kapitalismus seit seiner Entstehung. Seit Jahrhunderten exportieren wir im Globalen Norden die Folgen unserer immer weiter ausufernden Lebensweise.

Das begann mit der Kolonialisierung im späten 15. und 16. Jahrhundert, ging weiter in der Industriellen Revolution und führte zum Neoliberalismus und in heutige neokoloniale Abhängigkeiten. Der Kapitalismus produzierte immer Katastrophen – oder zog gerade daraus seine Entwicklungskraft, auch schon in der Gewaltherrschaft des Kolonialismus und dem anschließenden Imperialismus, wo gewissermaßen sein Ursprung liegt.[131] Wir haben die Katastrophen nur *outgesourct*.

Kolonialismus: Von europäischer Gewaltherrschaft und rassistischen Erzählungen

Im Zuge des Kolonialismus verfolgten europäische Länder das Ziel, ihre Herrschaftsmacht auf außereuropäische Gebiete auszudehnen. Diese Expansion diente vorrangig der wirtschaftlichen Ausbreitung.[132] Sie musste jedoch ideologisch unterfüttert werden. Und so wurde die europäische Unterdrückung gerechtfertigt mit der Behauptung, den Rest der Welt »zivilisieren« zu wollen – durch und für europäische Werte.[133]

Die europäische Expansion in der Kolonialzeit bedeutete massive Gewaltanwendung und Ausbeutung von Menschen und der Natur. Indigene, insbesondere aus Afrika, wurden zu Zwangsarbeiter*innen, zu Sklav*innen, zu Ware degradiert, unter verheerenden Bedingungen zur Arbeit gezwungen. Sie bildeten das Fundament des europäischen Wohlstands. Widerstände brachen die Kolonialherren auf brutale Weise. Sie ermordeten unzählige Menschen. Schon die spanischen Konquistadoren gingen im Reich der Azteken und Inka in Südamerika auf der Suche nach Gold mit skrupelloser Gewalt vor.

Bei der Expansion arbeiteten Regierungen der Kolonialstaaten und private Akteure zusammen. Private übernahmen große Teile der Finanzierung und die Ausbeutung – und konnten im Gegenzug Gewinne einstreichen. Kaufleute aus Europa gingen »im wahrsten Sinne des Wortes auf Jagd« nach Arbeitskräften.[134] Die Regierungen schufen die Rahmenbedingungen und die Legitimation und waren im Zweifel bereit, den Handel mit Waffengewalt zu verteidigen. Das Resultat war ein gewaltsam entstandenes und aufrechterhaltenes Handelssystem, aus dem die europäischen Kolonialmächte ihren Aufschwung zogen.

Die europäische Gewaltherrschaft wurde mit rassistischen Erzählungen legitimiert. Der indigenen Bevölkerung wurde ihr Menschsein abgesprochen, es entstand die Idee der Rassentheorie, auch die Bibel wurde zur Rechtfertigung herangezogen.[135] Die Afrikanistin, Wirtschaftswissenschaftlerin und Antirassismus-Trainerin Tupoka Ogette macht in ihrem Buch *Exit Racism* den Zusammenhang zwischen wirtschaftlicher Ausbeutung und Rassismus deutlich: »Die Europäer waren nicht zu Sklavenhändlern geworden, weil sie Rassisten waren. […] Sie wurden Rassisten, um Menschen für ihren eigenen Profit versklaven zu können. Sie brauchten eine ideologische Untermauerung; eine moralische Legitimierung ihrer weltweiten Plünderungsindustrie. Kurz und plakativ: Sie wollten gut schlafen.«[136]

Die koloniale Geschichte Europas und auch Deutschlands prägt immer noch maßgeblich das europäische Verständnis davon, wie man sinnvoll mit der Welt umgeht. Koloniale Strukturen bleiben bis heute weitgehend unaufgearbeitet: Zahlreiche Straßennamen in Deutschland tragen die Namen ehemaliger Kolonialherren oder Kaufleute; und europäische Museen liegen voll von geraubter Kunst, wie vor Kurzem in Deutschland anlässlich der Eröffnung des Humboldt-Forums in der breiteren Öffentlichkeit diskutiert wurde. Und auch die Ausbeutung ehemaliger Kolonialgebiete läuft weiter, in Form abhängig machender Handelsabkommen und unmenschlicher Arbeitsbedingungen,[137] woran auch Chinas Industrie inzwischen einen großen Anteil trägt. Heute gibt es mehr Sklav*innen als zu Zeiten, in denen Menschenhandel noch legal war: 35,8 Millionen.[138]

Die Konsequenzen von Hunderten von Jahren der Kolonialisierung, Versklavung und wirtschaftlichen Ausbreitung werden heute in dem sichtbar, was wir als humanitäre Krisen bezeichnen, oder auch in der Klimakrise, der die Ungerechtigkeit im Zugriff auf die Natur zugrunde liegt. Diese Krisen sind Konsequenzen, denen die Ursachen von Ausbeutung, Industrialisierung und Wachstum zugrunde liegen.[139] Die Strukturen existieren weiter und schaffen neue Krisen. Und Europa schottet sich ab, schützt seine Grenzen, schließt Menschen an seinen Außengrenzen in Lager ein. Heute fliehen Menschen aus Ländern in Subsahara-Afrika nach Europa, auch weil die europäische Wirtschaftspolitik ihre Lebensgrundlage, verstärkt oft durch Probleme im eigenen Land, wie zum Beispiel Korruption, geraubt hat.[140] Vor diesem Hintergrund und in Anschauung der kolonialen Geschichte Deutschlands erhält ihre abfällige Bezeichnung als »Wirtschaftsflüchtlinge« und die Abschottung Europas gegenüber Flüchtenden einen noch menschenverachtenderen Anstrich. Und wenn in Reaktion auf Proteste der Black-Lives-Matter-Bewegung in Deutschland erst einmal eine Diskussion *weißer* Menschen darüber entbrennt, ob diese Proteste von Schwarzen Menschen und People of Color[141] berechtigt seien, ob es denn überhaupt Rassismus in Deutschland gebe, dann trieft daraus die Ignoranz *weißer* Menschen, denen es extrem unangenehm ist, das erste Mal in ihrem Leben über ihr eigenes *weiß*-Sein zu reflektieren – und die statt der ernsthaften Auseinandersetzung mit sich und ihren Privilegien dieses unangenehme Gefühl in weitere Unterdrückung umkehren. Umgekehrt könnte

die Solidarisierung vieler Menschen und der Beginn von Lern-
prozessen auch ein Anfang sein.

Bei heutiger struktureller und rassistisch motivierter Ausbeutung scheint die Devise häufig die gleiche wie bei der Aufarbeitung des Kolonialismus: Wegschauen. Wegreden. Wegdenken. Es
geht uns – und hier ist das *wir* explizit eines, das sich an alle *weißen* Menschen richtet – ja ganz gut damit, nicht wahr? Oder, an
Tupoka Ogette angelehnt: Wir wollen gut schlafen. Immer noch.
Zwar haben die Black-Lives-Matter-Proteste einen starken Wi-
derhall gefunden, vor allem in Medien und in der Literatur, aber
wirklich etwas verändert an den gewaltvollen systemischen
Strukturen hat sich bislang nichts.

Imperialismus und Industrialisierung: Der Beginn des fossilen Zeitalters

Im 18. und 19. Jahrhundert entwickelte sich die zweite Welle der
kolonialen Expansion Europas, die eine enorme globale Domi-
nanz Europas nach sich zog. Industrie, Gewerbe, Handel und Verkehr gewannen an wirtschaftlicher Bedeutung.[142] Die konkurrie-
renden europäischen Kolonialmächte weiteten ihren Zugriff auf
Land, Arbeitskraft und Rohstoffe aus und teilten die Erde gewaltsam untereinander auf. Die Länder des Globalen Südens,
die zu Beginn des 19. Jahrhunderts noch etwa zwei Drittel
des weltweiten Einkommens hatten, verfügten in der Mitte des
20. Jahrhunderts nur noch über weniger als dreißig Prozent.[143]

Diese Epoche ging als Imperialismus in die Geschichte ein.
Auf der berüchtigten Kongo-Konferenz, die vom 15. November
1884 bis zum 26. Februar 1885 auf Einladung des deutschen
Reichskanzlers in Berlin stattfand, teilten sich die europäischen
Mächte Afrika auf, als wäre dieser Kontinent ein Kuchen, von

dem sich jeder ein Stück nehmen könnte. Deutsche Truppen begingen den ersten Völkermord des 20. Jahrhunderts in der damaligen Kolonie Deutsch-Südwestafrika an großen Teilen der Herero und Nama im heutigen Namibia.[144] Auch Konzentrationslager wurden im Zuge dessen errichtet. Es gibt einen eigenen Begriff für die Verbrechen, die an Menschen afrikanischer Abstammung verübt wurden: *Maafa*. Übersetzt bedeutet dieser Begriff »große Katastrophe«.

Zwei entscheidende Aspekte dieser Epoche sind die Mechanisierung und die Industrialisierung. Neue Maschinen wurden erfunden und verbreiteten sich; die Produktivität stieg rasant. Zu dieser Zeit beginnt auch das Zeitalter der fossilen Energie.[145] Agrarstaaten entwickelten sich zu Industriestaaten, angetrieben von der Nutzung fossiler Energieträger.[146] Diese sorgten dafür, dass nun ortsunabhängig produziert werden konnte und zeitlich flexibel, 24 Stunden am Tag, 365 Tage im Jahr. Die Verfügbarkeit von Energiequellen war plötzlich nicht mehr entscheidend für die Qualität wirtschaftlicher Standorte. Energieressourcen konnten einfach transportiert werden – so entstanden logistische Netzwerke. Produktionsprozesse konnten dank der fossilen Energie enorm beschleunigt werden.[147] Vor der industriellen Revolution lag das wirtschaftliche Wachstum bei nahe null. Dann stieg es auf über zwei Prozent pro Jahr bis zum Ende des 20. Jahrhunderts an. Und auch die Weltbevölkerung wuchs stärker als jemals zuvor.[148]

Bis heute wird die Industrielle Revolution vor allem als ein Ergebnis von Erfinder- und Unternehmergeist erzählt. Vernachlässigt wird dabei oft, von wem der Aufschwung der imperialen Mächte geschultert wurde: Von Millionen von Sklav*innen aus kolonial erbeuteten Ländern, Zwangsarbeiter*innen und Tagelöhner*innen, die zusätzlich noch billige Rohstoffe für die entstehende Industrie liefern mussten – gemeinsam mit den lokal ausgebeuteten Arbeiter*innen im Globalen Norden.[149] Die europäische Entwicklung von Technologien basierte außerdem auf der Aneignung von Wissen, beispielsweise in der Textilindustrie.[150] Durch die Industrialisierung entstand ein wachsender Bedarf an Rohstoffen und Waren, die für die Industrialisierung selbst oder den Welthandel eine wichtige Bedeutung hatten: Das sind fossile Energieträger wie Kohle oder Öl und Rohstoffe wie Eisenerz oder Nickel, aber auch Industriewaren wie Kautschuk und Jute.[151] Die hohen Wachstumsraten, die Europa und die USA im 19. und 20. Jahrhundert erzielten, verdanken sich in erster Linie der Verfügbarkeit preiswerter fossiler Energien: »Die Energie, die in einer Gallone Öl enthalten ist, entspricht 47 Tagen harter menschlicher Arbeit.«[152] In Europa selbst entstand eine neue Klassengesellschaft. Einer kleinen Gruppe von wohlhabenden Bürgern mit Kapital und Produktionsmitteln wie Fabriken stand nun eine große Zahl von lohnabhängigen Arbeiter*innen gegenüber, die ihre Arbeitskraft verkaufen mussten.[153] »Die neue Produktivität und Mobilität des industriellen Zeitalters wurden von großen Teilen der Bevölkerung und dem Ökosystem teuer bezahlt, denn sie beruhten auf massiver Ausbeutung und auf fossilen Energieträgern – zunächst auf Kohle, seit dem 20. Jahrhundert vor allem auf Öl.«[154]

Machtkonzentration ging in der Welt von Anfang an mit hohem Ressourcenverbrauch einher: Das Vereinigte Britische Königreich zum Beispiel hatte im 19. Jahrhundert nicht nur die Kontrolle über große Teile der Welt inne, es produzierte auch die meisten Kohlendioxid-Emissionen.[155] Ein Viertel des globalen kumulierten CO_2-Ausstoßes seit 1850 wurde von den Vereinigten Staaten verursacht. Und auch das europäische und deutsche »Wirtschaftswunder« nach dem Zweiten Weltkrieg verbrauchte Unmengen an Energie. Alle historisch führenden Nationen im kapitalistischen Weltsystem, ob das Britische Empire, die USA, später Japan und die EU und mittlerweile auch China konnten aufgrund ihrer wirtschaftlichen Position und ihrer wachsenden geopolitischen Macht auf immer mehr Ressourcen zugreifen. Heimische Ökosysteme wurden weniger in Anspruch genommen – andere dafür umso mehr.[156]

Dass das nicht sehr lange so funktionieren kann, liegt auf der Hand. Ein Blick auf die Historie zeigt das.

Fordismus: Arbeitskämpfe und die Entstehung der Konsumgesellschaft

Von der Industrialisierung profitierten zunächst nur die Eliten. Aber durch Arbeitskämpfe konnten die Arbeiter*innenbewegung und Gewerkschaften ab Ende des 19. Jahrhunderts höhere Löhne und kürzere Arbeitstage für die Arbeiter*innen durchsetzen. Der Sozialstaat kam auf. Im 20. Jahrhundert entstand eine Konsumgesellschaft, und mehr Menschen wurden am neuen Wohlstand beteiligt. Das Automobil wurde zum Massenprodukt. Deshalb wird diese Zeit in Anlehnung an den Autobauer Henry Ford als *Fordismus* bezeichnet.

Die Wohlstandsentwicklung blieb vor allem auf die ehemaligen Kolonialstaaten begrenzt: USA, Großbritannien, Deutschland, Frankreich, Niederlande, Belgien und Japan. Der neue Wohlstand war ein Privileg der *weißen* Bevölkerung. In vielen Ländern des Globalen Südens waren nach dem Zweiten Weltkrieg Gesellschaften erst einmal damit beschäftigt, ihre Unabhängigkeit von den europäischen Kolonialmächten zu erkämpfen. Die fortbestehenden Ungerechtigkeiten blieben von der Masse der deutschen Bevölkerung jedoch weitgehend unbeachtet. Sie erzählte von nun an lieber das Märchen vom Wohlstand für alle durch Wachstum.

1950er und 1960er: eine Gesellschaft im Fahrstuhl nach oben

In den 1950er- und 1960er-Jahren stellte sich dann in Deutschland der sogenannte »Fahrstuhl-Effekt« ein – und bereitete den Nährboden für den Glauben an den irreführenden *Trickle-down*-Effekt, den wir bereits eingangs betrachtet haben. Die Mittelschichtsgesellschaft entstand,[157] und die imperiale Lebensweise entwickelte sich zum Massenphänomen: Eine wachsende Zahl von Menschen griff über globale Märkte und transnationale Unternehmen auf die Arbeitskraft und Ökosysteme vor allem in Ländern des Globalen Südens zu. In neokolonialen Handelsregimen lieferten diese weiterhin vor allem Ressourcen, Lebensmittel und Arbeitskraft für den Globalen Norden.[158] Das Einkommensgefälle zwischen Ländern des Globalen Nordens und Südens verringerte sich nicht. Ein Blick auf die Beispiele der heutigen globalen Handelsstruktur zeigt: Diese Dynamiken bestehen bis heute fort.

Globalisierung und Neoliberalismus: Expansion ist alternativlos

Nach Jahrzehnten des Aufschwungs begann Anfang der 1970er-Jahre »der lange Abschwung der Weltwirtschaft«,[159] der auch in Deutschland spürbar war. Das durchschnittliche Wachstum schrumpfte. Und in einer Wirtschaft, die am Tropf des ewigen Wachstumsversprechens hing, gab es plötzlich Wachstumsprobleme. Es begann eine »Revolte des Kapitals« gegen die soziale und demokratische Begrenzung des Kapitalismus: Der Beginn der Wende zum Neoliberalismus.[160] Das neue Ziel des Kapitalismus war nun ein eigentlich altes: die weitere Expansion der Märkte nach innen und außen.

Politiker*innen wie Ronald Reagan oder Margaret Thatcher wurden zu Sinnbildern des neuen politischen und wirtschaftlichen Kurses. Die politischen Säulen der neoliberalen Ära lauten Privatisierungen im öffentlichen Sektor, Deregulierung des Unternehmenssektors und Liberalisierung des Handels, Senkung der Einkommens- und Unternehmenssteuern, Abbau von staatlichen Regeln, die die Marktprozesse behinderten, Abbau des Sozialstaats, Intensivierung des globalen Wettbewerbs.[161] *There is no alternative.* Dieser Slogan wurde von Margaret Thatcher in den 1980er-Jahren geprägt, um wirtschaftsliberale Reformen und den Abbau des Sozialstaats zu legitimieren. Erschien vorher die Politik als die bestimmende Akteurin, wandelte sich das im Zuge des Neoliberalismus zu einer Vorherrschaft der Wirtschaft. Was das auch mit dem Demokratieverständnis gemacht hat, ließ sich beobachten, als Angela Merkel 2011 sagte, die parlamentarische Demokratie solle marktkonform sein.[162]

Der neoliberale »Boom« wurde begleitet von einer neuen Dimension billiger Natur. Die Preise für Nahrungsmittel, Energie und Rohstoffe sanken. Der Ölpreis pendelte sich ein und blieb fürs Erste stabil.[163] Und auch neue billige Arbeit wurde erschlossen: Im Globalen Norden setzten Lohnrepressionen ein, indem bürgerliche Schichten einen Kampf gegen Gewerkschaften führten. Das war auch wichtig, weil in den 1970er-Jahren das Produktivitätswachstum nachließ. Die Profitrate beispielsweise der amerikanischen Industrie sank, woraufhin diese auf die »globale Fabrik« auswich. Mit strukturellen Anpassungsprogrammen und Marktliberalisierungen wurden viele Länder eingehegt – und die Industrialisierung von Ländern des Globalen Südens massiv vorangetrieben.[164] Die Folgen davon sind die Krisen heute.

Blick in die Abgründe des Lebenselixiers des Kapitalismus

In der Rückschau wird deutlich: Jede neue Expansionswelle und jede Epoche der Entstehung des heutigen Kapitalismus brauchte neue billige Natur und neue billige Arbeit. Billige Arbeit heißt dabei Unterwerfung. Und billige Natur – das zeigen die ökologischen Krisen heute – gibt es auf lange Sicht betrachtet schlicht nicht. Und es gibt auch keine Erzählung unserer Wirtschaftsweise, derzufolge der europäische Wohlstand, die europäische und deutsche Machtstellung in der Welt und das arrogante Gerede über »westliche Werte« ohne systematische Gewalt, Unterwerfung und Ausbeutung auskommen. Wir dürfen diesen Teil unseres Wirtschaftssystems nicht ständig außer Acht lassen, wenn wir nach dauerhaften Lösungen suchen.

Wenn unser Wunsch tatsächlich ist, dass es allen Menschen durch das wirtschaftliche Handeln möglichst gut geht, dann müssen wir erkennen: In dieser Hinsicht war die kapitalistische Wirtschaftsweise schon immer dysfunktional, denn sie verfolgt das Gegenteil. »Dass die einen externalisieren können und die anderen den Preis dafür zu zahlen haben, dass die einen das schaffen, was den anderen zu schaffen macht, ist eine veritable Systemfrage.«[165]

Die Struktur, nach der die immer Gleichen gewinnen und verlieren, ist über Jahrhunderte gewachsen. Und so führt die Suche nach den Ursachen der Klimakrise in die Vergangenheit. Sie verbindet den Kolonialismus mit der Industrialisierung, mit dem Imperialismus, mit dem deutschen und europäischen Wirtschaftswunder der Nachkriegszeit, mit dem Neoliberalismus, und sie führt geradewegs zu den gegenwärtigen ökologischen Krisen, zu den tiefen Mechanismen der Abschottungspolitik, der Aufrechterhaltung und Verstetigung kolonialer Verhältnisse, der

Hierarchisierung von Menschenleben, zu Rassismus und Segregation, zu den Bruchstellen des Systems entlang der Kategorien von Geschlecht und Klasse. Der Blick auf CO_2-Emissionen öffnet den Blick in die Abgründe der kapitalistischen Wirtschaftsweise. Er verweist auf die Prinzipien dieser Wirtschaftsweise und wirft die Frage auf, wie lange sie noch Bestand haben können oder sollten.

Und weil wir uns an diese Prinzipien und Abgründe herantrauen müssen, wenn wir den ökologischen Krisen entgegentreten und eine bessere Zukunft für alle schaffen wollen, ist die Geschichte der Proteste gegen dieses Wirtschaftssystem noch nicht auserzählt. Im Gegenteil: Sie geht gerade erst los.

Der Aufschwung stockt: Signalkrise des Neoliberalismus

Spätestens seit der Jahrtausendwende ist der Aufschwung ins Stocken geraten: 2003 stiegen die Metall-, Energie- und Nahrungsmittelpreise deutlich. Ein nicht enden wollender Rohstoff-Boom setzte ein – und damit die *Signalkrise* des Neoliberalismus.[166] Die Fähigkeit, auf immer mehr unbezahlte Arbeit von Mensch und Natur zuzugreifen, gelangte an einen Wendepunkt, stellt der renommierte amerikanische Umwelthistoriker und Soziologe Jason W. Moore fest.[167] Das Finanzsystem stand 2008/09 kurz vor dem Zusammenbruch. Die Mittel, mit denen lange Zeit Wachstumsillusionen geschaffen wurden, scheinen inzwischen ausgeschöpft zu sein. Der Soziologe Wolfgang Streeck zieht Bilanz: »Wenn nicht noch ein Wachstumswunder geschieht, wird der Kapitalismus der Zukunft ohne die Friedensformel eines auf Pump finanzierten Konsumerismus auskommen müssen.«[168] Die seit den 1970er-Jahren getroffenen neoliberalen Maßnahmen konnten zwar die Profite ankurbeln, hielten aber nicht den Trend zum Postwachstumskapitalismus auf.[169] Daraus resultierten die »Instabilität der Finanzmärkte, die Exzesse der Superreichen und die Verzweiflung der zunehmend entbehrlichen Armen sowie der marode Zustand der öffentlichen Infrastruktur und öffentlicher Dienstleistungen«, schreibt Naomi Klein.[170] Seit den 1980er-Jahren nehmen zudem überall im Globalen Norden psychische Erkrankungen zu – ein Preis der Leistungsgesellschaft auch in den Regionen, die von der Entwicklung profitieren.[171] Das Modell des Wachstums scheint an seine Grenzen gestoßen zu sein.

Die Ressourcen sind erschöpft

In die kapitalistische Erzählung von unendlichem Wachstum grätscht die Endlichkeit der Erde und ihrer Ressourcen; die Klimakrise verschärft diese Tendenz: Die fossile Energie geht zur Neige, und ihre Verbrennung erzeugt so viele schädliche Folgen, dass sich die Lebensbedingungen auf der Erde dramatisch verschlechtern. Und damit versprechen die Mechanismen, die über Jahrhunderte immer weitere Kapitalakkumulation ermöglicht haben, nicht länger den ersehnten Erfolg.[172] Paradoxerweise hat damit der Wachstumsdrang selbst dazu geführt, dass heute das Wachstum stagniert. Die Anhäufung von Kapital und Wirtschaftswachstum hat uns immer unabhängiger von natürlichen Bedingungen und ihren Grenzen gemacht. Aber jetzt sind die größten Ressourcengrenzgebiete bereits erschöpft.[173] Die natürlichen Grenzen werden unübersehbar. Mit dramatischer Konsequenz.

Ohne forcierten Klimaschutz, so eine Studie des Deutschen Instituts für Wirtschaftsforschung aus dem Jahr 2007, könnten allein in Deutschland die Kosten der Klimakrise bis 2050 knapp

800 Milliarden Euro betragen.[174] Aber Maßnahmen beim Klima-schutz treffen auf massiven Widerstand: Die noch unerschlosse-nen fossilen Brennstoffe besitzen einen enormen Marktwert. Es handelt sich dabei um riesige Vermögenswerte, die im Eigentum von Firmen, Regierungen und Privatpersonen stehen.[175] Sie wol-len Nutzen aus dem Boden ziehen. Für sie ist es schlicht nicht lohnenswert, die Rohstoffe im Boden zu lassen. Unabhängig da-von, was ihre Nutzung für Schäden und Kosten verursacht. Mit anderen Worten: Die Aussicht Einzelner auf Profite gefährdet die globale Energiewende, was Hunderten Millionen Menschen die Lebensgrundlage rauben könnte und deren Zukunftsaussich-ten auf diesem Planeten dramatisch verschlechtert. Es wird nicht nur kostspieliger, an weitere Energie zu gelangen – es wird auch giftiger. Wir befinden uns in einer Welt, »in der in jeder Ritze die Giftrückstände des Kapitals zu finden sind«.[176]

Krisen treten in Zyklen von acht bis zehn Jahren auf.[177] Die Grenzen des Wachstums zeigen sich deutlicher denn je. Die Wi-dersprüche werden immer deutlicher – und wir stehen vor der Frage, ob das nur ein Wendepunkt des neoliberalen Kapitalismus ist oder am Ende doch eine Erschöpfung des Systems, dass im-mer weiter Ressourcen aufspüren und verbrauchen muss.

Green Economy: Der Traum vom »Weiter so« im Gewand des grünen Kapitalismus

Diejenigen, die unsere bestehende Wirtschaftsweise fortführen wollen, setzen auf eine *Low Carbon* oder *Green Economy*: eine Wendung hin zu einer »dekarbonisierten« Wirtschaftsweise, die ohne Kohle, Öl und Gas funktioniert und die Treibhausgasemis-sionen mittelfristig auf eine Nettonull herunterfährt. Im Zen-trum der *Green Economy* steht die Vorstellung eines »grünem«

Wachstums. Sie setzt voraus, dass es eine Möglichkeit gibt, Wirtschaftswachstum und ökologische Kosten voneinander zu entkoppeln. Besteht darauf eine Chance, oder ist das wieder nur Träumerei?

Die *Green Economy* hat inzwischen weltweit Popularität erlangt. Das Umweltprogramm der Vereinten Nationen hält sie für »keine Wachstumsbremse, sondern eine neue Wachstumsmaschine«.[178] Die Organisation für wirtschaftliche Zusammenarbeit und Entwicklung OECD hat das *grüne Wachstum* sogar zu einem politischen Ziel erklärt.[179] Die Strategie *Europa 2020,* ein auf zehn Jahre angelegtes Wirtschaftsprogramm der Europäischen Union, verfolgte ebenfalls dieses Ziel. Und selbst die in diesem Zusammenhang häufig genannten Ziele nachhaltiger Entwicklung (kurz: SDGs[180]) schließen nachhaltiges Wirtschaftswachstum ein. Nicht zuletzt erklärte Angela Merkel im November 2020, sie halte den Klimaschutz für einen Wachstumstreiber.[181]

Die Vorstellung von einer *Green Economy* suggeriert, dass es möglich sei, Wirtschaftswachstum ohne ökologische Folgeschäden als Dogma aufrechtzuerhalten. Es würde dazu nicht ausreichen, Wirtschaftswachstum, Treibhausgasemissionen und Ressourcenverbrauch generell voneinander zu entkoppeln. Sondern die Entkopplung müsste ausreichend sein, um ökologische Ziele zu erreichen und die 1,5-Grad-Grenze einzuhalten.

In Einzelfällen mag das sogar möglich sein. Natürlich hat beispielsweise der Ausbau von Wind- und Sonnenenergie auch neue Märkte, neue Profitchancen, neue Arbeitsplätze geschaffen. Grundsätzlich muss jedoch festgestellt werden, dass seit der Jahrtausendwende der globale Rohstoffverbrauch schneller wächst als die Wirtschaftsleistung.[182] Eine 2020 veröffentlichte Metastudie, also eine Auswertung vieler Einzelstudien, zum Zusammenhang zwischen Wachstum, Treibhausgasemissionen und

Ressourcenverbrauch, gelangt zu dem Ergebnis, dass sich in insgesamt 835 Studien zu diesem Thema »keine überzeugenden Beweise für eine absolute Entkopplung im erforderlichen Umfang« finden. Die Entkopplung verlaufe nicht schnell genug, um die ökologisch notwendige schnelle Reduktion von Rohstoffverbrauch und Emissionen im Sinne der 1,5-Grad-Grenze zu erreichen.[183] Eine weitere Metastudie[184] sowie eine Studie des Europäischen Umweltbüros[185] kommen zu demselben Ergebnis. Natürlich ist es wünschenswert, eine Entkopplung von Wirtschaft und ökologischer Zerstörung voranzutreiben. Aber es ist eben noch lange keine Erfolg versprechende Antwort auf die Klimakrise.

Finanzialisierung: künstliches Wachstum aus dem Wettbüro

Zudem könnte man Hoffnungen auf ein finanzgetriebenes Wachstum setzen.

In der Folge der Wachstumsschwäche seit den 1970er-Jahren setzte ein enormer Prozess der *Finanzialisierung* ein. Statt Waren zu produzieren und dadurch mehr Geld zu generieren (G-W-G') soll aus Geld unmittelbar mehr Geld werden (G-G') Es wird künstliches Wachstum auf dem Papier geschaffen. Das Volumen der Transaktionen auf den Finanzmärkten ist mittlerweile mehr als 100-mal so groß wie das der »realen« Güter- und Dienstleistungsmärkte.[186] Auf dem Finanzmarkt verstärken sich Prozesse selbst: Im Prinzip kann man auf Kursveränderungen wetten wie in einem Wettbüro – und damit Geld machen.[187] Der Finanzmarktkapitalismus, wie er auch genannt wird, war insofern eine Reaktion auf die Wachstumskrise – und wurde dann selbst zur Krisenursache, wie der deutsche Wirtschafts- und

Gesellschaftswissenschaftler Oliver Nachtwey nüchtern feststellt.[188] Denn die Instabilitäten und Krisen der Finanzwirtschaft der letzten Jahrzehnte haben die soziale Stabilität untergraben. Und der Finanzmarktkapitalismus hat das Problem des Abbaus der natürlichen Ressourcen nicht gelöst – im Gegenteil: Denn das Finanzwesen ist nicht vom natürlichen Ressourcenverbrauch entkoppelt, sondern erzwingt indirekt einen wachsenden Ressourcen- und Energieverbrauch.[189]

Ein Netzwerk von NGOs veröffentlichte zum Jahrestag des Pariser Klimaschutzabkommens den Bericht »Five Years Lost« – fünf verlorene Jahre. Darin stellten sie zwölf der verheerendsten Kohle-, Öl- und Gas-Projekte vor, die derzeit geplant oder erweitert werden. Diese Projekte würden drei Viertel des restlichen Kohlenstoffbudgets aufbrauchen, das uns bleibt, um die Erderhitzung auf 1,5 Grad Celsius zu begrenzen. Der Bericht stellt fest: Die Finanzindustrie ist diejenige, die das Kohlenstoffbudget sprengt. Denn Banken haben seit 2016 Kredite und Bürgschaften in Höhe von 1,6 Billionen Dollar an Unternehmen vergeben, die mit fossilen Brennstoffen handeln. Investor*innen haben über Anleihen und Aktien 1,1 Billionen Dollar in diese verantwortlichen Firmen investiert.[190]

Auch die Behauptung, dass die virtuelle Wirtschaft *of Bits and Bytes* ressourcenschonend agiere, ist nicht mehr als ein Mythos. Das Internet beispielsweise verursacht heute schon etwa drei Prozent des weltweiten CO_2-Ausstoßes – und damit so viel wie der internationale Flugverkehr.[191] Die neuen Technologien der letzten Jahrzehnte haben nicht die viel beschworene Reduktion des Ressourcenverbrauchs bewirkt. Profitmaximierung bedeutet immer auch die Maximierung von Verbrauch. Der Kapitalismus ist eben kein Perpetuum mobile, das ohne Energiezufuhr endlos weiterarbeitet.

Die wenigen Situationen, in denen bislang nennenswert CO_2 reduziert wurde, sind kurzfristige Schocks wie die Corona-Pandemie. Aber die reichen nicht, um die Krisen in den Griff zu bekommen. Im Gegenteil: Die Schocks kommen vor allem den Gewinner*innen des Kapitalismus zugute und verschärfen andere Krisen. Sie sind auch keine Strategie zur Abkehr von einem »Weiter so« – sondern lediglich etwas, das häufig als *Degrowth by Disaster* bezeichnet wird.

Andere Lösungsansätze des grünen Kapitalismus – CO_2 als Ware

Es muss also eingegriffen werden in den Lauf der Dinge, um allein schon die ökologischen Krisen in den Griff zu bekommen. Ein häufiger Vorschlag und auch tatsächlich eingesetztes Mittel ist, die externalisierten ökologischen Kosten einzupreisen, also zu internalisieren. Auch das ist mit der Hoffnung auf Wachstum verbunden. Aber Wachstum *durch* Natur- und Klimaschutz, das klingt ja eigentlich nach der Erlösung, auf die wir die ganze Zeit warten. Die Stichworte lauten CO_2-Bepreisung und Emissionsrechtehandel. Die Natur erhält ein Preisschild und wird dadurch weiter der Verwertungslogik des Kapitalismus unterworfen. Klimaschutz und Aufforstung sollen nach den Marktmechanismen erfolgen und die gewünschte »Lenkungswirkung« bringen. Angeführt wird außerdem häufig, dass eine CO_2-Bepreisung sozial ungerecht sei. Dem könnte jedoch durch entsprechend umverteilende Wirkungsmechanismen entgegengewirkt werden. Die Natur hat dadurch nur noch einen Wert als CO_2-Senke, nicht als Lebensraum oder komplexes Gefüge von sozialen und ökologischen Verbindungen – also als das, was sich nicht in Form von Preisen ausdrücken lässt.[192] Es wird nur noch das Äquivalent von CO_2

gesehen – nicht aber, »unter welchen Bedingungen CO_2 emittiert, vermieden oder gebunden wird«.[193] Auch diese Form der Inwertsetzung kann Aneignung von Land und natürlichen Räumen zu energiepolitischen Zwecken vorantreiben. Das nennt man *Land Grabbing.* Schlimmstenfalls entsteht auch ein neuer Spekulationssektor, der neue soziale und ökologische Risiken schafft.[194] So könnte möglicherweise zwar CO_2 reduziert werden, aber alle anderen Krisen blieben unangetastet oder würden sogar verschärft.

Aber die Krisen unserer Zeit lassen sich eben nicht einzeln betrachten. Wir dürfen Menschenrechte und Klimakrise nicht getrennt voneinander diskutieren. Menschen sind der Klimakatastrophe genauso ausgeliefert wie den Bewegungen der globalen Märkte, die auch unsere eigenen Arbeitsbedingungen bestimmen. Wer eine gerechte Wirtschaft will, muss beenden, dass auf das Leid spekuliert werden kann. Die Konkurrenz im globalen Wirtschaftssystem schafft untragbare Lebensverhältnisse, und die zunehmenden Fluchtbewegungen sind eine Reaktion darauf. Die ungerechte Verteilung, die diese Ordnung schafft, sorgt auch in den Gesellschaften des Globalen Nordens für tiefe Risse gesellschaftlicher Spaltung. Wer über Produktionsbedingungen spricht, sollte sich mit Weltmärkten auseinandersetzen – und landet spätestens dann bei Profitdruck und Spekulationsgeschäften. Wer beim Klima etwas ändern will, muss über die Rolle und Regulierung von Finanzmärkten nachdenken. Wer Flucht und Kriege verhindern will, muss sich mit den Folgen der imperialen Lebens- und Wirtschaftsweise auseinandersetzen. Klima und Soziales können nicht gegeneinander ausgespielt werden.

Die *Green Economy* ignoriert diese Zusammenhänge. Sie könnte möglicherweise die CO_2-Emissionen reduzieren, würde aber keine einzige der dahinterliegenden Ursachen im kapitalistischen Wirtschaftssystem beseitigen. Und damit würden die anderen Krisen weiter grassieren, und neue Katastrophen wären vorprogrammiert. Wirksamere Maßnahmen wie Verbote von fossiler Energiegewinnung oder Maßnahmen zur Umverteilung bewirken eine Erhöhung der Produktionskosten und die Reduzierung von Gewinnen. Damit greifen sie die Logik eines Systems an, das, sich stützend auf das Privateigentum an Produktionsmitteln, dem Zwang zur Profitmaximierung und zum quantitativen Wachstum unterworfen ist. Deshalb stößt jede soziale und ökologische Regulierung auf Widerstand bei denjenigen, die das kapitalistische System am Laufen halten. Je deutlicher sich die Notwendigkeit radikaler Veränderung zeigt, desto lauter wird die Mär des grünen Kapitalismus als Lebensretter verbreitet. Um Regulierung und Veränderung gegen diesen Widerstand zu ermöglichen, müssen politische Kämpfe gewonnen werden.

Ohne *system change* geht es nicht

Die ökologischen Krisen lassen uns keine Wahl: Wir müssen uns für einen Weg entscheiden, sie zu bekämpfen. Und wir können die Problemlösungen nicht weiter vertagen. Wir müssen Antworten auf die Krisen formulieren, die von sozialer Gleichheit sprechen, die Veränderung bedeuten, den Kurs ändern und die Situation für alle zu verbessern versuchen. Das ist eine politische Frage von Prioritäten.

Wir können auch den derzeitigen Weg weitergehen. Doch damit würden wir ein Horrorszenario provozieren, das sich konzerngesteuert und militärisch aufgerüstet realisiert, wobei der Klimaerhitzung Hunderte Millionen zum Opfer fallen. Aus diesem Szenario würden einige wenige superreiche Gewinner*innen hervorgehen, aber »ganze Heerscharen abgeschriebener Verlierer*innen«.[195]

Wenn wir nicht wegschauen, sondern uns mit den Symptomen und systemischen Ursachen der gegenwärtigen Krisen, allen voran den ökologischen, auseinandersetzen – egal, wie sehr das unsere eigenen Glaubenssätze erschüttert oder wie grausam sich das anfühlt –, gibt es keine andere realistische Schlussfolgerung als die, einen tiefgreifenden, systemischen Wandel in Angriff zu nehmen. Wenn wir die Bewältigung der Klimakrise und der sozialen Krisen stemmen wollen, dürfen wir uns nicht nur auf ökologische Senken, die Kohlendioxid aufnehmen, und auf Innovationen und Marktinstrumente stützen. Sondern wir müssen ein globales Ungerechtigkeitssystem in den Blick nehmen, das seit Jahrhunderten davon lebt, die Folgen seines Aufschwungs zu externalisieren und anderen aufzubürden. Wollen wir die ökologischen und die Gerechtigkeitskrisen unserer Zeit lösen, müssen wir also die Grundsätze der kapitalistischen Wirtschaftsweise antasten. Die Natur ist nicht veränderbar – unsere Wirtschaftsweise schon. Das notwendige Handeln beim Klima entspricht nicht systemfreundlichen Maßnahmen-Portfolios. Es braucht grundlegende, radikale Veränderungen gesellschaftlicher Machtverhältnisse und Transformationen, die starken kapitalistischen Interessen zuwiderlaufen. Die ökologischen Krisen bringen deshalb das auf die Agenda, was andere Krisenzustände bislang nicht geschafft haben: Sie stellen die Systemfrage.

Wir stehen zwangsläufig vor der Frage, welche Rolle wir in diesem Kampf spielen wollen – individuell und kollektiv. Der Machtkampf um die Zukunft tobt bereits, aber wie er entschieden wird, hängt von uns ab. Wir tun deshalb gut daran, uns mit den systemischen Wurzeln der Krisen auseinanderzusetzen. Und wir müssen uns für eine Seite, einen möglichen Verlauf unserer Zukunft entscheiden. Jetzt. Jede*r von uns. Aber eines steht fest: Wollen wir aus den Krisen raus, geht das nicht ohne *system change*.

WEGE AUS DEN KRISEN

Die Karten liegen auf dem Tisch. In Krisenzeiten zeichnen sich die Verhältnisse besonders klar ab, und die Furchen der Ungleichheit klaffen weit auf – noch weiter als sonst. Aber auch die Notwendigkeit zur Veränderung drängt sich auf. Man kann dennoch so etwas wie einen *system change*, und sei der Begriff noch so abstrakt, als zu radikal empfinden. Die notwendigen Veränderungen lassen sich für unmöglich erklären oder, wenn es ein bisschen staatstragend klingen soll, für undemokratisch. Und wahrscheinlich würde man für diese gar nicht mal so stichhaltige These sogar noch Applaus erhalten oder zumindest anerkennende Schulterklopfer. Jedenfalls wäre das die bequeme Art, mit der Situation umzugehen. Natürlich kann jede*r von uns entscheiden, sich sinken zu lassen in die Apokalypse, in das wohlige Gefühl der Widerstandslosigkeit. All das sind Reflexe, die ich kenne. Die wir alle kennen. Wir müssen dann allerdings kleinlaut zugeben, dass uns die Aussicht zu kämpfen, was auch heißt, Risiken einzugehen, noch mehr gelähmt hat als die Angst vor Katastrophen. Zu resignieren bedeutet auch, den fossilen Kapitalismus mit seiner Profitgier, der Zerstörung und der zermürbenden Konkurrenz zum alternativlosen Ende der Geschichte zu erklären. Und es heißt, sich gegen die Seite derer zu entscheiden, die das nicht so einfach hinnehmen wollen.

Es gibt aber eine Alternative zum Aufgeben. Nämlich die, aus der Ohnmacht auszubrechen und der Versuchung zu widerstehen, aufzugeben und der Zerstörung weiter ihren Lauf zu lassen. Die Lösungen der Krisen anzupacken, Stück für Stück. Wir bekennen uns dazu, es zumindest zu versuchen mit der besseren Zukunft, mit beherzten Schritten in Richtung Klimagerechtigkeit und sozialer Sicherheit, mit neuen Bündnissen, mit Begeisterung, Mut und Hoffnung. Mit einer neuen Erzählung unserer Gesellschaft, die der Hoffnungslosigkeit etwas entgegensetzt. Eines werden wir uns nicht einreden können: Dass es keine Wege hinaus gegeben hätte aus dem Teufelskreis der Krisen.

Das Ziel

Denn wir können die Erderhitzung noch auf 1,5 Grad Celsius begrenzen, indem wir drastisch Treibhausgasemissionen reduzieren. Dazu müssen wir jedoch bereit sein, mit dem fossilen Kapitalismus und seiner Wachstumsideologie zu brechen. Das heißt, die Nutzung fossiler Energieträger weltweit zu beenden und Industrie, Transport und Verkehr mit erneuerbaren Energien zu betreiben. Das bedeutet, Mobilität neu, nachhaltig und sozial zu strukturieren. Wir müssen die natürlichen Ressourcen auf alle Menschen verteilen und den Exzess einiger weniger durch Wohlstand für alle ersetzen. Indem wir eine demokratisierte Wirtschaftsweise auf die Beine stellen, bei der die Rettung von Menschenleben und die Gestaltung der Zukunft nie zu teuer ist, markieren wir eine Zeitenwende. Das wird nur möglich, wenn Macht gerecht verteilt wird.

Wir müssen zu einer verallgemeinerbaren Lebensweise gelangen, auch, wenn das für die Industrieländer bedeutet, Privilegien abzubauen. Wir sind in der Verantwortung zu entkolonialisieren, in Wirtschaft und Politik, und auch in unseren Köpfen. Und wir können globale und soziale Gerechtigkeit vorantreiben, wenn wir menschliche Grundbedürfnisse und unsere gemeinsame Lebensgrundlage nicht mehr auf Märkten verhandeln und ihnen Preise geben, die manche bezahlen können und andere eben nicht. Dazu müssen verkrustete demokratische Strukturen aufgebrochen werden, in denen unsere Demokratie gerade ohnehin nur unzureichend funktioniert. Es genügt eben nicht, hier und da ein paar Stellschrauben zu drehen und Minimalverbesserungen vorzunehmen. Wir müssen ran an die Ursachen der vielen Krisen: An unser wirtschaftliches und gesellschaftliches System. Lokal, regional, national und global.

Es gibt sie, die Wege aus den Miseren und Pläne, mit denen es gelingen könnte. Ja, wir müssen nach anderen Maßstäben wirtschaften, anders leben, wir müssen uns neu politisieren und Politik verändern, Produktions- und Eigentumsverhältnisse auf den Kopf stellen und Machtverhältnisse gleich mit. Das wird nicht einfach, und es ist ein gigantisches Vorhaben. Aber wir müssen nicht völlig neue Lösungen erfinden – sondern für die Verwirklichung der Lösungsvorschläge, die es schon gibt, kämpfen. Strategisch, schnell, radikal. Wir müssen die Wege in die Zukunft und die politischen Kämpfe, die dafür bestritten werden, zusammensetzen zu einer neuen, erfahrbaren Erzählung einer Gesellschaft, die der vermeintlich unaufhaltsamen Apokalypse etwas entgegensetzt. Einer Gesellschaft, die der Gier nach Profit, der Zerstörung und der Konkurrenz mit Kooperation und Zusammenhalt begegnet, die Solidarität neu erlernt und die begrenzten Bedürfnisse aller ins Zentrum stellt. Die Sicherheit schafft vor allem für die, die von Veränderungen betroffen sind, und die Perspektiven schafft, wie es besser gehen könnte: Die Machtverhältnisse umkehrt.

Ob das gelingt? Wir haben es in der Hand.

Die Zeit der fossilen Energie läuft ab – Kohleausstieg bis spätestens 2030

Um die Eskalation ökologischer, wirtschaftlicher und sozialer Krisen im 21. Jahrhundert zu verhindern, muss die Erderhitzung auf 1,5 Grad Celsius begrenzt werden. Der Weg dahin ist im Grunde schnell erklärt: *We need to stop burning things*,[196] fasste der amerikanische Umweltaktivist und Autor Bill McKibben zusammen. Wir müssen so bald wie möglich auf hundert Prozent erneuerbare Energien umstellen. Um auf einen 1,5-Grad-Pfad zu kommen, muss Deutschland bis 2035 klimaneutral werden.[197] Das ist nur möglich, wenn in den nächsten Jahren die Emissionen viel stärker als bisher sinken. Mit einem schnellen Ausstieg aus der Kohle spätestens 2030 und dem rasanten Ausbau der erneuerbaren Energien ist es machbar.

Weltweit ist das Potenzial erneuerbarer Energien deutlich größer als die benötigte Energie. Und auch Deutschland und Europa könnten sich mit eigener Wind- und Sonnenenergie zu hundert Prozent versorgen. Das belegt eine Studie des Instituts für transformative Nachhaltigkeitsforschung (IASS) in Potsdam:[198] Die technischen Möglichkeiten gibt es bereits, und das Potenzial von erneuerbarem Strom ist größer als die Nachfrage. Eine besondere Herausforderung stellt sicherlich die Stromversorgung in sehr dicht besiedelten Gebieten dar. Diese ließe sich aber durch Kooperationen mit den umliegenden Regionen bewerkstelligen.

Hemmnisse für die Energiewende entstehen vor allem durch politische Rahmenbedingungen. Regelungen wie die Abstandsregel von 1000 Metern zwischen Windrädern und Wohngebäuden sorgen für zusätzliche Hürden beim Ausbau. Wird diese 1000-Meter-Abstandsregel deutschlandweit ausgeschöpft, könnte sich schlimmstenfalls das Potenzial für neue Windräder fast halbieren.[199] Wenn der Ausbau der erneuerbaren Energien nicht forciert wird, besteht die Gefahr einer »Versorgungslücke«. Das Gelingen der Energiewende hängt davon ab, wie schnell und konsequent jetzt gehandelt wird. Die Frage der Energiewende ist somit keine Frage der Machbarkeit, sondern ausschließlich eine des politischen Willens.

Öffentliche Subventionen und Investitionen in fossile Energien einstellen

Statt den Weg zu einem Ende der fossilen Energien einzuschlagen, wird die Zerstörung der menschlichen Lebensgrundlagen bislang weiter mit öffentlichen Geldern angeheizt. Jährlich fließen in Deutschland immer noch fast sechzig Milliarden Euro in umweltschädliche Subventionen.[200] Zudem sind zahlreiche Kommunen am Kohleabbau beteiligt. Eine Untersuchung des Recherche-Netzwerks Correctiv und Fridays for Future[201] anlässlich der Kommunalwahlen 2020 in Nordrhein-Westfalen ergab, dass etwa jede fünfte Kommune Beteiligungen an der Kohleverstromung aufrechterhält, im Ruhrgebiet sogar jede zweite. Die Klimakiller der fossilen Energien werden durch Subventionen rentabel gemacht und zusätzlich durch öffentliche Investitionen gestützt. Das muss ein Ende haben. Denn die umweltschädlichen Subventionen und Investitionen konterkarieren alle anderen Anstrengungen beim Klima- und Umweltschutz. Die Gelder, die dort bislang verwendet wurden, könnten für ökologische und soziale Umstrukturierung eingesetzt werden, beispielsweise zur Sanierung des Gebäudebestands und zur Wiederaufforstung oder Renaturierung natürlicher Flächen, und wären damit keine künstliche Verlängerung der ablaufenden Zeit fossiler Energien, sondern Investitionen in die Zukunft.

Loslassen vom Auto

Neben der Energiegewinnung ist die Frage, wie wir uns fortbewegen und Güter transportieren, eine Schlüsselfrage. Der Verkehrssektor verbraucht in Deutschland die meiste Energie und liegt damit noch vor der produzierenden Industrie. Er ist verantwortlich für fast ein Fünftel aller CO_2-Emissionen. Klar ist: Will man ernsthaft Emissionen reduzieren, wird das ohne eine soziale und ökologische Mobilitätswende nicht funktionieren. Der Spielraum für Veränderung ist da: Mehr als die Hälfte der Deutschen würde auf ihr Auto verzichten, wenn beispielsweise öffentliche Verkehrsmittel kostenlos nutzbar wären, Bahnen und Busse öfter führen und in dichteren Verkehrsnetzen verbesserte Bedingungen für das Fahrradfahren geschaffen würden.[202] Für die Mehrzahl der Bürger*innen scheint längst klar zu sein, dass wir eine umfassende Verkehrswende brauchen. Damit ist nicht ein Wechsel des Antriebs beim Auto gemeint, sondern die Abkehr vom privaten Pkw. Diese Entwicklungen kann in den Städten beginnen, aber es braucht auch neue Mobilitätslösungen im ländlichen Raum.

Die politischen Antworten bleiben bisher allerdings aus: Es herrscht Stillstand, oder zumindest bewegt man sich nur sehr langsam und wenn, dann in die falsche Richtung. 2019 wurde das Schienennetz um lächerliche sechs Kilometer erweitert.[203] Und bislang werden vor allem Anreize dafür beschlossen, bei Autos auf Elektromotoren umzusteigen, zum Beispiel mit der Kaufprämie für E-Autos im Corona-Konjunkturprogramm der Bundesregierung. Doch die Produktion von Elektroautos ist energieaufwendig. Erst ab einer gewissen Fahrleistung hat das Elektroauto eine bessere Klimabilanz als der Pkw mit Verbrennungsmotor. Zusätzlich werden für die Herstellung der Batterie knapper werdende Rohstoffe wie zum Beispiel Lithium benötigt, sodass die

Ressourcenknappheit weiter verschärft wird – von den umweltschädlichen und ausbeuterischen Produktionsbedingungen ganz zu schweigen. Der elektrische Antrieb ist zudem nur dann sinnvoll, wenn der benötigte Strom vollständig aus erneuerbaren Energien stammt. Bei Elektroautos wirkt der sogenannte *Rebound-Effekt*: Die vermeintlichen Effizienzgewinne kommen als Bumerang zurück.[204]

Besonders in Deutschland hat die Automobilindustrie einen enormen Stellenwert und kann mit Arbeitsplatzverlusten und Standortwechseln drohen, wenn politische Entscheidungen nicht in ihrem Sinne getroffen werden. Mit aller Kraft klammern sich politische Entscheider*innen deshalb am Autoverkehr fest – und versuchen damit einen fossilen Industriezweig zu konservieren, bei dem auch für die Beschäftigten längst feststeht, dass große Umbrüche bevorstehen.[205] Diese müssen jetzt geschehen: Das öffentliche Verkehrswesen muss massiv ausgebaut werden. Entsprechende Anreize können geschaffen werden, indem der öffentliche Nah- und Fernverkehr mittelfristig kostenlos nutzbar wird. Auch der Güterverkehr kann mit ausreichenden Investitionen wieder verstärkt auf die Schiene verlagert werden. Inlandsflüge dagegen sollten heute schon verboten werden, und auch ein Tempolimit ist sinnvoll.

»Aber die Arbeitsplätze!«

Von der Energie- und Mobilitätswende sind vor allem Beschäftigte in den Tagebauregionen und in fossilen Industriesektoren wie beispielsweise der Automobilindustrie betroffen. Diese Arbeitsplätze müssen deshalb häufig herhalten, wenn Argumente gegen einen ökologischen Umbau der Wirtschaft vorgetragen werden. Die Veränderungen, heißt es dann, seien sozial nicht verträglich. Solche Argumente verfehlen den Kern der Debatte: Die Frage, *ob* ein Strukturwandel in den betroffenen Regionen und eine ökologische Transformation in den fossilen Industrien stattfinden muss und wird, ist längst beantwortet. Es geht jetzt darum, dass sie sozial und demokratisch verläuft. Indem Politiker*innen weiter so tun, als würde schon alles gut gehen, setzen sie Arbeitsplätze aufs Spiel. Sie lassen sie schweigend verschwinden und pokern mit der Existenzgrundlage von Menschen. Und schlimmer noch: Sie tarnen das als »soziale Rücksichtnahme«.[206]

An Arbeit wird es nicht mangeln: Zahlreiche Studien haben belegt, dass durch die Energiewende viel mehr Arbeitsplätze entstehen als wegfallen.[207] Die Energiewende ist deshalb keine Kürzungswelle – sondern ein Jobmotor. Und genauso könnte die Automobilindustrie Teil der notwendigen Mobilitätswende werden, statt weiter ihre Gegnerin zu sein. Aber dazu benötigen betroffene Arbeiter*innen, Regionen und Industrien klare Pläne und Perspektiven sowie ehrliche Auskünfte über die Herausforderungen. Sei es in Form von Umschulungen und Weiterbildungsmöglichkeiten, mit Plänen für die wirtschaftliche Entwicklung der betroffenen Tagebauregionen oder Umbauplänen für die Produktion in der Automobilindustrie: Es ist herablassend und vermessen, sie ständig zu vertrösten.

Forderungen nach dem Umbau nicht nachhaltiger und nicht zukunftsfähiger Sektoren hin zu einer Arbeitswelt und Technik, nach Alternativen zum »Weiter so« und Konversion, also zur Umstellung der Produktion auf andere Produkte, sind kein neues Phänomen, das erst durch die Klimabewegung der letzten Jahre entstanden wäre. Es waren unter anderem die IG Metall und der Deutsche Naturschutzring, die diese Debatten bereits in den 1990er-Jahren vorantrieben.[208] Aber solche Forderungen auch der Arbeiter*innen wurden in Krisenzeiten immer wieder zurückgewiesen – beispielsweise in der Finanzkrise, als die Bundesregierung darauf setzte, die Produktion und Nachfrage anzukurbeln, statt in der Krise den notwendigen Kurswechsel zu beginnen.[209] Auch drastische Veränderungen sind möglich, vor allem wenn sie sorgfältig geplant werden. Das deutete sich in der Corona-Pandemie an, als Autofabriken und Zulieferbetriebe anstelle von Autos Atemschutzmasken und Medizintechnik produzierten. Damit der Umbau im Sinne der Beschäftigten verläuft, können Gewerkschaften, Beschäftigte und Bürger*innen gemeinsam mit politischen Verantwortlichen in regionalen Transformations- und Wirtschaftsräten Rahmenbedingungen festlegen. So kann denen die Angst vor Veränderung genommen werden, die sich den Entwicklungen gegenüber ohnmächtig fühlen – und die Beschäftigten, die heute als Gegenargument instrumentalisiert werden, würden zu Entscheider*innen für Zukunftsentwicklungen. Klimapolitik kann von und für Arbeiter*innen gemacht werden statt – unterfüttert von fadenscheinigen Ausreden – zugunsten fossiler Industrien.

Sozial-ökologischer Umbau unserer Wirtschaft

Wir können die Wirtschaftsweise auf Zukunftsfähigkeit ausrichten. Dazu müssen wir politische und gesellschaftliche Rahmenbedingungen so verändern, dass »die Wirtschaft« sich im Rahmen der neun planetaren Grenzen bewegt. Ökologische Grenzen einzuhalten heißt, die Müllproduktion zu minimieren und Recyclingkreisläufe zu optimieren. Menschenrechte dürfen nicht mehr zur Verhandlung stehen – und der Globale Norden muss seine Ausbeutung beenden. Die neue Wirtschaftsweise stellt eine Mischung aus regionaler Produktion und internationaler Kooperation und Koordination dar. »Der bedeutende Unterschied zwischen solchen Systemen, die der moderne Mensch baut, und solchen, die in der Natur vorkommen, ist, dass Letztere durch eine hohe Diversität gekennzeichnet sind und in einem Kreislauf funktionieren«, schreibt Maja Göpel in ihrem Buch *Die Welt neu denken.*[210] Es ist an der Zeit, dass wir uns ein Beispiel daran nehmen. Industriezweige, die für Umwelt und Menschen schädlich sind, können verkleinert und ihre Produktion konvertiert werden. Wo es möglich ist, muss die Produktion regionaler werden, sodass eine weitgehende Form der Selbstversorgung entsteht.[211]

Das gilt zum Beispiel für die landwirtschaftliche Produktion. Insgesamt verursacht die Landwirtschaft ungefähr ein Viertel aller globalen Treibhausgasemissionen.[212] Und die industrielle Form der Landwirtschaft löst keine Probleme, sondern verschärft sie – etwa den Mangel an Ernährungssicherheit. Landwirtschaft kann Kohlenstoff binden, Emissionen senken und die Lebensmittelversorgung langfristig sichern. Dafür ist jedoch eine Kehrtwende erforderlich: Wir müssen weg von großen Monopolen kommen, damit das Agrarsystem wieder dezentralisiert und regionaler produziert. Die Massentierhaltung und der Anbau in Monokulturen sollen ein Ende finden, Artenvielfalt und Biodiversität dagegen zur Priorität werden. Es wäre nicht nur möglich, mit radikalen Maßnahmen der Abhängigkeit von Millionen Bauern von schwankenden Weltmarktpreisen ein Ende zu bereiten und Landwirt*innen gute Perspektiven zu bieten. Bis 2050 könnten auch alle Menschen ernährt werden und zusätzlich etwa dreißig Prozent der Menge an Treibhausgasemissionen im Boden eingelagert werden, um die wir den Ausstoß für die Einhaltung der 1,5-Grad-Grenze reduzieren müssen. Dazu braucht es vor allem mehr Humus und weniger Umgraben und Abholzen.[213]

Insgesamt gilt: Überall, wo kollektives Handeln notwendig ist, sollte der Staat Rahmenbedingungen setzen und Voraussetzungen schaffen. Das gilt beispielsweise für die Energiewende und Mobilitätskonzepte, aber auch für andere Grundbedürfnisse, die als Teil der öffentlichen Daseinsvorsorge gedeckt sein sollen. Die Gestaltung politischen Wandels darf nicht dem Markt und den dort dominierenden Kräften überlassen werden, und Grundbedürfnisse von Menschen dürfen nicht auf Märkten verhandelt werden. Diesbezüglich Entscheidungen zu treffen ist Aufgabe von Politik. Planung ist dabei ein Grunderfordernis. Es wäre fahrlässig, wenn wir den Umbau unserer Wirtschaft Tag für Tag aus einer Laune heraus gestalten oder – noch schlimmer – nicht gestalten, sondern verspielen würden, indem wir auf Freiwilligkeit pochen und auf die unsichtbare Hand des Marktes setzen. Der Markt kann genutzt werden, um Transaktionen von Gütern und Dienstleistungen zu ermöglichen. Aber sein Spielfeld befindet sich innerhalb der demokratisch gesetzten Rahmenbedingungen.[214]

Öffentlicher Wohlstand für alle

Die Zukunft »setzt dem scheinbar grenzenlosen Konsum kapitalistischer Ökonomien und Gesellschaften enge Grenzen«, stellt die Ökonomin Ann Pettifor fest.[215] Wir müssen uns also vom Märchen der Unendlichkeit verabschieden, sei es in Gestalt von Wachstum, Ressourcen oder von Bedürfnissen. Es ist nicht zu leugnen, dass die reichsten Prozente der Menschheit die Lebensweise verändern werden müssen. Menschen in Deutschland, in Europa und im gesamten Globalen Norden gehören automatisch zu diesen reichsten Prozenten. Für sie wird es nicht ohne Verzicht gehen. Verzicht zum Beispiel auf Flugreisen, auf Fleischkonsum, auf hemmungslosen Ressourcen- und Energieverbrauch.

Eine solche ehrliche Feststellung löst häufig reflexartige Empörung aus. Öko-Radikale, die sich an nichts mehr vergnügen könnten als am Verzicht, rauben uns die Freiheit, heißt es dann. Ja, gewisse Grade von Freiheit funktionieren angesichts der Herausforderungen unserer Gegenwart nicht mehr. Aber bei der Bewältigung der sozialen und ökologischen Krisen geht es gerade nicht darum, nach Belieben Freiheit zu nehmen. Sondern darum, das maximale Maß an Freiheit langfristig und für alle zu ermöglichen. Wer für sich selbst grenzenlose Freiheit will, auch, wenn sie für andere dadurch unmöglich wird, tarnt mit dem Vorwand der Freiheit, die er*sie vorgibt zu verteidigen, die Liebe zum eigenen Exzess, den eigenen Egoismus – und das Unverständnis dafür, was Freiheit tatsächlich bedeutet. Eine Freiheit, die darauf baut, dass sie anderen die Lebensgrundlage und ihre Existenz nimmt, ist eine jämmerliche Parodie auf das, was Freiheit bedeuten kann, wenn wir für alle in der Gesellschaft sorgen: Freiraum, Entfaltung, Sicherheit. Kreativität, Verbindung, Fürsorge.

Dabei geht es nicht um die Verherrlichung individuellen Verzichts. Formen der individuellen Entschleunigung in der Luxus-Minimalismus-Version oder der Versuch, durch den eigenen nachhaltigen Konsum systemische Ursachen zu lösen – sei es mit Seifenstücken und Bambuszahnbürsten, Secondhand-Klamotten oder Ernährungsumstellungen – sind gut und schön (gerne weitermachen damit), kaschieren aber nur ein grundlegendes strukturelles Problem. Einfach auszusteigen, »der Rückzug ins Ökosystem«[216] funktioniert nicht ohne Weiteres, und erst recht nicht für alle. Es geht um strukturelle Gegebenheiten. In der Gesellschaft und Infrastruktur, in der wir leben und uns bewegen, ist es nicht so einfach möglich, ökologische und soziale Grenzen einzuhalten. Unsere Produktions- und Konsummuster haben strukturelle Ursachen. Diese liegen im Wachstumszwang und dem unendlichen Hunger nach Ressourcen und Material sowie dem Vorhandensein natürlicher Kohlenstoff-Speicher. Diese Ursachen, die Rahmenbedingungen von Wirtschaft und Konsum, müssen sich so verändern, dass eine nachhaltige und verallgemeinerbare Lebensweise möglich wird. Für alle.

Deshalb müssen wir in Zukunft nicht in Knappheit leben. Im Gegenteil.[217] Unsere gegenwärtige politische Erzählung behauptet, dass unsere Bedürfnisse und Wünsche unendlich wachsen und daher nur durch ununterbrochenes Wachstum erfüllt werden können. Im ewigen »mehr« gibt es kein »genug«. Deshalb geht es dauerhaft darum, Märkte auszuweiten, natürliche Ressourcen zu nutzen, den Konsum notfalls künstlich anzukurbeln – selbst, wenn dafür neue Bedürfnisse künstlich geweckt werden müssen.[218] Unsere gesamte Infrastruktur und Wirtschaft ist auf Konsum ausgerichtet. Und dennoch ist für die begrenzten Bedürfnisse, die uns allen gemein sind, nicht wirklich gesorgt.

Wenn wir gefragt werden, was wir zum Leben brauchen, dann würden die wenigsten von uns mit der Aufzählung von Luxusgütern antworten. Viel wichtiger ist uns doch die Befriedigung unserer Grundbedürfnisse. Gerade in der Corona-Pandemie haben viele noch einmal gemerkt, worauf es wirklich ankommt: ökonomische Sicherheit und gesunde Arbeitsbedingungen, gute Nahrung und eine gesicherte Wohnung mit ausreichend Platz für alle Bewohner*innen. Zugang zu Bildung und die Chance, bedeutsame soziale Beziehungen zu führen. Freiräume und die Möglichkeit, am gesellschaftlichen Leben teilzunehmen.[219] Sicherheit, Geborgenheit, Teilhabe, Selbstverwirklichung: Das sind die entscheidenden Bedürfnisse. Sie decken sich nicht mit dem Wohlstands-Begriff, der DAX-Kurse in die Höhe treibt, nicht mit dem Bruttoinlandsprodukt. Sie sind nicht auf Konsum und fiktive Werte ausgerichtet, sondern sie erzeugen wirklichen Mehrwert.

Aber eben für die Menschen, nicht für Konzerne. Wir müssen uns entscheiden, so der Journalist und Umweltaktivist George Monbiot: »Öffentlicher Wohlstand für alle oder privater Wohlstand für wenige.«[220]

Bislang werden die Grundbedürfnisse der Vielen vernachlässigt: Beispielsweise sind in Deutschland Millionen Menschen von Energiearmut betroffen. Europaweit sind es geschätzt dreißig Millionen Menschen, die ihre Wohnung im Sommer nicht kühlen und im Winter nicht beheizen können.[221] Wohnen, gute Lebensmittel und Bahnfahren werden immer teurer, aber die Löhne steigen kaum. Das schafft enorme Unsicherheit und verdrängt Menschen. Ökologische und regionale Ernährung ist zu teuer, als dass alle sie sich leisten können. Das macht ernsthafte soziale und ökologische Umbrüche nahezu unmöglich und ist darüber hinaus unglaublich ungerecht. Vielfach findet eine völlige Entgrenzung der Arbeitszeit statt, am sozialen Leben kann längst nicht jede*r uneingeschränkt teilnehmen. Die Liste der Zugangsbeschränkungen ist lang. Aber der Zugang zu einer gesicherten, selbstbestimmten Lebensgestaltung darf nicht einer Klubtür gleichen, an der man abgewiesen werden kann. Es ist unsere Pflicht als Gesellschaft, ihn für alle zu gewährleisten. Zumindest, wenn wir von uns behaupten wollen, eine gerechte Gesellschaft zu sein. Denn eine gerechte Gesellschaft, so der Ökonom Thomas Piketty in Anlehnung an die Gerechtigkeitstheorie von John Rawls, ist eine, in der allen, die ihr angehören, möglichst umfänglicher Zugang zu grundlegenden Gütern gewährt wird.[222] Bedürfnisse, deren Erfüllung die Grundlage für eine solidarische Gesellschaft darstellt, dürfen nicht mit Zugangsschranken versehen werden, indem sie auf Märkten verhandelt werden. Wir können sie zum Gegenstand öffentlicher Daseinsvorsorge machen und ihre Erfüllung für alle zum obersten Ziel wirtschaftlichen

Handelns. So bauen wir ein soziales Fundament, das tiefgreifende Transformationen nicht nur ermöglicht, sondern erst die
Bedingungen dafür schafft, dass diese allen zugutekommt.

Die Wirtschaft demokratisieren

Zugegeben, der Begriff der öffentlichen Daseinsvorsorge ist sper-
rig, irgendwie unsexy, zu bürokratisch. Vor allem für das, was er
verspricht: eine Gesellschaft, in der man füreinander sorgt. Daran
schließt sich eine weitere Frage an: Wie können all diese Dinge
zu öffentlichen Gütern werden? Wir befinden uns in einer großen wirtschaftlichen Transformation, die vor allem in Unternehmen stattfinden wird. Diese Unternehmen sind jedoch den
Interessen der Eigentümer*innen und Anteilseigner*innen verpflichtet, nicht sozialen und ökologischen Kriterien. Die Macht
liegt bei denen, die sich kurzfristige Profite erhoffen – und nicht
bei denen, die ein Interesse an gesicherten, guten Arbeitsplätzen
und ökologischer Veränderung haben, beispielsweise den Arbeitenden in den Unternehmen.

Es werden viele Reden über die Rolle und Aufgabe der
Demokratie gehalten – aber ausgerechnet in einem Bereich, der
entscheidend ist für den Umbau, tun wir gesellschaftlich bislang
so, als wäre er eine wundersame Parallelwelt mit anderen Gesetzen und fernab demokratischer Bedeutung: Von wirklicher Demokratie kann in Unternehmen keine Rede sein, auch wenn
sich vielerorts die Unternehmenskulturen geändert haben und
autoritäre, cholerische Bosse zu Auslaufmodellen geworden sein
dürften. Demokratische Strukturen könnten helfen, die Interessen von Gesellschaft und Natur auch in Unternehmen zum Ausdruck zu bringen. Genau das muss bei den gegenwärtigen Krisen
und Anforderungen der Zukunft passieren. Erste Schritte in diese

Richtung wären mehr Entscheidungsrechte für Betriebs- und Personalräte. Außerdem könnte man Umwelt- oder Verbraucher*innenverbänden feste Sitze in den Aufsichtsräten zugestehen.

Der Soziologe Klaus Dörre sieht in der Corona-Krise die Chance, Wirtschaftshilfen und Krisenbewältigung zu kombinieren, indem Staatshilfen, die ohnehin nur unter sozialen und ökologischen Bedingungen vergeben werden sollten, von Unternehmen bezahlt werden mit Verfügungsrechten für Beschäftigte oder der Einrichtung gesellschaftlicher Fonds.[223] Das hieße beispielsweise, dass Beschäftigte zu Miteigentümer*innen des Unternehmens würden und die Entscheidungsmacht sich folglich mehr auf diejenigen verteilen würde, die tatsächlich betroffen sind. Das Modell der absoluten Fixierung auf Shareholder Values und Profitmaximierung unter dem Druck »von außen« kennt Alternativen: Es gibt bereits zahlreiche verschiedene Formen von Eigentum. Sie reichen von Privateigentum über Stiftungen und Genossenschaften bis hin zu öffentlichen Unternehmen. Von all diesen Formen können und sollten wir Gebrauch machen, um die bestmögliche Wirtschaftsform für alle zu schaffen.

Das mag für einige nach wirklichkeitsfremder Träumerei klingen. Aber tatsächlich existieren bereits viele Strukturen, in denen demokratisch gewirtschaftet wird. Und sie zeigen, wie viel wir mit ihnen gewinnen können. Ein Beispiel dafür ist der Gedanke der Energiedemokratie. Danach sollen Energiequellen in Besitz der öffentlichen Hand oder von Gemeinschaften sein und so verwaltet werden, dass bei einem Gut, an dem alle Bedarf haben, Profite und Gewinne nicht mehr in den Händen weniger konzentriert sind.[224] Ein möglicher Weg dafür wäre die Rekommunalisierung der Energie.

Es gibt aber auch Beispiele, bei denen Menschen die Energiewende selbst in die Hand genommen haben, beispielsweise bei den häufig als Stromrebell*innen bezeichneten Bürger*innen in Schönau. Entstanden aus der Anti-Atomkraft-Bewegung haben dort Bürger*innen mit breiter öffentlicher Unterstützung ihr Stromnetz zurückgekauft, um ökologische Stromversorgung zu ermöglichen. In der kalifornischen Hauptstadt Sacramento erfolgt die Energieversorgung über ein Unternehmen in Gemeinschaftseigentum, der Sacramento Municipal Utility District (SMUD). Dessen Leitungsgremium wird direktdemokratisch gewählt und muss sich demnach nach den Bedürfnissen der Bevölkerung richten. Das gelingt sehr gut. Auch die unternehmenseigene direkte Demokratie wurde bislang einmal angewandt: 1989 stellte SMUD den Bürger*innen bzw. Eigentümer*innen die Frage, ob ein Atomkraftwerk weiterlaufen oder eine Umstellung auf alternative Energien erfolgen sollte. Die Mehrheit votierte für eine Umstellung.[225] In Porto Alegre wird die städtische Trinkwasserversorgung in Zusammenarbeit zwischen städtischer Verwaltung und Bevölkerung organisiert. Die Tarife werden progressiv gestaltet – die Reichsten zahlen demnach mehr für das Wasser –, sodass alle an das Wassernetz angeschlossen werden können. Dieses System kommt ohne Steuergeld aus.[226]

Mondragón Coporación Cooperative (MCC) ist die weltweit erfolgreichste genossenschaftliche Unternehmensgruppe. Sie vereint mehr als hundert Unternehmen aus unterschiedlichen wirtschaftlichen Sektoren. Vier von fünf Beschäftigten sind auch Eigentümer*innen der Unternehmen. Die Lohnspreizung ist gedeckelt. Die Person mit dem höchsten Gehalt erhält also maximal das Sechsfache des niedrigsten Einkommens. Zum Vergleich: 2018 verdienten Vorstandsvorsitzende in DAX-Konzernen im Durchschnitt 7,5 Millionen Euro – das ist etwa das 250-Fache des mittleren Einkommens in Deutschland.[227] Die Genossenschaft ist durchzogen von demokratischen Strukturen; es gibt eine Generalversammlung, die das oberste Vertretungs- und Entscheidungsorgan der Unternehmensgruppe darstellt. Die MCC-Genossenschaften meistern Krisen besser als andere Unternehmensformen und sind zudem auch besonders produktiv. Die Region um Mondragón, den gleichnamigen Unternehmenssitz im Baskenland, hat den höchsten Lebensstandard und die höchste Lebenszufriedenheit weltweit, die Arbeitslosigkeit ist viel geringer als im übrigen Spanien, die Gewinne werden in Sozial- und Kulturprojekte investiert, und das zivilgesellschaftliche und ehrenamtliche Engagement ist besonders groß. Wer seine Arbeit bei einer Genossenschaft verliert, kann in eine andere wechseln. Die durchschnittliche Verweildauer in der Genossenschaft, so ein Direktor für Öffentlichkeitsarbeit: lebenslänglich.[228]

Wer denkt, ein solches Modell sei nur für kleine soziale Projekte praktikabel, irrt: MCC hat fast 80 000 Beschäftigte und ist das siebtgrößte Unternehmen Spaniens. In der Corona-Pandemie hat die Erreka Group, Teil von MCC, die Verluste durch eine Reduktion der Löhne um fünf Prozent abgefangen. Menschen, die zu Hause bleiben mussten, wurden weiterbezahlt und werden im Gegenzug in besseren Zeiten etwas mehr arbeiten. Die Alternative zu Arbeitslosigkeit und Existenzängsten.[229] Viele Gefühlslagen in der Corona-Krise sprechen von Angst, Wut, Alleingelassen-Sein. Mondragón bietet einen krassen Kontrast dazu: Ein Porträt der Genossenschaft in der *New York Times* endet mit dem Zitat einer Angestellten »*The cooperative system has given us peace of mind.*« (Das System der Kooperation hat uns Sicherheit gegeben.) Es geht also. Mondragón ist ein Beispiel für alle, die keine Hoffnung auf ein besseres Morgen haben, und für alle, die Alternativen für unmöglich halten.

Es gibt sehr wohl andere Wege. Und es können mehr werden.

Eigentumsrechte in vielen Gestalten – weg vom Profit weniger zulasten der Vielen

Ein Element, das sich durch verschiedene Krisen zieht, in Debatten hierzulande doch nur sehr selten thematisiert wird, ist das der Eigentumsrechte und ähnlicher rechtlich garantierter und abgesicherter Privilegierungen. In ihrer bisher dominierenden Form sind Eigentumsrechte Beschleuniger der Krisen und Bremsklötze jeder Veränderung. Denn häufig ergibt sich ein Widerspruch zwischen der rechtlichen Privilegierung auf der einen Seite und den sozialen und ökologischen Erfordernissen auf der anderen Seite. Beispielsweise privatisiert Nestlé Wasser und verkauft es für Profite in hundertfacher Millionenhöhe. Der Konzern eignet sich also das Gemeingut des Wassers an, Wasser wird zur Ware, erhält einen Preis – und damit wird vielen Menschen potenziell der Zugang zu einer lebenswichtigen Ressource abgeschnitten. Agrarriesen wie Bayer/Monsanto »nutzen Rechtsinstrumente – Patente auf Pflanzen, Lizenzen, Materialübertragungs- und Nutzungsvereinbarungen –, um festzulegen, wie [Landwirt*innen] das Saatgut verwenden dürfen«, sodass die Landwirt*innen in dauerhafte Abhängigkeiten gezwungen werden.[230] Solche und andere Möglichkeiten entstanden in der Folge des sogenannten TRIPS-Abkommens *(Trade-Related Aspects of Intellectual Property Rights)*. Die private Kontrolle über Saatgut hat jedoch Expert*innen zufolge schreckliche Folgen, die alle Menschen betreffen: Bewirtschaftung in Monokulturen nimmt zu, Oligopole entstehen, und es mangelt an Innovation.[231] Was hier stattfindet, entspricht einer brutalen Enteignung »in Hinblick auf den Menschen qua Menschsein zustehender Güter«.[232] Deshalb gibt es Initiativen, die das Saatgut aus den Fesseln des Eigentumsrechts befreien und es als *commons* schützen wollen. Solche Bestrebungen führen wiederum zu Auseinandersetzungen über Grundbesitz, Wasserrechte etc. Bekannt sind für ihren Einsatz für die Verbesserung der Situation vor allem die Gruppen *La Via Campesina*, ein internationales Netzwerk aus bäuerlichen Betrieben und indigenen Gruppen, und die indische Umweltorganisation *Navdanya*.

Gerade in der Pandemie wird deutlich, wie zum Beispiel Patentrechte als geistige Eigentumsrechte Ungleichheit produzieren. Natürlich können geistige Eigentumsrechte Sicherheit für Urheber*innen beispielsweise von kreativen Werken schaffen, sodass diese nicht unautorisiert oder in fremdem Namen verwendet werden und die Urheber*innen für ihre Arbeit entlohnt werden. Insbesondere in der Pharmaindustrie seien diese Rechte jedoch folgenreich und insbesondere bei Pharmaprodukten auch ethisch problematisch, so der Philosoph Thomas Pogge.[233] Denn Patente erzeugen »temporäre Monopole« – sie haben eine Gültigkeit von zwanzig Jahren –, die eine nahezu unendliche Preissteigerung für Medikamente oder Impfstoffe ermöglichen (die auch ausgeschöpft wird) und tragen so zu einer ungleichgewichtigen Wohlstandsverteilung bei.[234] Das Resultat: Die geistigen Eigentümer*innen machen Renditen in unglaublicher Höhe, während vor allem arme Menschen sich Medikamente und Impfstoffe nicht leisten können. Zudem führt die geringe Aussicht auf Profite dazu, dass Krankheiten, die vor allem ärmere Menschen betreffen, vernachlässigt werden. Das ist zusätzlich brisant, weil die Grundlagenforschung »zumeist vom Staat und nicht von Privatunternehmen finanziert« wird. Private Unternehmer*innen »warten geduldig auf wissenschaftliche Entdeckungen, aus denen Profit geschlagen werden kann«, stellt Katharina Pistor fest.[235] Gewinnen tun am Ende nicht die, die einen Wirkstoff brauchen – sondern Aktionär*innen bei Kapitalgesellschaften.

In der Corona-Pandemie sorgen die Patente auch dafür, dass nicht die vollen Produktionskapazitäten ausgeschöpft werden können. Deshalb werden vermehrt Rufe laut, man möge die Lizenzen »gegen eine großzügige Vergütung in ein Gemeingut« überführen, zum Beispiel vom Grünen-Europaabgeordneten Sven Giegold.[236] Thomas Pogge setzt sich schon seit geraumer Zeit dafür ein, dass allen Menschen die Möglichkeiten pharmazeutischer Errungenschaften zugutekommen. Er hat dafür beispielsweise das Konzept eines *Health Impact Fund* entwickelt. Aus Geldmitteln, die vor allem die reicheren Länder dort einzahlen, würden dabei Prämien, gemessen an den realen Gesundheitsgewinnen, an pharmazeutische Innovationstreibende vergeben – wenn diese im Gegenzug zum Herstellungspreis verkauft würden.[237]

Auch beim Klima spielen rechtliche Privilegierungen eine große Rolle: Wenige Konzerne können aufgrund von Eigentum und anderen Rechten durch die Extraktion fossiler Energieträger Profite machen. Aber das hat Folgen für alle Menschen. Wegen der ökologischen Krisensituationen müssten wir die verbleibenden und noch unerschlossenen fossilen Energieträger eigentlich im Boden belassen. Natürlich wissen auch die fossilen Konzerne um die Notwendigkeit einer Energiewende. Viele beteuern sogar, auf Nachhaltigkeit Wert zu legen – aber wollen zuvor noch alle Vermögenswerte realisieren. Eigentum beeinflusst unseren Umgang mit der Natur. Eigentumsrechte garantieren Kontrolle über die Ressourcen der Umwelt. Dass wir aber voneinander und von der Erde in vielfacher Hinsicht abhängig sind, wird aus diesem Begriff weitgehend getilgt.[238] Warum sollte man denen, die Öl fördern oder Metalle abbauen (abgesehen davon, dass das beendet bzw. reduziert werden muss), exklusives Eigentum an dem zuerkennen, was sie fördern oder abbauen? Warum sollte nicht eine Vergütung für die Förderung reichen?[239]

An diesen Beispielen zeigt sich, wie sehr die vorherrschenden Formen unter anderem des Eigentums mit Ressourcenausbeutung und Ungleichheit verknüpft sind. Sie verschaffen den Eigentümer*innen beinahe absolute Freiheit zulasten der Freiheit vieler anderer.[240] Eigentum nährt sich aus aus dem Versprechen auf Stabilität und Freiheit, aber es beschneidet die Freiheit und Sicherheit sehr vieler Menschen zugunsten sehr weniger. Das Individuum ist gegenüber dem Kollektiv privilegiert, der Marktwert gegenüber dem Gebrauchswert. In diesen abstrusen Zuständen liegt der Kern der Selbstzerstörung. Und dennoch wird das Privateigentum um jeden Preis verteidigt. Nicht aus Sinnhaftigkeit, sondern aus ideologischen Gründen, wie auch der Ökonom Thomas Piketty feststellt.[241] Wichtig ist: Nicht Eigentum grundsätzlich ist das Problem, sondern seine bisherige Ausformung und gedankliche Beschränkung auf privates Eigentum. »Eigentumsrechte [können] viele Formen und Gestalten annehmen und genauso gut zum Schutz kollektiver Nutzungsrechte und nachhaltiger Bewirtschaftungsmethoden verwendet werden.«[242] Gegen die Zerstörung gibt es viele Mittel: Eigentum in kollektiver Hand, die Idee der *commons* bei staatlicher Grundversorgung. Dafür müssen aber die, die sich dafür einsetzen, Kontrolle über das Recht erlangen. Denn Recht setzen kann nur, wer über demokratische Macht verfügt.

Soziale Absicherung: Gegen die Angst vor dem freien Fall

»Die Angst ist zurück«, titelt die *Süddeutsche Zeitung* im Mai 2020, als die ersten drastischen Maßnahmen bei der Corona-Krise umgesetzt sind und plötzlich klar wird: Die Lage ist ernst, sehr ernst sogar. Millionen sind in Kurzarbeit, und viele befürchten Massenentlassungen. Das Thema Arbeit betrifft uns alle, weil wir in einer Gesellschaft leben, die sich vor allem über

Lohnarbeit definiert. Der Sinn unseres Lebens dreht sich um die Lohnarbeit, die wir leisten. Wer arbeitet, dessen Status, Lebensstandard, Ansehen ist an diese Tätigkeit geknüpft. Und wer nicht arbeitet, dem wird der Sinn abgesprochen – und damit auch der Status, das Prestige, das Ansehen.[243] Die Sicherheit der eigenen Arbeit ist jedoch massiv abhängig von Konjunkturveränderungen, Unternehmens-Performance und Krisen, die unsere Gesellschaft treffen. Arbeitslosigkeit kann grundsätzlich jede*n treffen. Aktuell sind in Deutschland über sechs Prozent der Menschen arbeitslos (Stand Januar 2021). Die Pandemie hat die Arbeitslosigkeit verschärft, aber auch zuvor war sie trotz guter Konjunktur ein Massenphänomen. Auf dem deutschen Arbeitsmarkt standen 2019 jeder offenen Arbeitsstelle drei Arbeitsuchende entgegen.[244] Der Grund für Arbeitslosigkeit liegt also offensichtlich nicht bei den Betroffenen selbst, sondern darin, dass grundsätzlich Arbeitsplätze fehlen. Nicht jede*r kann eine passende Arbeit finden. Dennoch sind im gegenwärtigen Hartz-IV-System Demütigungen und Schikanen an der Tagesordnung, als wären die Betroffenen die Übeltäter*innen der Gesellschaft. Das System baut Druck auf, möglichst schnell wieder eine Arbeit zu finden, notfalls mit Sanktionen, aber bietet nicht genügend Absicherung. Früher konnte man Menschen mit Hartz-IV-Bezug bis zu sechzig Prozent der Leistung streichen. Und erst das Bundesverfassungsgericht musste entscheiden, dass es jetzt nur noch dreißig sein dürfen. Betroffene können sich zum Teil nicht einmal Nahrungsmittel von dem Regelsatz leisten. Auch Kindergeld wird auf die Bezüge angerechnet. Weniger als vierzig Euro sind monatlich im Regelsatz für Bekleidung und Schuhe vorgesehen, in einer ähnlichen Größenordnung befinden sich die vorgesehenen Freizeitausgaben. Ein Weg in die Arbeitslosigkeit ist auch ein Weg in die Armut – so wenig ist unserer Gesellschaft aktuell Sicherheit wert.

Um das zu ändern, ist eine Abkehr vom Hartz-System erforderlich. An seiner Stelle können wir eine Grundsicherung etablieren.[245] Mit höheren Beträgen, ohne Stigmatisierung und Repression. Eben etwas, das in Notlagen absichert; eine Existenzsicherung, die den Namen verdient und ein Grundmaß an Sicherheit für die Zukunft schafft, indem sie einen guten Lebensstandard und gesellschaftliche Teilhabe garantiert. Nur, wenn niemand mehr Angst um seine Existenz haben muss, können wir Krisenbewältigung angehen. Eine Gesellschaft, die in ihre Einzelteile zerfällt, kann nicht plötzlich solidarisch und kooperativ Notlagen bekämpfen. Das zeigt sich bei der Corona-Pandemie, und es wird sich beim Klima, bei globaler Gerechtigkeit und der sich verstärkenden Demokratie-Krise weiter verschärfen.

Arbeitsbedingungen und Sozialstaat neu denken

Die Zeit ist reif für eine Arbeitszeitverkürzung und für höhere Löhne, insbesondere in Berufen, die systemrelevant, aber schlecht bezahlt sind. Gehälter und Arbeitsstandards müssen gerade in Sorgeberufen, sei es die Kindererziehung, die Alten- oder Krankenpflege, so angepasst werden, dass sie mit Berufen in der Industrie mithalten können. Es braucht ein Recht auf Weiterbildung als Teil der Arbeitszeit. Insgesamt müssen die Löhne und Einkommen steigen, damit z. B. Ressourcen und Lebensmittel aus regionalem und ökologischem Anbau für alle bezahlbar werden.[246] Wir brauchen Zukunftsperspektiven gegen Altersarmut, im Rentensystem und bei der Krankenversicherung. Solche, die Sicherheit und ein Gefühl des Zusammenhalts fördern, statt Ängste zu schüren.

Arbeitsplätze für die Zukunft: staatliche Jobgarantie

Selbst mit guter Absicherung und besseren Arbeitsbedingungen: Die Angst vor der Arbeitslosigkeit wird bleiben. Ohne zusätzliche Perspektiven sind Menschen weiter »Verwaltungsgegenstände«[247] – und sie haben keine gemeinsame Stimme, keine gemeinsame Identität. Die Bedeutung von Arbeit geht über das Einkommen hinaus. Zudem garantiert Artikel 23 der Allgemeinen Erklärung der Menschenrechte bereits formell das Recht auf Arbeit.

Krisenbewältigung braucht Arbeitskraft – von Expert*innen in der Industrie, von Landwirt*innen, die uns versorgen, von Lehrer*innen, die gute Bildung vermitteln, von Erzieher*innen, Eltern, Pfleger*innen, Kreativen. Lasst uns aufhören, Millionen Menschen damit zu beschäftigen, um Arbeitsplätze zu konkurrieren. Eine Gesellschaft muss schon wirklich wenig zu tun haben, um sich das zu leisten. Wenn wir ein Fundament für eine neue Gesellschaft bauen, mit der wir anstehende Krisen bewältigen können, dann mangelt es dafür vielleicht an Fantasie und an Macht, aber ganz sicher nicht am Bedarf an Arbeit. Wir haben so viel zu tun. Arbeitslosigkeit ist keine Zukunftsvision, zumindest keine für die nähere Zukunft, und vielleicht wäre sie auch gar nicht so wünschenswert. Also schaffen wir doch andere Möglichkeiten. Ein Vorschlag, der in diesem Zusammenhang zunehmend diskutiert wird, ist eine staatliche Arbeitsplatzgarantie. Bernie Sanders betrieb damit Wahlkampf, die weltbekannte Autorin Naomi Klein und die britische Ökonomin Ann Pettifor fordern sie. Und auch in der deutschen Debatte erhält die Arbeitsplatzgarantie immer öfter Einzug, wenn es um tiefgreifende Zukunftsinvestitionen geht. Die Jusos beispielsweise, die Jugendorganisation der SPD, haben die Forderung nach einer Jobgarantie auf ihrem Bundeskongress im November 2020 beschlossen.[248]

Ziel der Jobgarantie ist es, ein soziales Fundament zu schaffen, indem viele öffentliche Arbeitsplätze für gemeinwohlorientierte Arbeiten geschaffen werden. Zu einem deutlich höheren Mindestlohn können wir danach allen Menschen die Option einräumen, eine Voll- oder Teilzeittätigkeit auf einem öffentlichen Arbeitsplatz auszuüben. Damit würden wir das Recht auf eine angemessen bezahlte Tätigkeit umsetzen und vielen Menschen eine wirkliche soziale Absicherung bieten. Das heißt nicht, dass alle Menschen mit einem guten Arbeitsplatz dieses Angebot annehmen würden. Dieser öffentliche Arbeitsmarkt passt sich in seiner Größe jeweils an die Privatwirtschaft an und kann dementsprechend Konjunkturschwankungen ausgleichen[249]: Läuft es wirtschaftlich gut, werden Menschen eingestellt – der öffentliche Arbeitsmarkt schrumpft. Gestaltet sich die wirtschaftliche Lage schlechter, werden zwar Menschen entlassen, aber sie können in den öffentlichen Arbeitsmarkt wechseln. Die öffentlichen Stellen wären demnach temporär eingerichtet. Menschen könnten zudem nicht mehr zu schlechten Arbeitsbedingungen erpresst werden, weil ihre Angst vor der Arbeitslosigkeit so groß wäre. Die sogenannte Jobgarantie wäre staatlich finanziert, würde aber kommunal und direktdemokratisch ausgestaltet. Arbeitsplätze könnten in der Bildung liegen, in der Ausbildung, Pflege, Kunst, in Umweltmaßnahmen, in der Stadtpflege oder auch in der lokalen Lebensmittelproduktion. Die »grünen Jobs« finden sich nicht nur in der Solarbranche und bei den erneuerbaren Energien. Auch in Kunst und Kultur gibt es nachhaltige Tätigkeiten. Kinder zu unterrichten ist Arbeit an der Zukunft. Betreuung oder Pflege: All das sind kohlenstoffarme Arbeiten. All das stellt, wenn man so will, erneuerbare Energie dar.[250] Wir brauchen diese Tätigkeiten für eine Gesellschaft, die Krisenzeiten meistern kann. Und wir brauchen sie garantiert.

Warum ökologische Maßnahmen immer sozial gerecht sein müssen

Viele dieser Maßnahmen zeigen: Ökologische Fragestellungen und soziale Belange verlaufen nicht voneinander getrennt. Fragen des Klima- und Umweltschutzes sind auch soziale, und soziale Fragen lassen sich nicht mehr ohne ökologische Dimension beantworten. Thomas Piketty führt in seinem Buch *Kapital und Ideologie* aus: »Es ist schwer vorstellbar, dass die unteren und mittleren Schichten sich bereitfinden werden, bedeutende Anstrengungen auf sich zu nehmen, solange sie das Gefühl haben, dass die oberen Schichten auf sie herabschauen, indem sie an ihrem hohen Lebensstandard und den hohen Emissionen, die er mit sich bringt, in aller Seelenruhe festhalten.«[251] Während Politiker*innen häufig so tun, als wären Ökologie und Soziales vor allem ein Widerspruch, liegt die Kombination aus beidem doch eigentlich auf der Hand: Wer über das Ende der Welt sprechen will, muss einen Blick auf das Monatsende der meisten Menschen haben. »Ende des Monats, Ende der Welt – gleiche Logik, gleicher Kampf« lautete deshalb ein Slogan der Gelbwesten-Proteste in Frankreich.[252] Sie entbrannten, nachdem der französische Präsident Emmanuel Macron eine Ökosteuer umsetzen wollte, die vor allem die Ärmeren getroffen hätte. Von Menschen, die Angst vor dem Monatsende haben müssen, kann niemand verlangen, gegen das sinnbildliche Ende der Welt zu kämpfen. Wir müssen öffentlichen Wohlstand für alle und so soziale Absicherungen schaffen, Armut beenden und bessere Arbeitsbedingungen garantieren, um die Klimakrise bewältigen zu können. Denn Unsicherheit macht Angst, und Angst macht uns zu pessimistischen Egoist*innen[253]: Angst nimmt uns das Mitgefühl und lässt uns die Ellbogen ausfahren. Sie treibt uns an zu kämpfen – aber eben nicht mit-, sondern gegeneinander. Sie nimmt uns die

Fähigkeit, Visionen zu entwickeln, Hoffnung zu hegen, uns mit Gleichgesinnten zu verbinden, Veränderung zu erstreiten. Der Kampf für mehr Klimaschutz ist nicht eine Suche nach Märtyrer*innen, die sich gegen ihre eigenen Interessen aufopfern. Er muss ein Versuch sein, die Bedürfnisse und alltäglichen Kämpfe der großen Mehrheit der Menschen zusammenzuführen. Ob wir auf dem richtigen Weg sind, zeigt sich nur, wenn wir die Probleme »von unten«[254] betrachten. Wenn sie aus der Perspektive gelöst scheinen, kann das Projekt Zukunft funktionieren. Wer dagegen so tut, als seien Ökologie und Soziales vor allem ein Widerspruch, will sich in der Regel auf beiden Feldern nicht allzu schnell und konsequent bewegen.

Die multiple Krise ist eine globale. Und insofern muss sie global gelöst werden.

Aber es reicht nicht, Perspektiven für die Bewältigung der Klimakrise in Deutschland oder Europa zu entwerfen. Das Krisenbündel, dem wir uns ausgesetzt sehen, ist global – und auch die Lösungen müssen es sein. Die Krisen werden wir nicht bewältigen können, ohne zu tun, was ohnehin lange überfällig ist: die globalen Ausbeutungs- und Machtverhältnisse aufzubrechen. Das koloniale Erbe zu beerdigen oder, weil das mindestens Jahrzehnte dauern wird, zumindest mit großen Schritten damit anzufangen. Die Arroganz abzulegen, die häufig mitschwingt, wenn man in Ländern wie Deutschland über Länder des Globalen Südens spricht. Und für die Gräueltaten, die im Namen und zugunsten *weißer* Menschen im Globalen Norden in Ländern des Globalen Südens angerichtet wurden und immer noch werden, Verantwortung zu übernehmen. Dazu müssen wir wahrheitsgemäß und vollständig über die Geschichte unserer Wirtschaftsweise und unseres

Wohlstands reflektieren – durch Aufarbeitung einerseits, aber auch konkret durch die Beendigung neokolonialer Handelsregime und -strukturen andererseits. Wir müssen Wege finden, die gerechten und ökologischen Veränderungen auf der globalen Ebene umzusetzen. Dem wird häufig die begrenzte Macht Deutschlands entgegengebracht. Aber aktuell ist Deutschland als Hegemon in Europa vor allem eines: Bremser.

Wir müssen uns auf den Weg machen in eine Zukunft, in der der Globale Norden nicht mehr auf Kosten des Südens lebt – und in der die reichen Industrieländer ihren gerechten Anteil an Entschädigung und Krisenbewältigung leisten. Denn die Klimakrise wird nicht ohne Umverteilung von reicheren zu ärmeren Ländern zu bewältigen sein. Die Entscheidung dazu ist kein Ausdruck von Großzügigkeit. Sie heißt vielmehr, dass der Globale Norden endlich einen Teil dessen bezahlt, was er Ländern und Bevölkerung im Globalen Süden geraubt hat. Es braucht Klimareparationen insbesondere für besonders betroffene Regionen. Die Industrienationen sollten neben den anteiligen Kosten für die von ihnen verursachten klimatischen Schäden einen Zusatzbetrag bereitstellen für Schritte in die Zukunft. Denn die Weichen in der Infrastruktur und Energiegewinnung müssen überall neu gestellt werden. Die notwendigen Veränderungen sind auch nicht möglich, ohne dass wir die Handels- und Finanzsysteme verändern, die ärmere Länder in Schulden und Abhängigkeit bringen.[255] EU-Handelsabkommen müssen in Zukunft ökologische und soziale Standards und Weichenstellungen beinhalten, nachdem sie in der Vergangenheit vor allem dazu genutzt wurden, solche abzubauen. Über eine gerechte Steuer- und Zollpolitik je nach Produkt kann der Welthandel zukunftsfähig gestaltet werden. Es braucht Lieferkettengesetze, nach denen Umwelt- und Menschenrechtsschutz, Verbraucher*innenschutz und Arbeiter*innenrechte verbindlich und einklagbar sind. In einem Interview zum Vorschlag der Lieferkettengesetze fragte die *taz* in einem Interview den Wirtschaftsweisen Achim Truger[256]: Schadet das der deutschen Wirtschaft? Abgesehen davon, dass der Interviewte das verneinte: Wenn das Einhalten von Menschenrechten der Wirtschaft schadet, ist wohl auch eher die Wirtschaft das Problem, nicht das Einhalten von Menschenrechten.

Ein Aspekt, bei dem es auf globale Kooperation ankommt, ist der weltweite Ausstieg aus den fossilen Energien. Das heißt: Um jeden Preis müssen wir die Realisierung neuer Projekte verhindern, die auf der Nutzung fossiler Energien beruhen. Aktuell werden jedoch über tausend Kohlekraftwerke neu gebaut oder sind in Planung. In der Vergangenheit gab es bereits Vorhaben, fossile Energieträger im Boden zu belassen, die ein Beispiel geben könnten für globale Veränderungen. Unter dem Amazonas-Regenwald in Ecuador liegen Ölvorkommen, unter anderem unter dem Yasuní-Naturschutzgebiet. Ecuador bot an, diese nicht anzutasten, wenn die Weltgemeinschaft insgesamt die Hälfte der potenziellen Einnahmen dafür zahlte: 3,5 Milliarden Dollar. Ein Schnäppchen also und ein großzügiges Angebot, müsste man meinen. Die Initiative wollte damit die auf dem Gebiet lebenden indigenen Völker schützen und die Biodiversität der Region bewahren. Das Projekt hatte nichts gemein mit der üblichen Tendenz, die Natur und beispielsweise ihre Eigenschaft als natürliche Senke zu kommerzialisieren, also selbst zu einem Produkt zu machen. Es stellte nur eine einfache Frage in den Raum: Wäre man bereit, für Nachhaltigkeit auf Profite zu verzichten? Alles, was die reichen Nationen für sein Gelingen hätten tun müssen, war, ihre ökologischen Schulden zu begleichen.[257] Deutschland wollte zu dem Projekt jährlich vierzig Millionen Euro beisteuern. Dann aber verkündete der damals neu ins Amt gekommene

Entwicklungsminister Dirk Niebel von der FDP, das Projekt habe keinen Nutzen für die deutsche Wirtschaft. Das Projekt scheiterte, und seit 2015 wird im Yasuní-Nationalpark Öl gefördert. Das lag maßgeblich an Deutschland. Dabei wäre genau das ein Modell, nach dem auch eine globale Energiewende gestaltet werden könnte. »Da öffnet man eine Tür, die man nie wieder zubekommt«, sagte Niebel.[258] Die Tür, die er stattdessen bereitwillig geöffnet hat, ist die zu den Profiten der Ölfirmen. Es gilt, sie wieder zu schließen und den Ansätzen für einen globalen Wandel eine Chance zu geben.

Aufbruch braucht Entschuldung

Für einen Aufbruch ist auch die konsequente Entschuldung ärmerer Länder notwendig. Seit der Finanzkrise sind die Schulden des Südens in die Höhe geschnellt. Viele der ärmsten Länder weltweit geben mehr Geld für die Bedienung ihrer Schulden aus als für öffentliche Gesundheitssysteme. In der Corona-Pandemie haben die G-20-Länder, also der Zusammenschluss der mächtigsten Industrie- und Schwellenländer, die Schuldenzahlungen für die ärmsten Staaten temporär ausgesetzt.[259] Wenn jedoch der Schuldenaufschub beispielsweise 2021 endet, dann müssen Schulden zu diesem Zeitpunkt beglichen werden, wenn es auch die Auswirkungen der Pandemie zu bekämpfen gilt. Wir müssen deshalb umso dringender über einen Schuldenerlass sprechen. Denn nicht nur machen Schulden die Schuldnerländer von den Gläubigern abhängig, sondern die erzwungene Sparpolitik durch Schulden sorgt auch für den Rückbau des öffentlichen Sektors – und diese Entwicklung bedingt wiederum Armut und höhere Sterblichkeit. Wir brauchen einen neuen Aufbruch – und das wird nur mit Entschuldungsmaßnahmen gehen.

Globale Green Card

Menschen werden weiter fliehen, weil die Klimakrise neue Fluchtursachen schafft und bestehende verschärft. Sie fliehen, solange die Handelsbeziehungen regionale Ökonomien zerstören, Kriege und Konflikte herrschen, Hunger und Wasserknappheit. Menschen, die fliehen müssen, muss geholfen werden. Diese Maxime sollte immer gelten – und wird ständig gebrochen, etwa durch die Lager Moria und Moria 2.0 oder durch libysche Internierungslager, bei denen selbst das Auswärtige Amt von KZ-ähnlichen Verhältnissen spricht.[260] Schon vor einigen Jahren gab es Berichte von Schüssen auf Boote von Geflüchteten. Immer wieder wird über illegale sogenannte *Pushbacks* berichtet. Im Februar 2021 wurden in Jan Böhmermanns *ZDF Magazin Royale* auf Grundlage intensiver Recherchen des journalistischen *Disinfaux Collective* mehrmalige, spesenintensive Treffen der Europäischen Grenzschutzbehörde Frontex mit der Waffenlobby enthüllt.

Dieser menschenrechtsverletzenden Politik muss ein Ende bereitet werden: Die Lager sowohl an den europäischen Außengrenzen als auch beispielsweise in Libyen müssen aufgelöst sowie sichere und legale Fluchtrouten geschaffen werden. Die Dublin-Verordnung, nach der Asylverfahren dort verhandelt werden müssen, wo Flüchtende zuerst europäischen Boden erreichen, sollte abgeschafft und durch eine bessere Regelung ersetzt werden. Statt Seenotretter*innen zu kriminalisieren, sollte die EU wichtige staatliche Seenotrettung übernehmen.

Wenn die Europäische Union regionale Ökonomien zerstört oder die Folgen der Erderhitzung Menschen dazu zwingen, ihre Heimat zu verlassen, dann müssen diese Menschen in Europa bleiben dürfen. Das Gerede von der Bekämpfung von Fluchtursachen als Ersatz für die Aufnahme kaschiert den entscheidenden Punkt: Für Menschen, die heute oder morgen betroffen sind, wurden bereits Fluchtursachen geschaffen. Das lässt sich nicht einfach rückgängig machen. Auch als Abschreckungsinstrument ist die Rede von falschen Signalen und zukunftsfähiger Migration einfach, man kann es nicht anders ausdrücken, widerlich: Hier werden Menschenleben gegeneinander aufgewogen. Das ist schlicht nicht möglich. Kriterien für den Schutzstatus von Geflüchteten legt die Genfer Flüchtlingskonvention fest. Umweltbezogene Faktoren sind darin bislang nicht erfasst. Aber genau das muss passieren: Es braucht einen Klimapass, damit Menschen, die besonders von der Klimakrise betroffen sind und deren Heimat möglicherweise unbewohnbar wird, das Recht haben, in den Ländern mit den größten Anteilen an der Krise Schutz und Asyl zu suchen.

... Und wo soll das ganze Geld herkommen?

Sicher, für all das braucht es viel Geld. Es gibt Berechnungen darüber, dass allein in Deutschland in den nächsten Jahren Investitionen von jährlich zusätzlich 120 Milliarden Euro notwendig sind, um die Veränderung bewerkstelligen zu können.[261] Das klingt nach einer großen Summe – und ist es auch. Lassen wir jedoch die Krisen weiter eskalieren, wird uns das noch sehr viel teurer zu stehen kommen. Beispielsweise könnten bereits zusätzliche wirtschaftliche Schäden in Höhe von 20 Billionen Dollar entstehen, wenn die Erde sich nicht um 1,5, sondern um zwei Grad Celsius erhitzen würde. Wenn sich unser CO_2-Ausstoß wie bisher weiterentwickeln und die Erde sich um bis zu vier Grad erhitzen würde, entstünden Schäden im Wert von über 500 Billionen Dollar.[262] Diese Kosten würden dann vor allem denen aufgebürdet, die die Krise gerade nicht verursacht haben. Von den sozialen, ökologischen und gesellschaftlichen Folgen ganz zu schweigen. In der Finanzkrise, als es galt, systemrelevante Banken zu retten, und in der Corona-Pandemie hat sich gezeigt, welche vorher niemals für möglich gehaltenen Geldmittel bereitgestellt werden können, wenn der politische Wille dazu da ist. Dringend müssen wir uns darüber bewusst werden, dass wir mitten in einer riesigen multiplen Krise stecken, deren Bewältigung uns alles wert sein sollte. Maßnahmen, die in den Umbau unserer Gesellschaft und der Wirtschaft für die Zukunft gehen, sind vor allem eines: notwendige Investitionen in die Zukunft. Entweder sind wir jetzt bereit, sie zu leisten. Oder wir werden morgen zugeben müssen, die Rettung der Zivilisation (Es gibt tatsächlich Studien, nach denen dieses Szenario nicht ganz unwahrscheinlich ist!) vor dem Zusammenbruch sei uns einfach zu teuer gewesen.

Allein die Beendigung und Umschichtung umweltschädlicher Subventionen und die Investition der Summe von fast sechzig Milliarden Euro jährlich in die Energie- oder Mobilitätswende würde einen enormen Beitrag leisten. Durch eine Finanztransaktionssteuer würden jährlich bis zu 650 Milliarden Dollar eingenommen.[263] Zudem würde die Dynamik des Hochfrequenzhandels eingedämmt, die Kursschwankungen verstärkt und so zur Instabilität der Finanzmärkte beiträgt. Diese Steuer ist seit Jahren im Gespräch und ihre Umsetzung überfällig. Wenn die zehn Länder mit den höchsten Militärausgaben ihre Verteidigungshaushalte um ein Viertel verkleinern würden, dann wären jährlich 325 Milliarden Dollar zur Krisenbewältigung frei.[264] Zudem wäre eine Investition dieser Beträge in Adaptionsmaßnahmen und globale Gerechtigkeit ein deutlich größerer Beitrag zum Frieden.

Weltweit werden Schätzungen zufolge zwischen 24 und 26 Billionen Dollar in Steueroasen geparkt. Der ehemalige NRW-Finanzminister Norbert Walter-Borjans fasst zusammen: »Vermögens- und Gewinnverschiebungen in Steueroasen und illegale Steuer- flucht sorgen nach Schätzungen der Brüsseler EU-Kommission EU-weit jedes Jahr für einen Steuerausfall von einer Billion Euro. Vorsichtige Schätzungen kommen für Deutschland auf einen Schaden von 160 Milliarden pro Jahr.«[265] Würde man auch nur einen kleinen Teil der illegalen Steuerflucht verhindern – auch mit einer Mindeststeuer für Digitalkonzerne oder der Einfüh- rung einer Gesamtkonzernsteuer –, würde das bedeutende Sum- men generieren. Brisant ist hierbei auch das Ergebnis einer Re- cherche der Bundestagsfraktion der Linken: Demnach sind alle deutschen DAX-Konzerne in Steueroasen vertreten.[266] Steuer- tricks gehören zum Geschäftsmodell. Konzerne, die in Krisenzei- ten von Steuermilliarden gerettet werden, betreiben, wie erst kürz- lich wieder die OpenLux-Enthüllungen bewiesen,[267] systematisch Gewinnverschiebung. Und im Gegensatz zu Dänemark oder Frank- reich lässt die deutsche Bundesregierung sich das gefallen. Wir müssen Unternehmenshilfen an Unternehmen stoppen, die Steu- ern vermeiden, und mehr Energie darauf verwenden, Steuer- oasen zu schließen. Eine weltweite Vermögenssteuer von 0,5 Pro- zent, die das reichste Prozent in jedem Land betrifft, würde bis zu 117 Millionen Jobs schaffen.[268] In Deutschland befürworten übrigens fast drei Viertel der Bürger*innen die Wiedereinführung einer Vermögenssteuer.[269] Außerdem braucht es internationale Lösungen, um gegen Kapital- und Steuerflucht vorzugehen.

Ein gerechtes Besteuerungssystem würde soziale Spaltung verringern; es würde auch automatisch die Verursacher*innen des Krisenkomplotts zur Kasse bitten. Bei der Umstrukturierung unserer Gesellschaft ist es notwendig, Gerechtigkeit bei ihrer Finanzierung zu schaffen, mittels einer einmaligen Vermögensab- gabe, einer Vermögenssteuer, die in Deutschland 1997 abgeschafft wurde, und einer progressiveren Einkommensbesteuerung oder einer Veränderung des Erbrechts. So würden auch die maßgeblichen Verursacher*innen stärker an der Finanzierung der Krisenmaßnahmen beteiligt werden. Denn die obersten Prozent der Gesellschaft haben auch den klimaschädlichsten Lebensstil. Dass Verursacher*innen für die Krisenbewältigung zahlen müssen, ist keine revolutionäre Idee; genau genommen gibt es sie bereits, beispielsweise im Umweltrecht. Es wird jedoch nicht ausreichend umgesetzt: Nach dem *Carbon Majors Report* von 2017 sind hundert Unternehmen für über siebzig Prozent der weltweiten Treibhausgasemissionen seit 1988 verantwortlich.[270] Keines dieser hundert Unternehmen muss wirklich für die von ihm angerichtete Zerstörung zahlen. Jetzt sollten sie ihren Teil zur Bewältigung der Krisen beitragen.

Totschlagargument: Ihr seid nur neidisch

Bei Forderungen, die Verteilungsgerechtigkeit adressieren, geistert immer wieder der Vorwurf der sogenannten Neiddebatte umher. Gerne wird er im gleichen Atemzug mit allerhand Halbwahrheiten erhoben: Da trifft die Vermögenssteuer plötzlich die Mittelschicht – zu der auch ein Friedrich Merz gehören will, dessen Vermögen auf über zehn Millionen Euro geschätzt wird –, da heißt es, harte Arbeit müsse sich doch lohnen oder höhere Steuern würden nur zu Kapitalflucht führen.

Neidisch will niemand sein. Neid heißt Missgunst, und Missgunst ist nun einmal eine Charaktereigenschaft, die niemand sich gern vorwerfen lässt. Aber Kritik daran, dass Kapitalgewinne geringer besteuert werden als Arbeit, hat nichts mit Neid zu tun. Verlangt man, dass Millionär*innen mit einem Teil ihres Vermögens einen Beitrag zum gesellschaftlichen Fortschritt leisten, ist das nicht Missgunst. Und wenn DAX-Konzerne mit der Arbeit von Millionen Menschen Profite erwirtschaften, die sie dann dem Gemeinwesen entziehen, dann ist niemand neidisch auf sie, sondern höchstens wütend. Hoffentlich sogar sehr. Denn das darf wütend machen. Das muss es sogar, zumindest wenn man ein ernsthaftes Interesse daran hat, auch nur ein Mindestmaß an Gerechtigkeit zu bewahren.

Ein Green New Deal?

Diese Bündelung von sozialen, ökologischen und wirtschaftlichen Maßnahmen, die geballte Kraft von Investitionen, Infrastrukturplänen und Arbeitsplatzprogrammen, wird oft unter dem Begriff *Green New Deal* zusammengefasst. Immer mehr Akteur*innen plädieren für einen solchen Plan. Einen, der nicht nur das Klima und CO_2, sondern unsere gesamte zukünftige Wirtschafts- und Lebensweise in den Blick nimmt. Ein großer Teil der Maßnahmen wird in Deutschland und Europa umgesetzt, und wir können diesen Plan selbstverständlich nicht einfach so auf die globale Ebene übertragen. Vielmehr müssen wir uns in Deutschland und Europa an dem orientieren, was es längst gibt, beispielsweise Konzepte des sozial und ökologisch gerechten Wirtschaftens und Lebens indigener Gemeinschaften und Bevölkerungen im globalen Süden. In Ecuador und Bolivien hat das Konzept des *buen vivir*, auch *El Buen Vivir* oder *Sumak Kawsay*, Verfassungsrang – und es gibt ähnliche Lebensentwürfe in unterschiedlichen Formen und verschiedensten Regionen.[271]

Dieser Plan ist eine Skizze. Er lässt einzelne Bereiche, z. B. den Finanzkapitalismus, weitgehend aus und hat daher keinen Anspruch auf Vollständigkeit. Aber er soll ein Gerüst darstellen, mit dem die Veränderungen möglich wären. Setzen wir alle notwendigen Maßnahmen zusammen, entsteht eine krisenfeste Gesellschaft, die Sicherheit für alle schafft und den Einzelnen Entscheidungsmacht zugesteht. Eine Gesellschaft, die genügend Kraft aufbringt, um Zukunftsperspektiven zu entwerfen und die allen Menschen ein hohes Maß an öffentlichem Wohlstand zugesteht. Indem die Realisierung eines solchen Plans Verbesserungen für die große Mehrheit der Menschen bewirkt, kann er Vertrauen in uns selbst, ineinander und in die Demokratie schenken. Er kann die Angst nehmen und Hoffnung für die Zukunft schaffen. Er schafft ein Fundament dafür, den Krisenberg unserer Gegenwart langsam abzutragen und eine Alternative zum zerstörerischen Kapitalismus zu bauen.

Die Krise als Chance für Veränderung

Wir können die globalen Krisen nicht abwenden. Sie sind längst da, sie werden bleiben, sie umgeben uns. Sei es, wenn wir um unsere Arbeit fürchten, nach Arbeit suchen oder unter schlechten Bedingungen arbeiten. Sei es, wenn wir über die Zukunft sprechen, die in sechs Monaten, in sechs und in sechzig Jahren. Das Auf und Ab der Krisen, die Umverteilung nach oben, der Dauerstress, Sexismus und Rassismus, soziale Spaltung, die sich auftürmende dunkle Wolke der Klimakrise – wir sind mittendrin. Sei es am eigenen Küchentisch. Beim Gefühl, wenn wir aufstehen oder ins Bett gehen. Oder abends vor dem Fernseher, wenn die Nachrichten laufen. In Eilmeldungen und Push-Nachrichten. In den Sorgen der Menschen, mit denen wir uns verbunden fühlen. Oder den eigenen, wenn wir in den Spiegel schauen.

Aber ein Zukunftsplan, und sei er noch so radikal, hat eine Chance auf Realisierung, wenn er bei uns selbst beginnt. Wenn wir Bilder der Zukunft zeichnen und Vorstellungen der Krisenbewältigung skizieren, in denen auch wir selbst vorkommen. Wenn wir Raum haben in dem, was wir Wandel nennen, Transformation, Politik, Wirtschaft, oder auch Krise. Und wenn wir anderen Raum darin geben. Ein Zukunftsplan darf kein Maßnahmenkatalog sein, den wir aus der Distanz beschreiben können. Sondern er muss uns ein bisschen Hoffnung zurückgeben.

Denn wir haben in den letzten Jahrzehnten verlernt zu glauben, dass es Alternativen zum Status quo gibt. Wir leben in einer Gesellschaft, die es sich in den letzten Jahrzehnten systematisch abgewöhnt hat, an Ideale zu glauben, an die Kraft der Utopie und die Wirksamkeit politischer Kämpfe. Die Konsequenz davon ist jetzt, dass jede Veränderung unmöglich scheint.

Wenn heute junge Menschen auf die Straße gehen und für Klimagerechtigkeit protestieren, wenn Menschen für bessere Arbeitsbedingungen streiken oder von Rassismus Betroffene Gerechtigkeit einfordern, dann heißt das vor allem, eine Gesellschaft beim Wort zu nehmen, die Gerechtigkeit, Sicherheit und Fortschritt ständig als ihre Ziele benennt, aber sich in den seltensten Fällen daran hält. Ja, ein Zukunftsplan, den wir heute machen, ist möglicherweise größer als jeder Plan für einen gesellschaftlichen Umbau, den es zuvor gab. Aber auch die globalen Krisen sind heute größer und existenzieller als alles, was wir bereits kennen. Es wäre vermessen zu glauben, dass wir ihnen mit kleinen Kurskorrekturen begegnen können. Wir können die Krise als Chance für Veränderung nutzen. Dafür ist es nicht zu spät. Eine andere Welt ist möglich. Das ist sie immer. Wie sie aussehen soll, wann sie beginnt und welche Rolle wir darin spielen, das sind die viel kniffligeren Fragen. Beantworten können wir sie nur, wenn wir unsere eigenen Bedürfnisse und Ziele als Gesellschaft endlich beim Wort nehmen.

Gute Pläne werden nicht von allein Wirklichkeit. Ihre Umsetzung ist eine Frage der politischen Kräfteverhältnisse. Aktuell wird die Lücke zwischen den Plänen für ein besseres Morgen, für den Weg zu gesellschaftlichen Utopien einerseits und den bestehenden Kräfteverhältnissen andererseits von Tag zu Tag größer. Denn diejenigen, die vom Status quo profitieren und ihn erhalten wollen, arbeiten schon seit Jahrzehnten gegen jede Veränderung an. Schließlich haben sie viel zu verlieren, wenn die Welt gerechter und nachhaltiger wird. Profite, aber – noch viel entscheidender – Macht.

Das Geschäft mit dem Zweifel

ExxonMobil und Shell beispielsweise ließen bereits in den 80er-Jahren Studien zur menschengemachten Erderhitzung anfertigen, deren Ergebnisse sie aber zurückhielten. Denn während die Befunde dieser Studien alarmierend waren und zum Handeln aufriefen, machten die Konzerne ihr Geld mit einem Geschäftsmodell, dessen Voraussetzung es ist, dass alles weiterläuft wie bisher.

In den darauffolgenden Jahrzehnten spezialisierten sie sich daher darauf, Zweifel zu schüren. Beispielsweise, indem sie Studien und pseudowissenschaftliche Thinktanks wie das Heartland Institute finanzierten, das zu den wichtigsten Lobbynetzwerken gegen Klimaschutz gehört.[272] Das Heartland Institute hat sich auf das Geschäft mit dem Zweifel spezialisiert. Heute führt es Konferenzen durch, »um zu zeigen, dass CO_2 kein Schadstoff ist«[273] – gestern arbeitete die Organisation noch mit der Tabakindustrie zusammen. Diese Industrie brachte es fertig, 6400 Studien zu lancieren, in denen kein einziger Zusammenhang zwischen Nikotin und Lungenkrebs festgestellt wurde.[274] *Doubt is our product* – Zweifel ist unser Produkt, so bezeichnete die Tabaklobby ihre Strategie. Der ehemalige Vorsitzende des Heartland Institute erklärte dazu den Autorinnen des Buches *Die Klimaschmutzlobby:* »Wir arbeiten mit allen Gruppen weltweit zusammen, die für freie Märkte sind.«[275]

Neoliberal-rechte Thinktanks wie das Heartland Institute leugnen Krisen und erzeugen vermeintliche Kontroversen, wo es keinen Grund für sie gibt, nur um Auflagen und Gesetze zu verhindern und das Geschäftsmodell ihrer Sponsoren aufrechtzuerhalten. Die Ideologie des gänzlich freien Marktes wird mit aller Kraft verteidigt und mit ihm das Geschäftsmodell der fossilen Konzerne, und die Wahrheit hat sich dem unterzuordnen. Oder wie der Klimatologe Michael E. Mann bei einer Anhörung im U.S. House Oversight Committee anführte: »Die Klimakrise ist ein existenziell bedrohliches Problem. Alle, die Ihnen etwas anderes erzählen, verkaufen etwas – mit großer Wahrscheinlichkeit fossile Energie.«[276]

Exxon und Shell sind bei Weitem nicht die einzigen Konzerne, die so agieren. Sie sind weniger die Ausnahme als die Regel. Auch BASF, Bayer, BMW und Daimler sorgen als zweifelhafte Vorzeige-Prominenz der deutschen Unternehmen mit ihrer Lobbyarbeit für schwächere Regularien. Sie gehören damit nach einer Studie der britischen *InfluenceMap* zu den härtesten Klimaschutzgegnern unter den 250 größten börsennotierten Unternehmen.[277] Als Klimavorbilder, die sich an dem Pariser Klimaschutzabkommen ausrichten, identifizierte *InfluenceMap* dagegen Unternehmen wie Apple, Nestlé und Coca-Cola. Alle drei standen oder stehen jedoch wegen menschenunwürdiger Arbeitsbedingungen und ausbeuterischer Praktiken in der Kritik. Mit den Menschenrechten nimmt man es nicht immer so genau – Hauptsache, die Klimabilanz stimmt. Coca-Cola. beispielsweise versucht seinen Ruf aufzupolieren, indem der Konzern vermehrt recyceltes Material für seine Plastikflaschen verwendet. Der Klima- und Umweltschutz wird als das Feigenblatt der Ausbeutung und Skrupellosigkeit im Rahmen der Profitmaximierung verwendet.

Andere Unternehmen richten ihre Geschäftsmöglichkeiten schon offen auf die Katastrophe aus: Für den Rüstungskonzern Raytheon ergeben sich nach eigener Aussage »vermutlich wachsende Geschäftsmöglichkeiten« – weil zunehmend »Bedarf an militärischen Produkten« bestehe. Und schon Jahre vor der Verabschiedung des Pariser Klimaschutzabkommens wurden vor allem von den Agrarriesen Monsanto und Syngenta Hunderte Patente für klimaresistente Pflanzen eingereicht, die auch bei extremen Wetterbedingungen bestehen können.[278]

Strategieänderung: Beschwichtigung

Die Folgen der Klimakrise wurden in den letzten Jahrzehnten und Jahren immer sichtbarer, und immer größere Teile der Gesellschaft schenkten der sich anbahnenden Katastrophe Aufmerksamkeit. Noam Chomsky beobachtet angesichts dessen einen grundsätzlichen Strategiewechsel bei denen, die beim Klimaschutz bremsen wollen: Lange sei geleugnet und verschwiegen worden. Aber jetzt, da die Folgen und Gefahren der Krise nicht mehr zu übersehen sind, laute die Strategie Beschwichtigung.[279] Und das ist mindestens genauso wirksam.

Für Susanne Götze und Annika Joeres ist die Initiative Neue Soziale Marktwirtschaft (INSM) der mächtigste Bremser in

Deutschland.[280] Die Organisation war maßgeblich daran beteiligt, Mindestlöhne zu verhindern und sie möglichst niedrig zu halten, als sie endlich eingeführt wurden. 2019 veröffentlichte sie zwölf Fakten zum Klimaschutz. Was als Aufklärungsmaterial getarnt wird, enthält schon im Titel eine sehr eindeutige These: Fortschritt, Wachstum und Klimaschutz gehören zusammen, heißt es da. Das Material strotzt nur so von Halbwahrheiten, weil die Fakten irreführend eingeordnet oder durch einen Subtext ergänzt werden, der falsche Schlussfolgerungen provoziert. Und dennoch wurden die Organisation und ihre Argumentation als Stimme »der Wirtschaft« medial verbreitet.[281] Die INSM leistet subtilere Lobbyarbeit als das Heartland Institute. Das Problem wird nicht offen geleugnet, sondern kleingeredet. Das vergrößert die Gefahr, dass Medien und Gesellschaft nicht erkennen, mit wem sie es zu tun haben.

Ein beliebtes Gegenargument gegen staatliche Regulierungen lautet auch, die Konsument*innen hätten doch letzten Endes die Entscheidungsmacht. Den eigenen ökologischen Fußabdruck reduzieren, lautet die Devise, und zahlreiche Organisationen – auch NGOs – stellen mittlerweile Rechner bereit, mit denen wir jeweils unseren persönlichen Fußabdruck ausrechnen sollen. In Vergessenheit geraten ist, dass die Idee des ökologischen Fußabdrucks von einer Werbeagentur stammt, die von Öl- und Gaskonzernen beauftragt wurde.[282] Der Blick sollte damit von der Verantwortung der Konzerne und einer Politik, die ordnungspolitische Regularien schaffen könnte, abgelenkt werden. Weg von den Verursacher*innen, auf die es eigentlich ankäme, um schnell und effizient im Kollektiv zu handeln – hin zu dem*der Einzelnen. Dieser Diskurs blendet systematisch aus, dass nachhaltiger Konsum ein nahezu vergebliches Unterfangen ist: Denn »es gibt keine Aktiengesellschaft, die nachhaltig wirtschaftet«, stellt der

Professor für Nachhaltige Ökonomie, Holger Rogall, fest.[283] Was gilt, ist der Shareholder Value. Und der misst sich eben nicht an Wohltaten, sondern an Profiten.

Diejenigen, die ein »Weiter so« aufrechterhalten wollen, sagen heute nicht mehr, dass sie prinzipiell gegen mehr Klimaschutz, gegen mehr soziale Gerechtigkeit, gegen Veränderung sind. Im Gegenteil: Sie inszenieren sich als die, die vorangehen. Nach ihrer Darstellung ziehen schon alle an einem Strang, um die Welt zu verbessern. Sozialer Wandel wird als Win-win-Situation für alle dargestellt. Um jeden Preis wird ein Bild der Harmonie gezeichnet zwischen Gewinner*innen und Verlierer*innen der Krisen, zwischen Konzerninteressen und Allgemeininteresse. Betrachtet man die Marketingkampagnen großer Unternehmen, könnte man meinen, die Klimastreiks seien gar nicht von Schüler*innen, sondern von VW, RWE oder Unilever initiiert worden. Denn so sehr, wie sich die Konzerne anzustrengen scheinen, müsste es eigentlich nur noch eine Frage der Zeit sein, bis auf der Erde paradiesische Zustände herrschen. In Marketingkampagnen der großen Energiekonzerne wimmelt es von Windrädern, und wenn doch mal ein Kohlemeiler auftaucht, dann betreibt RWE damit Artenschutz. Coca-Cola inszeniert sich als Hüter der Trinkwasserreserven. VW verwendet ein Foto von Greta Thunberg zu Werbezwecken. Die Waffenindustrie stellt weiter Kriegsinstrumente her, aber bewahrt dabei jetzt irgendwie auch die natürlichen Lebensgrundlagen. Und Monsanto begreift seinen Handel, unter dem weltweit Landwirt*innen leiden, als Hungerbekämpfung. Mit grünen Anstrichen durch öffentlichkeitswirksame Beteuerungen und symbolische Projekte versuchen Konzerne zu suggerieren, dass sie aus eigenem Antrieb Veränderung schaffen, während sie hinter der Fassade fortfahren mit der Zerstörung. Greenwashing pur. So halten sie die

Politik auf Abstand, die mit Auflagen und Gesetzen ihren Geschäftsmodellen einen Dämpfer oder sogar ein Ablaufdatum verpassen könnte.

Dennoch scheint medial und gesellschaftlich eine große Sehnsucht danach zu bestehen, in den Großkonzernen doch noch irgendwie Verbündete im Kampf gegen die Krisen der Gegenwart zu finden: Viel Applaus hat beispielsweise BlackRock erhalten, als der Konzern sich auf den Pfad der Geläuterten sich zu begeben vorgab. Dessen CEO mahnte öffentlichkeitswirksam, der Klimaschutz sei von größter Bedeutung. Aber seitdem hat BlackRock weiter Investitionen in umweltschädliche Projekte zugestimmt und Beschlüsse von Unternehmen abgelehnt, die Verpflichtungen beim Klimaschutz eingehen wollten.[284] Hat BlackRock Erfolg, bündelt der Konzern weitere wirtschaftliche und politische Macht, die nicht kontrolliert wird. Als weltweit größter Vermögensverwalter (Schattenbank wäre eigentlich der passende Begriff) investiert BlackRock auch im großen Stil in Rüstungskonzerne, Banken und *Big Oil*. Treibt der Konzern Wachstum in beabsichtigter Art voran, maximiert er eben auch die Ausbeutung der Natur. Daran ändern auch die sorgenvollsten Beteuerungen nichts. Und wenn die Investitionspraxis unter Larry Fink in Zukunft tatsächlich »grüner« wird, dann nicht, weil dem Konzern das so am Herzen liegt, sondern weil das Geschäft mit Öl, Kohle und Gas zunehmend unrentabel wird.[285]

Auch Superreiche mutieren zunehmend zu Wohltätern beim Klimaschutz. Jeff Bezos, Richard Branson oder Bill Gates: Sie alle inszenieren sich als Klimahelden, um dann weiter in Öl und Gas zu investieren. Die großzügigen Philanthropen spenden und gründen private Stiftungen. Jeff Bezos zum Beispiel richtete den »Bezos Earth Fund« ein, um Klimaschutz voranzutreiben. Es ist schwierig, sich darüber einfach so zu freuen. Denn der positive Eindruck wird dadurch gedämpft, dass Amazon, dessen Gründer Bezos ist, gleichzeitig mit seinen Dienstleistungen Öl- und Gaskonzerne umwirbt und weiter für sich gewinnen will[286] und nebenbei auch noch brutal gegen Gewerkschaften vorgeht. Ein bitterer Beigeschmack entsteht außerdem angesichts des Umstands, so Max Tholl im *Tagesspiegel*, der es Bezos überhaupt erlaubt, solche Summen zu spenden: jahrlange Steuervermeidung seines Unternehmens.[287] »2017 und 2018 hat Amazon in den USA keinen Cent an Einkommenssteuern gezahlt, dafür aber Steuerrückerstattungen von 137 bzw. 129 Millionen US-Dollar erhalten. Dafür aber hat Jeff Bezos mit seinem Konzern 2018 mehr als 11 Milliarden an Gewinnen erwirtschaftet. 2019 ist das ein bisschen anders geworden, aber der Konzern musste auch gerade einmal 162 Millionen US-Dollar an Steuern zahlen. Das entspricht bei Gewinnen von 13 Milliarden gerade einmal einem Steuersatz von 1,2 Prozent.«[288] Steuervermeidung in dieser Größenordnung kann auch eine Spende von Jeff Bezos nicht aufwiegen, und sei sie noch so großzügig. Spenden ist schön und gut, aber Steuern ordnungsgemäß zu zahlen wäre eben auch eine Option und im Zweifel eine bessere. In der bisherigen Weise sind die vermeintlich uneigennützigen Zuwendungen vor allem Imageaufwertung, und sie untergraben staatliche Handlungsmacht. Denn in privaten Stiftungen können am Ende die Superreichen selbst entscheiden, was und wie passieren soll – und was eben nicht. Wirkliche Klima- und Steuergerechtigkeit fielen dann wohl eher in letztere Kategorie. Es gibt dann eben doch einen deutlichen Unterschied zwischen Großzügigkeit und Gerechtigkeit.

Das Gegengewicht

Nun ist es ja wenig überraschend, dass die Superreichen der Welt und auf Profit ausgerichtete Konzerne sich nicht in erster Linie für Gerechtigkeit zuständig fühlen. Das ist Bestandteil der wirtschaftlichen Struktur, in der sie sich bewegen.

Debatten über die Unmoral ihres Verhaltens sind deshalb wenig zielführend und tragen eher dazu bei, das Problem von der Funktionsweise des Kapitalismus abzurücken und es als Einzelphänomen zu verhandeln. Und dafür gibt es schließlich die Demokratie, oder?

In der Idealvorstellung von Demokratie würde sie ein Gegengewicht zu den Wirtschaftsinteressen bilden und als Vertretung der Menschen die großen Machtunterschiede ausgleichen. Von dieser Idealvorstellung sind wir jedoch, sagen wir, ein Stück weit entfernt. Stattdessen werden politische Entscheidungen oftmals unter großem Einfluss oder gar im Interesse der großen Unternehmen getroffen, sodass die Sphäre der Politik kein wirkliches Gegengewicht darstellen kann. Das Problem sind verkrustete Strukturen, sie bewirken, dass politische Prozesse zu intransparent, zu anfällig für Machtspielchen, zu exklusiv, zu langsam sind. So herrscht nicht nur ökonomisch, sondern auch politisch eine enorme Schieflage in den Machtverhältnissen.

Abseits der politischen Floskeln von Kompromissen, begrenzten Möglichkeiten und Geduld spielen Unternehmen ihre wirtschaftliche Macht einigermaßen kompromisslos und ungeduldig aus, indem sie die Demokratie okkupieren, sie unterlaufen, sie aushöhlen. Die Konzerne, zum Beispiel im Energiesektor oder in der Automobilindustrie, nutzen ihre finanzstarken Lobbys, um direkten Einfluss auf politische Entscheidungsträger*innen zu nehmen. Sie können dabei auf Millionenbudgets zurückgreifen, um Öffentlichkeitsarbeit zu leisten, Studien in Auftrag zu geben oder Lobbyist*innen anzustellen. Dementsprechend haben sie häufig bessere Zugänge zu wichtigen Politiker*innen als Umweltverbände, die sich eher über Spenden und Förderungen finanzieren und dementsprechend schwächer ausgestattet sind. Dort besteht ein enormes Machtgefälle.

Besonders der Autolobby wird bereitwillig die Tür geöffnet – sei es zu regelmäßigen Autogipfeln im Kanzlerinnenamt oder zu Treffen im Verkehrsministerium. Verkehrsminister Andreas Scheuer (CSU) beispielsweise nahm im Jahr 2019 stolze elf Termine mit der Autolobby wahr, traf sich aber kein einziges Mal mit Umweltverbänden.[290]

Und die Autolobby hat damit Erfolg. Susanne Götze und Annika Joeres ziehen kritisch Bilanz: »Die Klimaschmutzlobby hat einen effektiven Klimaschutz in den letzten 30 Jahren blockiert. […] Die maßgeblichen Entscheidungsträger haben ihnen die Türen geöffnet, sie zu Beratern gemacht, zu Experten. […] Aufgrund [von] Intransparenz ist es der Klimaschmutzlobby gelungen, ihre Interessen als die Interessen aller zu verkaufen.«[291]

Zwischen Ernüchterung und Hoffnung

Die Strategien derjenigen zu beobachten, die vom fossilen Kapitalismus profitieren, mag auf den ersten Blick ernüchtern. Denn es macht deutlich: Wege aus den Krisen zu erkämpfen bedeutet, gegen massive Widerstände zu agieren.

Aber es kann auch Anlass zur Hoffnung sein. Denn der immense Aufwand, mit dem die Verteidigung des Status quo betrieben wird, zeugt davon, dass die Konzerne auf größeren Widerstand stoßen, als sie erwartet haben. Und dieser Aufwand verdeutlicht ebenfalls, dass es bei der Bekämpfung der Klimakrise nicht um einzelne banale Regulationen oder Abgaben geht, sondern mit der Erderhitzung als Teil einer multiplen Krise eine ganze Vorherrschaft von Werten infrage steht, die eng mit dem Aufschwung des modernen Kapitalismus und den Geschäftsmodellen der Leugner, Zweifler und Bremser zusammenhängen.[292]

Die ersten Runden im Kampf um diese Werte haben sie gewonnen. Aber der Kampf ist noch nicht entschieden.

Klassenkampf von oben

Der Kampf der Klimaschmutzlobby verdeutlicht im Konkreten, wo die in der Struktur des Kapitalismus angelegte zentrale Konfliktlinie verläuft: Zwischen den Gewinner*innen und Verlierer*innen im kapitalistischen System. Zwischen Verursachenden und Leidtragenden. Zwischen denen, die Hoffnung suchen, und denen, die auf so etwas wie Hoffnung gar nicht angewiesen sind. Zwischen denen, die profitieren, beispielsweise weil die Produktionsmittel in ihrem Besitz stehen, dank derer sie über entsprechende ökonomische wie politische Macht verfügen, und denen, die für diesen Profit arbeiten müssen. Zwischen denen, die die Macht und den Einfluss haben, Krisen zu befeuern und zu beenden – und denen, die sich den Krisen gegenüber machtlos fühlen. Die Situation verdeutlicht, dass nicht nur die Krisen, sondern auch die Krisenbewältigung von enormer Ungleichheit gekennzeichnet sind. Alle Krisen, seien es ökologische oder ökonomische, soziale Spaltung, Finanzkrisen, Kriege oder Flucht, haben ihren Ursprung in der Ungleichheit. Und in allen gesellschaftlichen Brandherden zeichnet sich immer die gleiche, deutliche Konfliktlinie der Ungleichheit ab. Es tobt ein Machtkampf um die Welt von morgen und darum, wessen Interessen darin zählen. Und es ist ein Kampf der Mächtigen gegen die Interessen der Vielen.

Der Milliardär Warren Buffett hat das freimütig eingestanden: »Es gibt einen Klassenkampf, aber es ist meine Klasse, die der Reichen, die diesen Kampf angezettelt hat und die ihn gewinnt«.[293] In Deutschland war der Begriff der sozialen Klasse eine Weile lang einer, den man lieber nicht verwendet hat. Und häufig ist er es auch heute noch. Man spricht von Schichten, von Milieus, Erfahrungshorizonten und Lebenswelten, aber Klassenkampf, das war und ist für viele eine Angelegenheit der Vergangenheit und sowieso viel zu radikal für das 21. Jahrhundert. Nicht verschwunden sind damit aber die Klassen. Denn wir leben auch heute in einer Klassengesellschaft, völlig unabhängig davon, wie viel oder wenig wir darüber reden. Sie spiegelt sich in all den Symptomen der Ungleichheit, auf die der globale Kapitalismus seinen Erfolg baut.

Der Wirtschaftsnobelpreisträger Joseph Stiglitz schreibt: »Wir haben [...] uns zu einer Wirtschaft und Demokratie des einen Prozents für das eine Prozent der Bevölkerung entwickelt.«[294]

Manche würden diese Zahl auf die obersten 0,1 oder 0,01 Prozent reduzieren oder auf die obersten Prozente ausweiten. Der grundsätzliche Effekt bleibt: Die Wirtschaft, unsere Gesellschaft, die Politik richten sich bislang nach wenigen Prozenten der Gesellschaft aus, die wirtschaftliche und politische Macht bündeln, gegen die für die erdrückende Mehrheit kaum ein Durchkommen ist. Je weiter man von der Position der großen Konzerne und mächtigsten Menschen herunterschaut, desto größer wird die Ausbeutung, desto schlechter die Arbeitsbedingungen, desto geringer das Vermögen, desto kleiner die Wohnungen und desto schlechter die Lebensaussichten. Dort verlaufen die entscheidenden Trennlinien im Kapitalismus zwischen Ausbeutenden und Ausgebeuteten. Zwischen denen, in deren Sinne die gesellschaftliche Entwicklung verläuft, und denen, die darunter leiden. Klassenunterschiede bestehen also, sehr deutliche sogar. Diese Unterschiede durchdringen alles. Ob Klasse, Geschlecht oder kulturelle Identität – die Ungleichbehandlung entlang dieser Muster fügt sich zusammen zu einem »Konglomerat der Ausbeutung«.[295] Betrachtet man zusätzlich, wem die politischen und wirtschaftlichen Entwicklungen der letzten Jahre zugutegekommen sind und wie die Gewinner*innen eines ungerechten Systems gegen mögliche Veränderung vorgehen, dann erkennt man vor allem eines: einen Klassenkampf von oben. Nicht die Interpretation der Realität ist radikal, sondern die Realität, in der wir leben, ist es.

Das Klassenkampf-Zitat von Warren Buffett wird manchmal mit einer Ergänzung wiedergegeben: »aber das sollte sie nicht.« Und richtig: Das sollte sie nicht.

Tiefgreifende politische Veränderungen mussten immer erkämpft werden, und so ist es auch heute. Es ist an uns, eine Gegenmacht zu organisieren, die für eine bessere Zukunft für alle einsteht und gerechte Wege aus den Krisen möglich macht. Hoffnung entsteht nicht einfach so, wir müssen die Gründe zur Hoffnung schon selber schaffen. Es gibt schon eine große Zahl von Menschen, die in verschiedenen Bewegungen und Initiativen für eine gerechtere Welt arbeiten. Sie stellen sich den Leugner*innen, Bremser*innen, Zweifler*innen entgegen – nicht nur beim Klima. Aber damit eine wirkliche Gegenmacht entsteht und der tobende Klassenkampf weniger aussichtslos wird, brauchen diese Menschen Rückendeckung. Zwischen denen, die Veränderung organisieren, und den Gegner*innen von Veränderung befindet sich eine große Masse der stillen Mehrheit, die sich als unbeteiligt sieht, aber mit ihrer Zurückhaltung diejenigen stützt, die heute die Macht haben. Für eine bessere Zukunft brauchen wir sie an Bord.

Die stille Mehrheit muss sich von ihrer Teilnahmslosigkeit emanzipieren. Sich für eine Version der Zukunft entscheiden, in der sie leben will. Und dann dafür einstehen.

Die Frage ist nicht, wie wir Massen erreichen können. Wir sind längst die Massen. Die Frage ist, ob wir es auch schaffen, als solche Veränderung zu organisieren.

Ein paar Runden gibt es noch zu kämpfen gegen diejenigen, die nichts verändern wollen. Fordern wir sie heraus.

DIE ZUKUNFT WÄHLEN?
DIE PARTEIEN

Wenn Menschen Veränderungen einfordern, dann ist ein häufiges Argument, das sei demokratisch nicht umsetzbar. Die Demokratie sei von Natur aus langsamer, als Aktivist*innen sich das wünschen, denn sie lebe von Kompromissen und sei zu radikaler Veränderung nicht in der Lage. Auch Politiker*innen gebrauchen Ausreden wie diese. Zur Verteidigung des vielfach kritisierten Klimapakets der Bundesregierung sagte Angela Merkel im Winter 2019: »Politik ist das, was möglich ist«. Das unterscheide Politik von Wissenschaft – und auch von »ungeduldigen jungen Menschen«.[296] Und mit dieser Auffassung ist sie nicht allein.

Wir bauen heute selbstverständlich auf ein Wahlrecht auch für Frauen, auf Arbeitsrechte, auf einen Achtstundentag, auf einen Sozialstaat. Das alles wurde erkämpft. Und jetzt erklären wir Machtverschiebung von unten für unmöglich, obwohl viele Menschen in den letzten Jahren dafür noch gar nicht richtig gekämpft haben? *How dare we.*

Natürlich: Wir sind mit Krisen konfrontiert, die grundlegende systemische Veränderungen erfordern. Aber es wäre sehr wohl möglich, sie demokratisch durchzusetzen. Wenn demokratische Institutionen und Vertreter*innen oder die öffentliche Meinung, die zu politischen Entscheidungen führen könnten, wirklich macht- und wirkungslos wären, dann würden die Gegner*innen von Veränderung nicht Milliardensummen, unzählige Personen und einen Haufen Lügen darauf verwenden, sie zu schwächen.

Wenn Aktivist*innen nicht wunde Punkte in den Behauptungen vom Ende der Geschichte aufgezeigt hätten, dann gäbe es nicht dieses Ausmaß an Widerstand, der ihnen entgegenschlägt. Der Gegenwind zeigt, dass wir auf dem richtigen Weg sind.

Die entscheidende Frage ist deshalb nicht, ob Veränderung grundsätzlich auf demokratischem Wege möglich ist. Sondern, warum die Demokratie bislang kein ausreichendes Gegengewicht darstellt. Warum die Machtverhältnisse so sind, wie sie sind. Wann und wie wir sie verändern. Wir sollten es den Gegner*innen von Veränderung nicht so einfach machen. Bekämpfung der Klimakrise, Strukturwandel, gerechte Verteilung, Ende neokolonialen Handels, Wirtschaften für die Menschen statt für die Profite, Politik von unten, Systemwechsel: All das ist möglich. Uneingeschränkt. Radikal. Eine bessere Welt ist möglich, wenn wir sie erkämpfen.

Können wir dabei auch auf Parteien setzen, und wenn ja, auf welche und in welchem Maße oder mit welchen Abstrichen?

CDU/CSU

Wenn die laufende Legislaturperiode endet und bei der Bundestagswahl 2021 gewählt wird, dann wird die CDU 52 von 72 Jahren regiert haben. Das Resultat dieser Regierungszeit sind die gegenwärtigen Krisen. Klimakrise, zerstörerische Wirtschaft, wachsende Ungleichheit, marode Infrastruktur: All dies hätte die Partei verhindern können, aber das hat sie nicht. Es liegt eigentlich auf der Hand, dass die maßgeblichen Verursacher*innen von Krisen nicht unbedingt diejenigen sind, die am besten für ihre Bewältigung geeignet sind. Somit kann die CDU/CSU wohl kaum die erste Option für die Lösung der Krisen sein. Tatsächlich ist ihre Zukunftsperspektive von der Annahme durchdrungen, dass sich die notwendigen Veränderungen auch ohne radikale Maßnahmen erreichen lassen. Eine Politik der kleinen Schritte.

Die CDU inszeniert sich dabei erfolgreich als die große Volkspartei, war aber in Wahrheit bis weit in die 1960er-Jahre hinein organisatorisch eine »Honoratiorenpartei« ohne breiten Mitgliederstamm,[297] wurde also im Wesentlichen durch ehrenamtliche Tätigkeit weniger Mitglieder aus dem wohlhabenden Groß- und Bildungsbürgertum getragen. Erst danach entstanden ein Parteiprogramm und eine wirkliche Parteimitgliedschaft, und die CDU war erst einmal in der Opposition. In den 1990er-Jahren wurde die Partei wieder zu einer »Kanzlermaschine«,[298] die wenig programmatische Akzente setzte.

Heute versprechen CDU und CSU Krisenlösungen ohne »Entweder … oder«. Klimaschutz, ohne dass empfindliche Eingriffe in die wachstumsgetriebene kapitalistische Wirtschaft erforderlich sind, Wohlstand für alle, ohne dass Verteilungsmechanismen verändert werden müssen, und Gerechtigkeit, ohne dass irgendjemand etwas dafür abgeben muss. Jahrzehntelang war Zeit, um für die Berechtigung dieser Versprechen und Annahmen den Beweis anzutreten, aber die Union hat ihn nicht erbracht – weil das einfach nicht möglich ist.

Die CDU leugnet nicht grundsätzlich, dass Veränderungen notwendig wären. In ihrem Entwurf zu einem neuen Grundsatzprogramm heißt es, dass Deutschland »durch große Entwicklungen herausgefordert« sei.[299] Und alle Kandidierenden zum Parteivorsitz betonten beim digitalen Parteitag der Partei im Januar 2021, ein Modernisierungsjahrzehnt liege vor uns. Aber die Partei redet Probleme kleiner, als sie sind, verharmlost sie oder lässt sie unausgesprochen. Und so zeichnet sie ein Bild von der Welt, das in der Realität so nicht mehr existiert oder das es vielleicht auch nie gab.

Dennoch sieht es so aus, als würde die CDU trotz der Widersprüche, die das produziert, ein weiteres Mal als stärkste Kraft aus der Bundestagswahl hervorgehen. Das politische Angebot der CDU richtet sich an alle, die daran glauben oder glauben wollen, dass es mit geringfügigen Veränderungen schon gut werde. Und ja: Das wäre die bequemere Version unserer Gegenwart. An Glaubenssätzen festzuhalten ist eben immer einfacher, als sie zu verändern und damit auch sich selbst und das eigene politische Weltbild. Aber es liegt eben gerade im Wesen einer herausragenden Krise, dass sie nur durch herausragende Veränderungen bewältigt werden kann.

Wenn im Entwurf zum neuen Grundsatzprogramm der Partei auf die Wirtschaft Bezug genommen wird, dann ist von Wachstumszwängen, ökologischer Zerstörung und Ausbeutung keine Rede, ebenso wenig wie von den Akteuren, die das maßgeblich vorantreiben. Wirtschaft, das ist für die CDU »so viel mehr als der Teil hinten in der Tageszeitung oder die Theorie von Angebot und Nachfrage im Sozialkundeunterricht«. Glaubt man der CDU, dann schneidet die Wirtschaft im übertragenen Sinn unsere Haare, backt unsere Brötchen, wir starten ihre Motoren und Maschinen. Wirtschaft, das sei der mittelständische Weltmarktführer, der Handwerksbetrieb und das Start-up.[300] Die CDU zeichnet ein Bild von der Wirtschaft, das aus Mittelstand, kleinen Läden und Dienstleister*innen besteht. Und damit wird der Handlungsbedarf geleugnet: Denn wem würde eine solche Wirtschaft schon etwas zuleide tun und wer umgekehrt würde es wagen, sie anzugreifen?

Zu sozialer Gerechtigkeit und Abstiegsängsten fällt der Partei ein: Ja, da gebe es »die Furcht, zu verlieren, was man sich erarbeitet hat, und das Gefühl, Wachstum komme immer nur bei anderen an«.[301] Als wären Verteilungsungerechtigkeit und Zukunftsängste Gefühle, die man durch die Erzählung von der sozialen Marktwirtschaft als »beste Wirtschafts- und Gesellschaftsordnung für alle Menschen«[302] einfach so beiseiteschieben könnte. Es ist ein Fakt, kein bloßes Gefühl, dass Wohlstand bei vielen Menschen nicht ankommt, dass Menschen von sozialem Abstieg betroffen sind. Die soziale Spaltung hat sich im Zuge der Corona-Pandemie verschärft. Das sind politische Probleme, auf die eine regierende Partei Antworten formulieren oder in ihrem Grundsatzprogramm zumindest ankündigen müsste, sie zu finden. Die CDU verzichtet darauf. Stattdessen dürfe man bei allen Veränderungen die Solidarität der Starken nicht überfordern.[303] Die Starken sind die Reichen. Und was sie überfordern würde, wären gerechte Steuern, die eine Lenkungswirkung zugunsten von Verteilungsgerechtigkeit hätten. Eine Vermögenssteuer soll es deshalb genauso wenig geben wie eine Erbschaftssteuerreform. Immerhin fordert die Partei Vollbeschäftigung – aber wie sie dorthin kommen will, bleibt unklar. Gleichzeitig behauptet aber der Parteivorsitzende Armin Laschet beim politischen Aschermittwoch der CSU, seine Partei sei schon immer eine Partei der sozialen Gerechtigkeit gewesen.[304] Dass die CDU sich lange gegen die Einführung eines Mindestlohns sträubte und im Wahlprogramm 2017 nicht über das Eingeständnis hinauskam, seine Einführung habe sich grundsätzlich bewährt,[305] steht dazu in einem krassen Kontrast. Aber auch Friedrich Merz bekräftigt: Die sozial Schwachen fänden gerade bei der CDU ein Herz und Zuwendung.[306] Damit meint er aber nicht Menschen, die sich in ihrem Hang zum Sozialen eher mangelhaft verhalten – Menschen, die Steuern hinterziehen beispielsweise, oder Arbeitende in ihren Betrieben ausbeuten –, sondern Menschen, die arm sind. 2008 machte Merz Schlagzeilen, weil er eine Studie verteidigte, derzufolge 132 Euro Hartz-IV-Unterstützung ausreichend seien.[307]

Aber was ist schon Geld, wann man Herz und Zuwendung von Friedrich Merz bekommen kann?

Im Februar 2020 stellte die Junge Gruppe der CDU/CSU-Bundestagsfraktion ihr Buch *Eine Politik für morgen – Die junge Generation fordert ihr politisches Recht* vor. Das Top-Thema bei der Veranstaltung ist »Leitkultur« – passend zu dem Kapitel, das der Star der Jungen Gruppe, Philipp Amthor, verfasst hat. Amthor spricht über Migration, über Mentalitäten von muslimischen Menschen, plädiert für mehr Steuerung und Begrenzung der Einwanderung, wie er es auch in seinem Buchbeitrag schreibt, mit Sätzen wie »In unserem Land bestimmen die Grenzen von Staaten das anwendbare Rechtsregime und nicht der Wille von Migranten«.[308] Über Absicherung bei Arbeitslosigkeit, gerechte Verteilung und Konzentration von Vermögen, globale Gerechtigkeit abseits von Migrationssteuerung wird nicht gesprochen. Auch das Thema Lobbyismus bearbeitet Philipp Amthor lieber in seinem eigenen Interesse.

Der übrige Nachwuchs der CDU bietet kein weniger besorgniserregendes Bild. Die Junge Union favorisierte im Rennen um den Parteivorsitz mit Friedrich Merz einen Politiker, der als Abgeordneter gegen die Offenlegung seiner Nebentätigkeiten kämpfte, gut dotierte Mandate in Aufsichts- und Verwaltungsräten innehatte und jahrelang das Deutschlandgeschäft von Black-Rock beaufsichtigte.[309] Die Junge Union stellte sich mit ihrem Votum an die Seite der rechts-konservativen Werteunion, die unter der einigermaßen absurden Parole »Freiheit statt Sozialismus« Forderungen nach Steuersenkungen, einer Null-Einwanderung, Privatisierung der Rente und weniger europäischen Kompetenzen stellt.[310] Die Forderungen dieser Gruppierung bezeichnete Friedrich Merz als einen Hilferuf von Konservativen, die sich von der CDU verlassen fühlten.[311]

Geradezu verstörend ist der Slogan zum Klima, den die CDU im Entwurf zu ihrem neuen Grundsatzprogramm nutzt: »Klimaschutz ist Heimatschutz«. Die politische Rechte, unter anderem die NPD, verwenden schon seit geraumer Zeit eine sehr ähnliche Formel: »Umweltschutz ist Heimatschutz«. Was so harmlos daherkommt, ist eine Agitation von rechts. Wenn die CDU diesen Slogan bewusst übernimmt, ist es skandalös, tut sie es unbewusst, so zeugt das von Uninformiertheit – und das wäre auch nicht viel besser. Denn Klimaschutz ist in erster Linie Menschenschutz. Und zwar über die Grenzen dessen hinaus, was die Partei als Heimat begreifen dürfte – überall.

Die CDU gesteht ein, dass sie beim Klimaschutz nicht immer Vorreiterin war.[312] Das soll sich von jetzt an ändern: Allerdings nicht durch Regulierung, sondern durch Innovationen. Der Staat solle nicht agieren, als könne er in eine Kristallkugel schauen und von vornherein technologische und Innovationsbegrenzungen schaffen.[313]

Die Junge Gruppe der CDU/CSU-Fraktion schlägt dazu eine ganze Reihe möglicher Technologien vor: Wasserstofftechnologien, batteriebetriebene E-Mobilität, Emissionshandel. Es brauche Anreize, saubere Technologien. Der Verkehrssektor werde in Zukunft einen noch größeren Beitrag leisten.[314] Das klingt, als wäre der Verkehrssektor bislang Vorreiter im Klimaschutz, während in der Realität die Emissionen im Verkehr weiter steigen. Eine klare Senkung wäre nur durch eine Mobilitätswende und politisch gesetzte Rahmenbedingung möglich.

Zuletzt stolperte die Partei über die eigene Wirtschaftsnähe. Wem die CDU – bei der das »C« zeitweise vielleicht mehr für *corruption* als für christlich steht, wenn man sich die endlose Liste von Skandalen der letzten Jahrzehnte kurz vor Augen hält, von Spendenaffären und Lobbyskandalen bis hin zu Bestechungsfällen[315] – wirklich zugetan ist, macht sie in ihrem Grundsatzprogramm sehr deutlich: Die Konzerne Benz, Daimler, Siemens und Bosch kommen darin – namentlich genannt – als Deutschlands Botschafter in der Welt vor.[316]

Eine ganzheitliche Strategie, die gesichert, effizient und schnell genug funktioniert, bleibt die Partei in diesem Programm dagegen schuldig. Die CDU vertagt die Lösung der Klimakrise weiter durch ein ausschließliches Hoffen auf Fortschritt. Und wird damit auch den letztmöglichen Zeitpunkt verpassen, an dem noch gehandelt werden kann.

Daran wird auch der neue Parteivorsitzende Armin Laschet nichts ändern. Zwar sehen manche in ihm einen frühen »Grünen-Freund«, weil er bereits in den 90er-Jahren bei Vernetzungstreffen zwischen Politiker*innen von CDU und Grünen teilnahm. »Nicht alle Grünen sind Linke«, verteidigte Laschet das damals. Und sagt auch: Die Grünen und die CDU konkurrierten um ähnliche Wähler*innengruppen.[317] Er dürfte angesichts der anstehenden Bundestagswahl recht behalten. Schon in seinem Landtagswahlkampf 2017 in NRW erkor er jedoch die Grünen zum Lieblingsgegner. Als Ministerpräsident von Nordrhein-Westfalen ließ er Aktivist*innen im Hambacher Forst räumen – einem Wald, den RWE roden lassen wollte, um die Kohleförderung voranzutreiben – unter dem Vorwand des fehlenden Brandschutzes der Baumhäuser. Das verrät Laschet in einem heimlich aufgenommenen Video.[318] Anfang 2021 plant er, dass neue Windräder in Nordrhein-Westfalen nur gebaut werden dürfen, wenn der Abstand zum nächsten Haus mindestens 1000 Meter beträgt (doppelt so groß übrigens, wie er im Kohletagebau gefordert war). Die Ökologie will er neben dem Wachstum und sozialer Gerechtigkeit »im Blick« behalten, beteuert Armin Laschet gleichwohl im selben Monat.[319] Man behält eine Lage im Blick, die droht, sich zum Negativen zu entwickeln. In einer Situation, die so eskaliert wie die ökologischen Krisen, reicht dagegen schon ein kurzer Blick, um zu verstehen: Man muss eingreifen.

Laschets CSU-Konkurrent um die Kanzlerkandidatur, Markus Söder, inszeniert sich zwar als Vorreiter einer ökologisch-konservativen Politik, indem er öffentlichkeitswirksam Bäume umarmt, Bürger*inneninitiativen für Insektenschutz Gehör schenkt und wirksameren Klimaschutz fordert. Aber sein Entwurf für ein Bayerisches Klimaschutzgesetz im Herbst 2020 wurde nicht nur von Wissenschaftler*innen, sondern auch von BUND, Fridays for Future und dem Solarverband Bayern scharf kritisiert. Es fehlten klare, verbindliche Vorgaben, beispielsweise beim Straßenbau und dem Windkraftausbau.[320] Sein grünes Image pflegt Markus Söder auch erst seit Kurzem: Noch 2018 biederte er sich der AfD an, befeuerte den Asylstreit zwischen CSU und CDU, prägte das Wort des »Asyltourismus«. Bis dieser Kurs drohte, ihm ein annehmbares Ergebnis bei der Landtagswahl in Bayern zu verbauen und seiner Karriere ein Ende zu setzen. Es folgte eine Kehrtwende, mit der er innerhalb von zwei Jahren das Kunststück bewältigte, vom unbeliebtesten Ministerpräsidenten durch sein Auftreten in der Corona-Pandemie zur Kanzlerhoffnung zu mutieren.[321] Markus Söder kann sich also neu erfinden: Die vorletzte Neuerfindung seiner selbst bezeichnen Roman Deininger und Uwe Ritzer in ihrer Söder-Biografie als »wundersame Ergrünung«.[322] Ein Satz, den er gerne sagt, ist: »Den Wind können wir nicht ändern, aber wir können das Segel richtig setzen.«[323] Beim Klima- und Umweltschutz hat er sein Segel wohl öffentlichkeitswirksam gesetzt.

Dass die CDU/CSU weit hinter den erforderlichen Schritten zur Veränderung zurückbleibt, liegt nicht daran, dass die Verantwortlichen die Krisen nicht verstanden hätten. Der Bundesentwicklungsminister Gerd Müller (CSU) zum Beispiel findet auf der offiziellen Homepage seines Ministeriums zum Thema »Externalisierung von Produktion« und »soziale Frage des 21. Jahrhunderts« überraschend deutliche Worte: »Wir hierzulande profitieren davon, dass Menschen weltweit unter solchen verheerenden Bedingungen arbeiten.«[324] Auch brachte sein Ministerium im Februar 2021 einen Entwurf für ein lange von NGOs und Initiativen gefordertes Lieferkettengesetz auf den Weg – wenn auch mit Unzulänglichkeiten und Abstrichen.

Insgesamt zeigt sich aber, dass die notwendigen Veränderungen und Lösungen für Krisen in fundamentalem Widerspruch zu den wirtschaftspolitischen Grundsätzen der CDU/CSU stehen.

Die Klima- und Politikkrise erfordern »kollektives Handeln […] und ein radikales Zügeln jener Marktkräfte, die für diese Krise weitgehend verantwortlich sind und sie laufend verschlimmern«. Aber diese politischen Mittel meidet der Konservatismus rigoros.[325] Konservative, die die Partei bislang gewählt haben, weil sie christlich sozialisiert sind oder der gehobenen Mittelschicht angehören, die von den Krisen bislang nicht allzu stark betroffen waren, oder weil Unions-Politik schlicht ihren politischen Glaubenssätzen entsprochen hat, sollten sich die Frage stellen, ob sie diesen Weg in die Kriseneskalation wirklich noch weiter begleiten wollen. Ob konservativ zu sein wirklich heißen sollte, eine Politik zu bewahren, die am laufenden Band Krisen produziert. Denn die Fortsetzung der CDU-Politik – das ist in letzter Konsequenz ein Weg in die Zerstörung.

SPD

Die SPD versucht, Aufbruchsstimmung zu verbreiten. Etwas anderes bleibt ihr auch gar nicht übrig: Nach turbulenten Jahren der Wahlniederlagen, Wechsel von Vorsitzenden und innerparteilichen Machtkämpfen dümpeln die Umfragewerte der Partei bei etwa 15 Prozent herum. Die Partei versucht sich gegen den Abschwung zu stellen, benennt früh den Kanzlerkandidaten für die Bundestagswahl und bereits im Februar 2021 ihre Wahlkampfschwerpunkte. Wenn kritische Nachfragen kommen, wiederholt sie, man sei gut aufgestellt für eine Aufholjagd.

Die SPD versucht ein Ding der Unmöglichkeit: Auf der einen Seite regiert sie mit der Union und verantwortet die Regierungspolitik der letzten Jahre mit, die die Krisen nicht bekämpft hat, sondern sie weiter eskalieren lässt. Und sie wird auch noch bis zum Tag der Wahl weiter mitregieren. Auf der anderen Seite muss sie versprechen, dass nach der Wahl ganz sicher alles anders werden könnte. Und zwar, indem sie weiterregiert. Bereits in der Bundestagswahl 2017 bediente sie sich in ihren Wahlprogrammen eher der Sprache der Opposition.[326] Das Problem ist: Die SPD *ist* gerade nicht in der Opposition – und die allermeisten Wähler*innen dürften das auch mitbekommen haben. Zu behaupten, dass ihre Wiederwahl plötzlich Fundamentales verändern könnte, hat zumindest einen hohen Begründungsbedarf. Die SPD muss sich verändern und ein glaubwürdiges politisches Profil aufbauen, ihre Basis wiederbeleben und Stimmen zurückgewinnen, einen Zukunftsplan vorlegen – und gleichzeitig Regierungspolitik machen. Und das alles in wenigen Monaten, gleichzeitig.

Ihre »Zukunftsmissionen« sollen es möglich machen. Diese stellen Saskia Esken, Norbert Walter-Borjans und Olaf Scholz Anfang Februar 2021 erstmalig vor. Klima, Mobilität, Digitalisierung und Gesundheit sollen die Schwerpunkte der nächsten Monate und Jahre sein. Aber die Missionen lesen sich nicht wie eine Kampfansage, ein Umbruch oder ein Krisenlösungs-Programm, das Tempo und Druck macht und einen Hauch von Zukunftshoffnung erzeugt, sondern eher wie ein »Weiter so« in der Regierungsarbeit. Klimaneutralität bis spätestens 2050 wird uns in Aussicht gestellt – also im Zweifel 2050, aber gern auch früher. Das reicht aber schlicht nicht aus, um auf einen 1,5-Grad-Pfad zu kommen; und das Jahresziel 2050 ist auch keine mutige SPD-Vision, sondern längst beschlossene Sache und damit Konsens zwischen fast allen Parteien. Falls die SPD Wähler*innen von den Grünen zurückholen will, muss sie ein wirkliches Klimaschutzprogramm vorlegen. Stattdessen hantiert sie mit Schlagworten wie »Zukunft«, »Respekt«, »Europa«, die auch von CDU/CSU und den Grünen stammen könnten. Olaf Scholz rahmt das Ganze folgendermaßen ein: »Über Zukunft wird viel diskutiert. Und man hat den Eindruck, viele glauben, die ereignet sich sowieso. Irgendwas wird schon sein in der Zukunft. Aber wie sie sich entwickeln wird, welche Möglichkeiten wir haben und welche Möglichkeiten wir verpassen, das ist etwas, das unmittelbar zusammenhängt mit den Entscheidungen, die wir hier und heute treffen. Und da bin ich ganz sicher: Wenn wir über die Zukunft heute diskutieren, dann ist das anders als vor fünf, zehn oder zwanzig Jahren. Dann ist das gewissermaßen der entscheidende Zeitpunkt, an dem es gelingen muss, dass wir das auch tatsächlich hinkriegen. Es sind also die entscheidenden 20er-Jahre […] in denen es darauf ankommt, wer wie regiert.« Er sagt viel und gleichzeitig nichts. Tja, und das ist dann irgendwie auch wieder symptomatisch.

Dabei könnte es so einfach sein. Die SPD schreibt selbst in ihrem Grundsatzprogramm: »Die Werte und Ziele der Sozialdemokratie finden heute große Zustimmung in unserer Gesellschaft«.[327] Drei von vier Deutschen halten die Ungleichheit in Deutschland für ungerecht, sowohl bei Einkommen als auch bei Vermögen. 2020 sahen die Bürger*innen den größten Handlungsbedarf überhaupt bei Einkommens- und Vermögensungleichheit, bei der Altersvorsorge und Rente und bei Steuern und Abgaben.[328] All das ist auch Grundlage dafür, dass die notwendigen Veränderungen für die Zukunft auf einem festen gesellschaftlichen Fundament stattfinden können. Dort könnte die SPD anknüpfen, indem sie Pläne macht für eine sozial-ökologische von unten.

Das soll das Wahlprogramm zur Bundestagswahl 2021 leisten, dessen Erstentwurf im März 2021 veröffentlicht wurde. Während die SPD bei der Vorstellung ihrer Zukunftsmissionen über Verteilung kaum ein Wort verloren hat, widmen sich dem jetzt einige Vorschläge im Wahlprogramm: Die SPD will Hartz IV durch ein Bürger*innengeld ersetzen und eine Kindergrundsicherung einführen. Ob Sanktionen wie im Hartz-IV-System wegfallen sollen, bleibt jedoch unklar. Dazu heißt es nur: »Sinnwidrige und unwürdige Sanktionen schaffen wir ab«.[329] Auch, ob aus der Umbenennung tatsächlich auch eine Erhöhung des Regelsatzes folgt, bleibt zunächst unklar – und damit zwei entscheidende Punkte, an denen sich ein Vorschlag für eine echte Absicherung messen lassen muss.

Auch die Steuern stehen für eine potenzielle Regierungsarbeit ab Herbst 2021 auf dem Plan: Die Einkommenssteuer und die Erbschaftssteuer sollen reformiert und die Vermögenssteuer wieder eingeführt werden.[330] Das Ziel eines Mindestlohns von zwölf Euro, wie ihn DIE LINKE und Grüne fordern und auch die SPD im Dezember 2020 in Aussicht stellte, hat seinen Weg in das Programm gefunden. (Aktuell liegt der Mindestlohn bei 9,35 Euro brutto, in vier Schritten steigt er bis zum 1. Juli 2022 auf 10,45 Euro.) Beim Klimaschutz jedoch kommt die SPD über die unzureichenden Ziele nicht hinaus. Gemeinschaftliche Energieversorgungsmodelle sollen gestärkt und die Automobil-Zulieferindustrie soll bei der »Umstellung ihrer Produktionsprozesse und der Erschließung neuer Geschäftsfelder« unterstützt werden, gemeinsam mit »Sozialpartnern und lokalen Akteuren« in regionalen Transformationsclustern.[331]

Das Problem bleibt bei alledem: Bei sozialpolitischen Forderungen ist DIE LINKE radikaler als die SPD, beim Klimaschutz sind die Grünen weiter. Die Frage, warum es denn dann bei der Wahl am 26. September unbedingt die SPD sein muss, wird trotz aller Aufbrüche und Geschlossenheit wohl nicht so einfach verschwinden.

Mit Olaf Scholz wurde zudem ausgerechnet jemand zum Kanzlerkandidaten ernannt, der nur schwerlich mit Aufbruch in Verbindung gebracht werden kann. Zuvor konnte er sich in der innerparteilichen Abstimmung zum SPD-Vorsitz nicht gegen Saskia Esken und Norbert Walter-Borjans durchsetzen. Die beiden Vorsitzenden wurden 2019 überraschend als Parteivorsitzende gewählt und sind dem linken Parteiflügel zuzuordnen. Für die eigene Parteibasis hat es bei Olaf Scholz also nicht gereicht – aber für das Kanzleramt soll er gut genug sein? Das ist eine Konstellation, die nicht nur schwer zu erklären ist und vermutlich selbst einen Friedrich Merz verblüffen würde. Während Esken und Walter-Borjans für Aufbruch standen, hat Scholz maßgeblich an der Umsetzung der Agenda 2010 mitgewirkt. Er verkörpert die große Koalition wie kein anderer, eine neoliberale SPD als CDU light und einen bürokratischen Politikstil, für den ihm 2003 von der ZEIT der Titel des »Scholzomaten« verliehen wurde.[332] Wie seine Kandidatur und die Abkehr von Hartz IV für Wähler*innen zusammenpassen soll, bleibt fraglich. Dass ausgerechnet er diejenigen Wähler*innen zurückholt, die sich wegen der Agenda-Politik von der SPD abgewandt haben, ist nahezu unmöglich. Gegen Olaf Scholz gibt es Vorwürfe im Rahmen des Cum-Ex- und des Wirecard-Skandals – und obendrein wurde bekannt, dass er den USA ein Milliardenangebot gemacht hatte, um Sanktionen gegen die Erdgaspipeline Nord Stream 2 zu verhindern. Damit soll ein Projekt ermöglicht werden, gegen das die Klimabewegung protestiert und mit dem wieder auf einen fossilen Energieträger gesetzt wird. Dabei müsste Deutschland nicht nur aus Kohle und Öl, sondern auch aus Gas aussteigen, um die Klimaschutzziele einzuhalten. Diese Vorwürfe wurden ausgerechnet laut, nachdem die SPD am Wochenende davor ihre »Zukunftsmissionen« veröffentlicht und damit unter anderem das Klima zum Wahlkampfschwerpunkt erhoben hatte.

Es bleibt für die SPD daher nur die Hoffnung, dass Scholz von manchen unschlüssigen Wähler*innen gewissermaßen als Merkel-Nachfolger in Betracht gezogen wird. Dabei könnte seine Eigenschaft als Krisen-Minister nützlich sein. In Umfragen zur Politikerbeliebtheit rangiert er, seit er im Zuge der Corona-Pandemie als Finanzminister für große Hilfsprogramme zuständig war, weit oben. Im Januar 2021 rangierte er in der Bewertung seiner Arbeit gemeinsam mit Markus Söder hinter Angela Merkel.[333] Dennoch bleibt die Frage, warum jemand, der sich CDU-Politik wünscht, plötzlich die rote Kopie davon wählen sollte. Und vor allem bleibt das Problem, dass sich mit CDU-Politik – auch in einer blass-rötlichen Version – am Ende keine Krisen lösen lassen.

Die SPD war stark, als sie eine Bewegung hinter sich hatte. Darin liegen ihre Ursprünge: Sozialdemokratie, das war lange eben nicht nur eine Partei oder eine Wahlmöglichkeit. Menschen machten dort nicht einfach nur ein Kreuz, sondern schlossen sich einer Kultur an, schufen eine gemeinsame Identität und führten den Kampf um ein besseres Morgen. Die SPD hatte das Ziel, der parlamentarische Arm einer Bewegung der unteren Klassen zu sein. Sie war erst eine widerständige Partei, getragen von Idealen, Kampfgeist, Hoffnung. Ein erster folgenschwerer Sündenfall, der auch zu einer Abspaltung von bekannten Persönlichkeiten wie Rosa Luxemburg und Karl Liebknecht führte, war die Zustimmung zu den Kriegskrediten im Ersten Weltkrieg. Mit der Zeit wurde die Partei staatstragender, kompromissfixierter, systemstützend. Aber sie war weiter stark. Mit dem Neoliberalismus, dessen Entwicklungen Gerhard Schröder genauso in Politik übersetzte wie sein englischer Parteikollege Tony Blair, begannen die Rückschläge für die Belange der öffentlichen Hand, der Arbeiter*innen und der Gewerkschaften.[334] Und darin lag der Anfang vom Ende. Die gesellschaftlichen Kämpfe, aus denen heraus die SPD entstand, existieren weiter, wenn auch in veränderter Form. Die SPD, immer noch die mitgliederstärkste Partei Deutschlands, tanzt nah am Abgrund. Nicht als widerständige Partei, sondern als eine, die sich – mit den Worten Oliver Nachtweys – in die Leere modernisiert hat.[335]

2017 brach mit dem Kanzlerkandidaten Martin Schulz noch einmal kurzzeitig Begeisterung über die SPD aus. Innerhalb der ersten fünf Wochen nach seiner Nominierung verzeichnete die SPD mehr als 10 000 Parteieintritte. In Umfragen knackte die SPD sogar die 30-Prozent-Marke. Knapp zwei Drittel befürworteten die Kanzlerkandidatur von Schulz, bei einer Direktwahl hätten genauso viele Menschen Schulz gewählt wie Merkel.[336] Aber der als Schulz-Zug betitelte Hoffnungslauf der SPD nahm ein Ende, bevor er richtig begonnen hatte. Nach der Wahlniederlage 2017 und der Ablösung von Martin Schulz und Andrea Nahles gab es nur noch eine Mission: Die SPD musste erneuert werden. Um diese Erneuerung irgendwie noch zu schaffen, müsste die SPD einen Schlussstrich unter die Politik der Agenda 2010 ziehen, zurück zur Sozialdemokratie finden, einen wirklichen Neuanfang schaffen. Sie müsste einen Kontrapunkt zur

Behäbigkeit setzen. Zur Hoffnungslosigkeit. Zu einem Politikstil, der einen Krisenzustand verwaltet, statt ihn zu bekämpfen. Aber es sieht nicht danach aus, als würde ihr das gelingen.

Bündnis 90/ Die Grünen

»Jede Zeit hat ihre Farbe«, schillert es grün auf Schwarz im Hintergrund der Redner*innen bei der Delegiertenkonferenz der Grünen im November 2020. Wer will, könnte allein das schon für einen Fingerzeig in Richtung Zukunft halten und läge damit vermutlich auch richtig. Es braucht eine gehörige Portion Selbstbewusstsein dazu, sich selbst zum Zeitgeist zu erklären, aber wenn eine Partei allen Grund dazu hat, dann die Grünen. Die Partei macht einen Sprung an die Macht, eine Regierungsbeteiligung scheint ihnen sicher, und das nehmen sie bereitwillig an. Sie wollen regieren, ganz sicher. Die Partei profitiert davon, dass keine andere Partei vor der Klimabewegung authentisch Klimaschutz verkörpert hat. Und sie ist die einzige Partei, die es schafft, sich modern in Szene zu setzen und sich diverser aufzustellen. Viele Menschen sehen in den Grünen eine grundlegende Alternative zu CDU/CSU und SPD. Und diesen Glauben versuchen sie aufrechtzuerhalten, indem sie Sätze schreiben wie »Unsere Partei ist anders und hat immer anders funktioniert als die anderen« oder betont, dass die Partei eigentlich allen zivilgesellschaftlichen Bewegungen der letzten Jahre entstammt.[337]

Tatsächlich entstand die Partei 1979 aus der linksalternativen Bewegung und dem Widerstand gegen die Atomkraftwerke sowie gegen die Nachrüstungsbeschlüsse der NATO.[338] Unter dem Leitbegriff *Basisdemokratie* wollten die Grünen eine »grundlegende Alternative zu den herkömmlichen Parteien«[339] und ihren Machtstrukturen sein. Parteiämter waren Ehrenämter, Mitglieder konnten nicht gleichzeitig ein hohes Parteiamt innehaben und Abgeordnete*r sein. Das Rotationsprinzip sorgte dafür, dass Abgeordnete nach zwei Jahren ihr Mandat zugunsten eines Nachrückers niederlegten.

1985 kam in es in Hessen zu einer rot-grünen Koalitionsregierung, die wegen atompolitischer Differenzen nur 14 Monate hielt, aber dafür sorgte, dass es in der Partei fortan zwei Linien gab, die der *Realos* und die der *Fundis*. In dem im Januar 1993 vereinbarten Assoziationsvertrag bekannten sich die Grünen ausdrücklich zum Gewaltmonopol des Staates und definierten sich als Reformpartei neu, die innerhalb des bestehenden Systems eine Umgestaltung der Gesellschaft anstrebte. Bereits 1991 hatten sie endgültig das Rotationsprinzip abgeschafft und eine Bezahlung der Vorstandssprecher*innen eingeführt. Außenpolitisch rückte man Schritt für Schritt vom Pazifismus ab. Nach dem Massaker von Srebrenica 1995 warb Joschka Fischer leidenschaftlich für den Einsatz von NATO-Truppen in Bosnien, während viele andere in der Partei noch auf dem Gewaltverzichtsgebot bestanden.

Im Oktober 1998 waren die Grünen erstmals bundespolitisch in Regierungsverantwortung, in einer Koalition mit der der SPD. Die Ernüchterung war groß. Weder setzten die Grünen in den Koalitionsverhandlungen eine Liberalisierung der Asylpolitik durch noch ein Tempolimit von 100 km/h auf der Autobahn, und auch eine ökologische Steuerreform mit Erhöhung der Mineralölsteuer konnten sie nur ansatzweise implementieren. Einzig das neue Staatbürgerschaftsrecht, das erstmals das Abstammungsprinzip durch das Geburtsortsprinzip ergänzte, hatte eine primär grüne Handschrift. Rot-Grün war weder Schreckgespenst noch Hoffnungsträgerin, sondern eine beliebige Koalition.

Die Reste der Aura einer parteipolitischen Alternative zu den etablierten Parteien versuchen die Grünen zu wahren, indem sie ihre Ursprünge betonen und auch immer wieder versuchen, sich als parlamentarischer Arm der Klimabewegung in Szene zu setzen, subtil, aber doch unmissverständlich. Beispielsweise, wenn Annalena Baerbock bei ihrer Rede bei der Bundesdelegiertenkonferenz den Spruch verwendet: »Change the system, not the climate« – eine Abwandlung eines Demospruchs der Klimabewegung. Symptomatisch ist jedoch, was darauf folgt: Alle, die mit dem Bewegungsimage eher fremdeln könnten, also potenzielle Anhänger*innen von Union und SPD, versucht Baerbock direkt wieder ins Boot zu holen. »Fürchtet euch nicht«, sagt sie in prophetinnenhafter Manier, »diese Klimarevolution ist in etwa so verrückt wie ein Bausparvertrag.«[340] Abgesehen davon, dass ein Bausparvertrag selbst in bürgerlichen Milieus nicht die Herzen vor Euphorie höherschlagen lassen dürfte: Eine Klima-Revolution, die nur vorgibt, eine zu sein, und in Wahrheit einige wenige Stellschrauben drehen und Sicherheitsnetze aufspannen will, verfehlt das Ziel, ein Ende des Krisenzeitalters zu begründen.

Den Grünen geht es, wie jeder Partei mit Regierungsanspruch, vor allem um eines: Mehrheiten. Sie wollen niemanden abschrecken, in alle Richtungen offen bleiben. Und so sprechen sie von radikalem Klimaschutz und Verteilungsgerechtigkeit, aber immer so, als gäbe es dabei keine politischen Gegner*innen, als sei das alles ein einziger Kuschel-Kurs. Brechen tut die Partei nur mit der bürokratischen Sprache der meisten Parteien: Habeck und Baerbock erzählen persönliche Geschichten, erzeugen ein Gefühl der Leichtigkeit und des Aufbruchs, mit einem Haufen Metaphern und guter Stimmung, für alle anschlussfähig.

»Wir können Wunder bewirken«, sagt Annalena Baerbock. Sie spricht von einer neuen Epoche, von Sprungtüchern in ein besseres Morgen, fordert auf: Schaffen wir das bessere Morgen. Auf einer Grundlage von Ökologie, Freiheit, Gerechtigkeit,

Demokratie, Frieden.[341] Das Motto des Grundsatzprogrammes, das die Grünen bei ihrer Delegiertenkonferenz verabschieden, ist *Veränderung schafft Halt*. Damit appellieren die Grünen an das Sicherheitsbedürfnis der Mitte-Wähler, die spüren, dass da was passiert, aber keine großen Umbrüche wollen. Wo andere bürokratisch sind, erzählen sie Geschichten. Politik sei nicht immer nur eine Kopfsache, stellt Annalena Baerbock beim politischen Aschermittwoch 2021 fest, sondern auch eine des Herzens. Klimagerechter Wohlstand sei *die* politische Aufgabe, auch, »weil wir einmal daran gemessen werden, ob wir ihr gewachsen waren«.[342] Aus solchen Sätzen spricht keine Kampfansage. Niemand wird konkret angegriffen, aber auch niemand konkret angesprochen. Die Grünen erzeugen keine programmatischen Neuigkeiten, sondern Gefühl. Ein Gefühl für alle, die über das Wohl der Welt sinnieren; für die es ganz gut lief bislang und die überzeugt sind, dass Deutschland große Leistungen vollbringen kann. Die politische Konkurrenz der Grünen versucht mit aller Macht, diese Partei wieder als Verbotspartei dastehen zu lassen, und bläht daher kleinste Anlässe wie Anton Hofreiters Einlassungen zum bedenklichen ökologischen Fußabdruck eines Einfamilienhauses in fast schon grotesker Weise auf.

Ja, auf dem Papier wollen die Grünen eine 1,5-Grad-konforme Politik mit Klimaneutralität weit vor Mitte des Jahrhunderts, eine Verkehrswende, Investitionen in den Verkehr, in bezahlbares Wohnen, gerechtere Verteilung, neue Firmen von gemeinwohlorientiertem und gemeinschaftlichem Eigentum, einen Green New Deal. Themen wie soziale Ängste und Ungleichheit, Isolation und Hoffnungslosigkeit schaffen sie in einfache Worte zu fassen und zu beschreiben. Aber wenn sie grundlegende Veränderung umsetzen wollen, dann müssten sie Gegner*innen benennen und klare Grenzen ziehen.

Die Grünen sind längst keine reine Oppositionspartei mehr; sie regieren in elf Landesregierungen mit. Und da zeigen sich die Widersprüche zwischen Zielen der Partei und der Realpolitik deutlich. Während die Grünen auf Bundesebene radikalen Klimaschutz predigen, stehen sie als Teil einer schwarz-grünen Koalition beispielsweise Aktivist*innen im Dannenröder Wald gegenüber. Während Annalena Baerbock sagt, dieses Projekt dürfe nicht umgesetzt werden, war der grüne Minister in Hessen Tarek Al-Wazir selbst Verhandlungsführer einer Koalition, die den Bau der A49 in ihr Koalitionsprogramm in Hessen aufgenommen hat. Die Grünen hatte gemeinsam mit der CDU-Fraktion in Hessen zusätzlich 2014 einen Antrag gestellt, mit dem der Bau der A49 bzw. seine Finanzierung noch einmal bekräftigt werden sollte.[343] Während die Bundesgrünen zur Aufnahme von Geflüchteten aufrufen, schiebt das grün-geführte Bundesland Baden-Württemberg besonders viele Menschen ab und rangiert damit hinter NRW und Bayern, beide unionsgeführt, auf dem dritten Platz.[344] Unvergessen bleibt auch, dass die Grünen gemeinsam mit der SPD die Agenda 2010 auf den Weg brachten, als sie in der Bundesregierung waren. All diese Widersprüche geben Ausblicke darauf, wie eine mögliche schwarz-grüne Bundesregierung aussehen könnte.

»Widersprüche [sind] Pole, zwischen denen Neues entstehen kann«, sagt Robert Habeck.[345] In einem Gastbeitrag in der ZEIT bekräftigen die Parteivorsitzenden: »Wir machen Politik schon immer im offenen Dialog zwischen Unten und Oben genauso wie zwischen verschiedenen Milieus« und: »Wer in einer Demokratie etwas verändern« wolle, müsse nun einmal bereit sein, »eine Allianz einzugehen, die nicht alle exakt die gleichen Vorstellungen und Ziele haben kann wie man selbst«.[346] Das klingt vernünftig und besonnen. Aber irgendwann müssen auf den

Dialog Entscheidungen folgen. Denn es gibt nun einmal ein »Entweder … oder«: Beim Klimaschutz braucht es keine weiteren halbgaren Kompromisse, sondern radikale Veränderung. Und eine politische Alternative, die sich zutraut, sie umzusetzen. Bei sozialer Gerechtigkeit reicht nicht ein Kompromiss zwischen der Leugnung der Situation bei der CDU/CSU und dem Wunsch nach Gerechtigkeit bei den Grünen. Es braucht Gerechtigkeit. Und der Umbau der Wirtschaft kann nicht eine Kurskorrektur sein, sondern muss ein Umbau von unten werden. Es braucht große Schritte. Als die Journalistin Shakuntala Banerjee im ZDF-Sommerinterview fragt, welche Punkte den Grünen denn nun so heilig seien, dass sie sie nicht aufgeben würden, entgegnet Annalena Baerbock nur: Das könne niemand vorhersehen. Klar sei aber, die Aufgabe unserer Generation sei, Klimaneutralität mit sozialer Gerechtigkeit zu gestalten. Was dafür aber eben nicht verhandelbar ist, dabei bleibt sie unkonkret. Robert Habeck lobt bei seiner Rede auf dem digitalen Parteitag ausgerechnet die Politik des Gehört-Werdens des baden-württembergischen Ministerpräsidenten Winfried Kretschmann[347] – und damit die derzeit konservativste Umsetzung grüner Politik.

Die Widersprüche in Kommunikation, Programm und tatsächlicher Politik vermag auch der im März 2021 vorgestellte Wahlprogramm-Entwurf der Grünen nicht aufzulösen. Darin bekennt sich die Partei zur Einhaltung der 1,5-Grad-Grenze und kündigt den Kohleausstieg 2030 an. Doch die vorgesehenen Klimamaßnahmen reichen zur Begrenzung der Erderhitzung auf 1,5 Grad Celsius und zur Bewältigung der Klimakrise bei weitem nicht aus. Der Plan für künftige grüne Regierungsarbeit sieht eine Vermögenssteuer, eine Einkommenssteuerreform und die Abschaffung des Hartz-IV-Systems vor. Notwendige Systemkritik vermeidet die Partei – und plädiert stattdessen für Märkte und Marktmechanismen als Innovationstreiber und eine Neu-eichung des bestehenden Systems.

Die Grünen wollen sich nicht entscheiden zwischen radikaler Veränderung und Mitte-Partei – und genau damit haben sie sich bereits für letzteres entschieden. Damit bewerben sie sich für eine Regierungskonstellation mit der Union, als Ersatz für die SPD. Und selbst, wenn sie unerwartet stärkste Kraft werden soll-ten, dann zeigen sie sich zu fast jedem Kompromiss bereit. Aber wenn die Grünen nicht wirklich grundlegende Veränderung be-wirken wollen, wird sich die Lage nur marginal verbessern.

FDP

Man ahnt es kaum: In der Opposition war die FDP nur von 1956 bis 1961, von 1966 bis 1969 und von 1998 bis 2009, und nun wieder seit 2015. Sie stellte acht Vizekanzler in insgesamt 15 ver-schiedenen Kabinetten sowie mit Walter Scheel, Hans-Dietrich Genscher, Klaus Kinkel und Guido Westerwelle vier deutsche Außenminister.

Doch gegenwärtig ringt die FDP um einen Platz in der politi-schen Mitte – irgendwo bei der Union, aber auch nicht zu nah an der AfD. Während andere Parteien um ein möglichst geringes Maß an Regulation zur Krisenbewältigung vor allem bei der Klimakrise konkurrieren, will die FDP fast ganz weg davon: Im Wahlprogramm 2017 bezeichnete sie alle bisherigen Formen der Klimapolitik als eine Form der »planwirtschaftlichen Bevormun-dung«. Die Partei versteht sich als letzte Kämpferin der Frei-heit, allerdings häufig für eine Freiheit, die ohne Verantwortung funktioniert. Effiziente Politik funktioniere nicht unter einer »Verzichts- und Verbotsideologie mit staatlicher Gängelung«.[348] Nimmt man diese Wortwahl der FDP ernst, dann befindet sich

Deutschland kurz vor dem Sturz in ein System, in dem der Staat alle Lebensbereiche des mündigen Bürgers zu Tode reguliert, das Leben unnötig teuer macht und Leid provoziert. Dabei handelt es sich bei dem, was sonst als Klimaschutz vorgeschlagen wird, um die genuine Aufgabe von Politik: Ordnungsrahmen zu setzen, wo es notwendig ist, um das Gemeinwohl zu sichern und Krisen zu bewältigen. Verbote, Regulation, Markteingriffe: All diese Instrumente gehören genauso zum Repertoire verfügbarer staatlicher Mittel, wie Marktanreize zu schaffen. Wenn die Partei jedoch glaubt, »die Innovationskräfte der Märkte«[349] werden es schon richten mit dem Klimaschutz, verkennt sie schlicht die Ernsthaftigkeit des Problems. In eine ähnliche Richtung spricht auch Christian Lindner in seinem Sommerinterview mit dem ZDF 2019: »Ich halte nichts von Weltuntergangsszenarien«. Danke, Herr Lindner, ich auch nicht – aber gerade deshalb bekämpfe ich sie. Bemerkenswert ist vor diesem Hintergrund auch, dass viele neoliberale Thinktanks in Europa, die beim Klimaschutz bremsen, enge Verbindungen zur FDP-nahen Friedrich-Naumann-Stiftung aufweisen.[350]

Auch bei sozialer Gerechtigkeit leidet die Partei unter akutem Realitätsverlust: »Ein Durchschnittsverdiener darf nicht fast schon den höchsten Steuersatz zahlen«,[351] heißt es im Wahlprogramm 2017. Das klingt, als würde ein Großteil der Menschen in Deutschland den höchsten Steuersatz zahlen. 2018 zahlten jedoch nur etwa vier Millionen Deutsche den Spitzensteuersatz – nicht einmal fünf Prozent der Menschen.[352] Das heißt auch: 95 Prozent zahlten ihn nicht. Dabei ließ die FDP in ihrem Wahlprogramm verlauten: »Wir brauchen eine Politik, die rechnen kann.«

In der Entwicklungspolitik soll es, wenn es nach der FDP geht, eher um Qualität statt um Quantität gehen. Dabei formulierten die Industriestaaten bereits vor fünfzig Jahren das

Ziel, 0,7 Prozent des Bruttonationaleinkommens pro Jahr für Entwicklungszusammenarbeit aufzuwenden. Dieses Ziel wurde von Deutschland bislang tatsächlich nur im Jahr 2016 erreicht – und das auch nur, weil die inländischen Ausgaben im Zuge der Politik für Geflüchtete in makabrer Weise als Teil der Entwicklungszusammenarbeit gewertet wurden.[353] Qualität statt Quantität in der Zusammenarbeit sollen »neue Partnerschaften und Kooperation [...] insbesondere mit der Privatwirtschaft« das probate Mittel der Wahl sein.[354] Also genau das, was bei neokolonialen Handelsregimen eine wichtige Rolle spielt. Solche Vorschläge verbergen sich hinter der FDP-Vorstellung einer Politik der fairen Chancen für alle.[355]

Im Zuge der Corona-Pandemie versuchte die Partei ihren Bedeutungsverlust wettzumachen, indem sie Kritik an der Corona-Politik der Bundesregierung übte. Christian Lindner bezeichnete die Politik als »Geheimdiplomatie« und »Aktionismus«. Stephan Thomae sah die Ministerien sogar im »Rausch der Befugnisermächtigung«.[356] Bei aller berechtigter Kritik, die sich sicherlich am politischen Umgang mit der Pandemie äußern lässt: Eine solche Wortwahl rückt die FDP in gefährliche Nähe zur AfD. Das hat vor allem vor dem Hintergrund einen faden Beigeschmack, dass sich FDP-Politiker Thomas Kemmerich im Februar 2020 mit Stimmen der AfD, der CDU und seiner eigenen Partei zum Ministerpräsidenten in Thüringen wählen ließ. Parteichef Lindner zögerte lange, bis er sich davon distanzierte.

Geht es nach der FDP, dann wird vor allem die unsichtbare Hand des Marktes die Herausforderungen der Gegenwart lösen. Dass diese unsichtbare Hand Krisen produziert, Zerstörung anrichtet und vor allem nach oben verteilt, ignoriert sie schlicht – und disqualifiziert sich damit als Retterin in der Not, vorausgesetzt, dass sie als diese jemals infrage kam.

DIE LINKE

»Krisen führen nicht zwangsläufig zum Aufschwung der fort-schrittlichen oder gar kapitalismuskritischen Kräfte«, schreibt der Parteivorsitzende der LINKEN, Bernd Riexinger, in seinem Buch *System Change*, in dem er einen linken Green New Deal skizziert.[357] Das passt zu den Umfragewerten der Linkspartei, die durchgehend im einstelligen Bereich liegen. Im Februar 2021 wählte die Partei jedoch ihre neue, weibliche Doppelspitze: Susanne Hennig-Wellsow, die in Thüringen eng mit dem Minis-terpräsidenten Bodo Ramelow zusammengearbeitet hat, und die rhetorisch oft brillante Janine Wissler aus Hessen, zuvor Frak-tionsvorsitzende im Hessischen Landtag. Sie lösen Bernd Riexin-ger und Katja Kipping nach acht Jahren an der Spitze satzungs-gemäß ab (laut Satzung soll niemand länger als acht Jahre das gleiche Parteiamt innehaben). Ihnen bleibt nicht viel Zeit, die Partei auf den Wahlkampf einzuschwören, aber der Wechsel der Vorsitzenden kann auch eine Chance sein, neue Wähler*in-nen zu gewinnen.

Eigentlich müsste das möglich sein, denn in der Corona-Pan-demie bewahrheitet sich vieles, was sonst eher kritisch beäugt wird: Dass der Staat wirtschaftlichem Handeln Bedingungen set-zen muss, wird beispielsweise deutlich, wenn die Lufthansa auf der einen Seite neun Milliarden Euro Staatshilfen erhält, aber dadurch nicht Arbeitsplätze gesichert werden, oder wenn Kon-zerne staatliche Unterstützung in Anspruch nehmen, aber den-noch Dividenden auszahlen. Der Autokonzern BMW hat 2020 1,6 Milliarden Euro Dividenden ausgeschüttet, zugleich aber Kurzarbeit eingeführt und öffentlich vehement eine staatliche Kaufprämie gefordert, Bayer zahlte drei Milliarden Euro an seine Aktionäre, obwohl der Konzern 670 Millionen Euro aus dem britischen Nothilfefonds kassierte,[358] und im Februar 2021 wurde bekannt, dass Daimler trotz Corona-Hilfen vom Staat und Kurzarbeit 3,6 Milliarden Euro an die Aktionäre ausschüttet – fünfzig Prozent mehr als im Jahr zuvor.[359] In der Pandemie zeigt sich, wie wichtig sichere staatliche Infrastruktur ist – und wie groß politische Handlungsspielräume (nicht im Rahmen von Freiheitsbeschränkungen, sondern im Sinne von Verantwortungsübernahme) sein könnten.

Die LINKE schlägt viele Maßnahmen vor, die auch in diesem Buch als Teil der Lösung vorgeschlagen werden. Sie plädiert für mehr öffentliche Investitionen, eine Gestaltung des Strukturwandels mit Wirtschafts- und Sozialräten vor Ort, eine Einkommenskopplung ähnlich der genossenschaftlichen Struktur des spanischen Unternehmens Mondragón, allerdings mit einer Obergrenze des ˙Zwanzigfachem für Gehälter auf der Manager*innenebene im Verhältnis zu den untersten Lohngruppen. Sie fordert mehr Mitbestimmung in Unternehmen, eine gerechte Verteilung, in der die unteren Klassen wieder stärker profitieren, und eine Vermögensabgabe in Form einer Millionärssteuer in Höhe von fünf Prozent. Auch ein Recht auf Wohnen ist im Programm. Was von manchen als unrealistisch beäugt werden dürfte, ist eigentlich sogar in Artikel 106 der bayerischen Landesverfassung verankert. Auch eine Einbeziehung der Energieversorgung in die öffentliche Daseinsvorsorge und der Kohleausstieg 2035 – im Einklang mit dem 1,5-Grad-Ziel – kommt im Wahlprogramm der Partei 2017 vor.[360] All das wären notwendige Maßnahmen, auch wenn sich natürlich berechtigterweise einwenden lässt, dass sie als Oppositionspartei, die nicht zwangsläufig einen Anspruch auf Regierungsarbeit erhebt, am einfachsten radikale Forderungen stellen kann.

DIE LINKE bearbeitet also viele Themen, die für eine große Zahl von Menschen von elementarer Bedeutung sind. Dennoch stehen große Teile der Gesellschaft der Partei immer noch sehr kritisch gegenüber oder tun sich schwer, sich mit der Partei zu identifizieren. Das rührt teilweise daher, dass die Partei Rechtsnachfolgerin der SED ist. So sah sich die Partei, der Roger Willemsen, der 2013 zweiundzwanzig Sitzungswochen lang ununterbrochen jede Sitzung im Bundestag auf der Zuschauertribüne verfolgte, bescheinigte, dass sie die Debatten im Bundestag ernster als alle anderen nähme und sich besonders aufwendig und engagiert beteilige,[361] immer wieder Verbotsforderungen ausgesetzt, 2012 etwa von dem CSU-Politiker Alexander Dobrindt. Olaf Scholz, Kanzlerkandidat der SPD, zweifelt die Regierungsfähigkeit der LINKEN noch heute recht arrogant an: »Da wird es sicherlich viel zu diskutieren geben, ich wünsche gute Verrichtung.«[362] Meistens reicht den anderen Parteien – inklusive den Grünen – ein Hinweis auf die Haltung der LINKEN zur NATO, um sie in toto auszugrenzen. Auch die beiden neuen Parteivorsitzenden, Wissler und Hennig-Wellsow, plädieren neben einem Stopp der Rüstungsexporte für eine Auflösung der NATO. Während Susanne Hennig-Wellsow sich unter Umständen in Ausnahmefällen Auslandseinsätze der Bundeswehr vorstellen kann, lehnt Janine Wissler solche kategorisch ab. Die Partei ist aber zuversichtlich, dass sie solche divergierenden Positionen in Diskussionen austarieren kann. Das ist auch wichtig. Denn: »Die Sticheleien zwischen Parteizentrale und der Bundestagsfraktion sind schon legendär.«[363]

Die LINKE leidet auch darunter, dass ihre Führungspersonen wenig bekannt sind. Immer noch wird die Partei stark durch Sahra Wagenknecht wahrgenommen, obwohl sie kein wichtiges Parteiamt mehr innehat. Auch Gregor Gysi ist vielen wegen seines rhetorischen Geschicks bekannt, ebenso Katja Kipping. Aber da endet das Wissen der meisten Bürger*innen über die Partei bereits. In ihrem Auftreten gelingt es der Partei nicht so recht, Modernität auszustrahlen; sie wirkt dadurch häufig »typisch« für das, was viele mit Linken assoziieren: radikale Ideen haben, aber keine Kraft zur Umsetzung, melancholisch in der Vergangenheit verhaftet. Blickt man im Vergleich dazu auf die Kommunikation und das Auftreten eines Bernie Sanders oder einer Alexandria Ocasio-Cortez in den USA, hat Die LINKE einiges an Aufholarbeit zu leisten. Nur wenige Menschen trauen der Partei Kompetenz in ihren Themen zu.[364] Dabei stellt die Partei seit 2014 in Thüringen erstmals den Ministerpräsidenten in einem Bundesland. Für knapp die Hälfte der Menschen ist die Die LINKE dort allerdings keine Partei von linksaußen, sondern eine »Partei der Mitte«. Und sogar über zwei Drittel der CDU-Anhänger*innen spricht sich gegen den weiteren Ausschluss der Zusammenarbeit mit der Linkspartei aus.[365]

Klar ist: Um die Krisen der Gegenwart zu meistern, müssten die politischen Maßnahmen sich mindestens an die Radikalität der LINKEN annähern oder sie sogar überholen. Das mag für viele erst einmal abschreckend klingen, aber die konkreten Vorschläge – wie auch in diesem Buch dargestellt – sind häufig sinnvoll, umsetzbar und im Interesse einer großen Mehrheit der Menschen. Die hohen Zustimmungswerte zu radikalen Klimaschutzmaßnahmen, Verteilungsmechanismen und die Bereitschaft zum Aufbruch zeigen: Große Teile der Gesellschaft sind möglicherweise weiter links, als die Umfragewerte vermuten lassen. Die LINKE käme gegenwärtig höchstens als kleinste Partei in einer grün-rot-roten oder rot-grün-roten Regierungskonstellation vor (und große Teile der Partei sprechen sich zusätzlich gegen eine solche Rolle aus) – und damit ginge ihre Radikalität zwischen Grünen und SPD vermutlich zu großen Teilen in der Regierungsarbeit verloren.

AfD

Und die AfD? Die AfD ist eine rechte, antidemokratische, faschistoide, menschenfeindliche und gefährliche Partei. Mit ihr Politik zu machen darf niemals zur Debatte stehen. Es gilt, sie zu bekämpfen.

Mögliche Koalitionen: unlösbare Krisen?

Als Koalitionen nach der Bundestagswahl 2021 kommen bislang Schwarz-Grün, also eine Koalition aus CDU/CSU und Grünen, eine weitere Große Koalition oder eine grün-rot-rote Koalition infrage, die jedoch laut Umfragen keine Mehrheit hat. Nach den Landtagswahlen in Rheinland-Pfalz steht im März 2021 plötzlich auch eine sogenannte Ampel-Koalition zur Debatte.

Keine dieser möglichen Koalitionen würde die sozialen und ökologischen Krisen mit jener Intensität angehen, die notwendig wäre, um die soziale Spaltung aufzuhalten, die Erderhitzung auf 1,5 Grad Celsius zu begrenzen oder wirtschaftspolitisch national wie global den erforderlichen Umbau einzuleiten.

Vom Mythos der Mitte

Die Unionsparteien, die SPD, Grüne und auch die FDP: Alle geben an, um die Stimmen der »politischen Mitte« zu konkurrieren. Bei CDU und FDP geht die Positionierung sogar so weit, Ideologiefreiheit zu behaupten. Während andere Parteien sich aus ihrer Sicht ideologisch verorten, beanspruchen sie für sich, darüber zu stehen, in einer Position der Draufsicht. Eine Ideologie ist jedoch erst einmal eine bestimmte Weltanschauung, an der sich eine spezifische Form des Denkens und politischen Handelns ausrichtet. Auch der Konservatismus und der Liberalismus sind solche Weltanschauungen, und zwar solche, nach der die herrschende politische Ordnung bewahrt und gestärkt werden soll und auch die Verteilung von Macht und Reichtum im Wesentlichen beim Status quo belassen werden soll.

Die Parteien der politischen Mitte benennen keine einzelne gesellschaftliche Gruppe, für deren Interessen sie kämpfen, so wie früher die SPD klar mit den Interessen der unteren Klassen assoziiert war. Die sogenannte politische Mitte behauptet, Entscheidungen nicht aus Ideologien oder Utopien heraus, sondern anhand nüchterner Abwägung zu treffen. Damit erweckt sie den Eindruck, einen politischen Weg zu verfolgen, der die Interessen aller Bürger gleichermaßen berücksichtigt. Möglicherweise aufkommende Widersprüche sollen durch den Kompromiss überwunden und ausgeglichen werden.[366] Die Politik der »politischen Mitte« gibt sich deshalb als vernünftig und beständig, als mit distanziertem Augenmaß agierend.

Aber diese Politik der Mitte ist eine Fiktion. Denn Politik ist ja gerade ein Wechselspiel und Machtkampf verschiedener (partei-)politischer Visionen, mit denen gesellschaftliche Interessen ausgedrückt werden. Und diese Interessen sind auch nicht immer vereinbar. Das Interesse an Steuersenkungen für die Reichsten und das Interesse nach Verteilungsgerechtigkeit zum Beispiel. Oder das Interesse an der Fortführung einer kapitalistischen Wachstumswirtschaft und die Bewältigung der Klimakrise. Wir brauchen radikale politische Veränderung, und es gibt Gegner*innen dieser Veränderung, die sich dagegen organisieren.

Solange wir diese Interessengegensätze leugnen, gehen politische und gesellschaftliche Veränderungen vor allem zulasten derer, die wenig wirtschaftliche und gesellschaftliche Macht haben. Das betrifft dann junge und zukünftige Generationen, aber vor allem die unteren Klassen der Gesellschaft. Eine Politik, die sich immer weiter an eine vermeintliche politische Mitte annäherte, hat dazu geführt, dass politische Veränderungen zugunsten der oberen Prozente in der Gesellschaft geschehen: Eine Studie zu den Präferenzen bei politischen Entscheidungen ergab, dass bei allen untersuchten politischen Entscheidungen zwischen 1998 und 2015, bei denen die Meinung des unteren Zehntels der Bevölkerung und die des oberen Zehntels auseinandergingen, die obersten zehn Prozent gewannen.[367] Was die unteren Prozent der Gesellschaft wollen, hat insofern eine viel geringere Wahrscheinlichkeit, umgesetzt zu werden. Eine Politik, die sich vermeintlich an die gesellschaftliche Mitte richtet, unterschlägt also die Interessen der Menschen mit den geringsten Einkommen. Sie verschiebt die gesellschaftlichen Kräfteverhältnisse beständig zugunsten der Reichen und Mächtigen, die das geringste Interesse an tiefgreifender Krisenbewältigung haben. Daher haben viele Menschen die Hoffnung auf Veränderung aufgegeben. Denn diejenigen, die in den Krisen ihre finanziellen Ersparnisse oder ihre Arbeit verlieren, die nicht von Wachstumszwängen profitieren und deren Zukunft auf dem Spiel steht, werden von Legislaturperiode zu Legislaturperiode politisch immer weniger repräsentiert und dadurch machtloser. Und somit konnten und können sie mit ihrer Stimme bei Wahlen immer weniger dagegen ausrichten, dass soziale Ungleichheiten und wirtschaftliche Missstände zu ihren Lasten eskalieren.

Vertrauensverlust als Folge dieser Politik

Das hat Folgen: Immer mehr Menschen verlieren das Vertrauen in die Parteien, in die Politik oder sogar in die Demokratie.

Mehr als ein Drittel der Menschen in Deutschland vertraut nach eigener Aussage überhaupt nicht oder nur zu einem sehr geringen Maß in Parteien.[368] Und weniger als jede zehnte Person hat großes Vertrauen in sie. Damit rangieren Parteien in Sachen Vertrauen noch hinter der Europäischen Kommission. Und die wird häufig gescholten dafür, intransparent und undemokratisch zu sein. Der Vertrauensverlust lässt sich in der gesamten Gesellschaft beobachten, aber er ist nicht überall gleich: Ärmere Personen vertrauen besonders wenig darauf, dass die Politik ihre Interessen ausreichend berücksichtigt – über die Hälfte der Menschen mit niedrigem ökonomischem Status haben gar kein Vertrauen in die Politik.[369] Die Reaktion darauf: Wer sich nicht repräsentiert fühlt (und es ja auch nicht ist), zieht sich zurück. Deshalb ist die Wahlbeteiligung besonders dort niedrig, wo Menschen geringe Einkommen haben oder besonders viele keine Lohnarbeit haben. Und auch rechten Parteien wie der AfD kommt die fehlende Repräsentation großer Teile der Gesellschaft zugute. Sie schneidet vor allem dort gut ab, wo Durchschnittseinkommen niedrig sind und Arbeitslosigkeit häufiger.[370]

Parallel dazu verlieren die Parteien immer weiter »den Kontakt zu weiten Teilen der Bevölkerung.« Fast alle Parteien haben in den letzten zwanzig Jahren zudem einen Großteil ihrer Mitglieder verloren: CDU, SPD, FDP und Die LINKE verloren seit 1990 die Hälfte oder mehr ihrer Mitglieder. Allein die Grünen konnten einen Zuwachs an Mitgliedern verzeichnen; ebenso die AfD, die allerdings auch erst 2013 gegründet wurde. Und die, die übrig bleiben, gehören vor allem oberen Teilen der Gesellschaft an: Vierzig Prozent der Parteimitglieder entstammen dem oberen Fünftel der Gesellschaft und repräsentieren damit Interessen der bürgerlichen Milieus. Und auch in der politischen Repräsentation schlägt sich das nieder: Fast neun von zehn Bundestagsabgeordneten haben studiert – während es in der Gesamtbevölkerung nur drei von zehn sind. Mehr als die Hälfte der politischen

Entscheider*innen kommen aus den oberen vier Prozent der Gesellschaft. Politik ist also eine Angelegenheit einer gesellschaftlichen Elite geworden.[371]

Diese Politik ist nicht alternativlos

All das sind keine Ur-Probleme der Demokratie, sondern Entwicklungen der letzten Jahrzehnte – Symptome einer Hinwendung zu einer neoliberalen Ausrichtung der Politik, so der Soziologe und Elitenforscher Michael Hartmann.[372] Mit ihr erodiert auf Dauer nicht nur das Parteiensystem, sondern auch demokratische Strukturen im Gesamten sind in Gefahr. Denn mit wachsendem Vertrauens- und Kontrollverlust vieler Menschen angesichts der eskalierenden Krisen und fehlender politischer Antworten nimmt das Gefühl der Machtlosigkeit weiter zu. Und die Machtlosigkeit sorgt für »autoritäre Versuchungen«.[373] Diesen Entwicklungen und Umständen kann man nicht entgegentreten mit beschwichtigenden Worten und auch nicht mit halbherzigen Lösungen, sondern nur mit radikal anderen Gegenentwürfen. Mit politischen Antworten, die denen nützen, die von Krisen besonders hart getroffen werden. Mit politischen Gesichtern, die glaubwürdig für Veränderung kämpfen und die auf Konfrontation gehen mit elitären Strukturen. Mit Ansätzen, wie gesellschaftlich eine Gegenmacht zur neoliberalen Wirtschaft und Politik, zu den Gegner*innen von Veränderung, zum Stillstand aufgebaut werden kann – und wie Machtverhältnisse zugunsten der großen Mehrheit der Menschen verschoben werden können. Mit einem Politikwechsel, der nicht weiter innerhalb des Rahmens der bisherigen Politik versucht Veränderung zu erzielen, sondern den Rahmen selbst verschiebt und die Parteien überholt.

EIN UPDATE FÜR DIE DEMOKRATIE? FÜR EINEN MACHTWECHSEL VON UNTEN

Sicherlich kann ein solcher Politikwechsel begünstigt werden, indem wichtige Stellschrauben in den aktuellen demokratischen Strukturen gedreht werden. Durch mehr Transparenz, mehr Repräsentation, einen anderen Politikstil und Erneuerung bestimmter Strukturen. Denn wenn die verkrusteten demokratischen Strukturen sich verändern, ändern sich möglicherweise auch die Entscheidungen, die in ihnen getroffen werden. Es gibt dazu eine Reihe von Vorschlägen, die schnell graduelle Verbesserungen bewirken würden.

Politik – kein Geschäft der Elite

Politische Entscheidungen, die uns alle betreffen, dürfen nicht im Geheimen verhandelt werden. Politik muss raus aus den Hinterzimmern. So kann der Einfluss von Lobbys und Thinktanks bei einzelnen Entscheidungen eingegrenzt und ernsthafter kontrolliert werden. Auch enge Verzahnungen zwischen Wirtschaft und Politik müssen aufgebrochen werden. Je häufiger und schneller Wechsel zwischen Politik und Wirtschaft erfolgen, desto mehr verschmilzt beides zu einem Geschäft.

Wer wann und wie Einfluss auf welche Politiker*innen nimmt, ist in Deutschland bislang nicht nachvollziehbar. Es fehlen Instrumente für mehr Transparenz wie beispielsweise ein Lobbyregister. Wenn politische Entscheidungsprozesse intransparent verlaufen, hat das jedoch fatale Folgen. Anhand der Klimaschmutzlobby wird deutlich, wie Intransparenz die ohnehin schon bestehende Schieflage zwischen Konzern- und Bürger*inneninteressen verschärft. Eine große Mehrheit in der Bevölkerung wünscht sich weniger transparenten Lobbyeinfluss in der Politik. Laut einer Umfrage der Organisation *Abgeordnetenwatch* halten 82 Prozent der Deutschen den Einfluss von Lobbyist*innen auf die Politik in Deutschland ohnehin für zu hoch, 77 Prozent wünschen sich ein Lobbyregister.[374] Nachdem sich die Bundesregierung lange dagegen gesperrt hat, haben die Regierungsfraktionen Anfang September den Entwurf für ein solches Register in den Bundestag eingebracht. NGOs wie *Abgeordnetenwatch* oder *Lobbycontrol* halten diesen jedoch für unzureichend, weil die Bundesregierung darin selbst vom Anwendungsbereich des Registers ausgeschlossen bliebe und konkrete Lobbytätigkeiten nicht erfasst und veröffentlicht werden müssten.

Ein anderer Politikstil

Neben einem Register, das Einflussnahmen von Lobbyist*innen offenlegt, bräuchte es auch öffentlich einsehbare Kalender, in denen Treffen von Politiker*innen mit Lobbyverbänden verzeichnet werden, um zusätzliche Überprüfbarkeit zu schaffen. Darüber hinaus könnte man die Gefahr finanzieller Einflussnahmen reduzieren durch Obergrenzen für Parteispenden, ein Verbot für bezahlte Nebentätigkeiten und verpflichtende Wartezeiten vor einem Wechsel von Politiker*innen in Positionen der Privatwirtschaft. Politiker*innen müssen den Menschen, die sie wählen oder auch nicht, nicht wählen, verpflichtet sein. Dort, wo Grenzen zwischen Politik und lukrativen Jobs in der Privatwirtschaft nahezu fließend verlaufen, verkommt die parlamentarische Demokratie zu einem Verwaltungsapparat von Macht, Geld und dem Gestaltungswillen einer wirtschaftlichen und politischen Elite. Aber auch ohne diese Regeln sollten Politiker*innen, die sich als Verbündete in den notwendigen Veränderungen verstehen, schon heute offenlegen, mit wem sie aus welchen Gründen sprechen, auf Nebentätigkeiten verzichten, ihre Finanzen und ihr Abstimmungsverhalten offenlegen – und zu Vertreter*innen sozialer Bewegungen und Initiativen werden, indem sie ihnen Raum geben, Gehör schenken und Teil von ihnen werden. Wir brauchen mehr Menschen in der Politik, die mit dem üblichen Gang der Politik brechen, auf Konfrontation mit dem »Weiter so« gehen und bereit sind, dafür auch Risiken und Gegenwind in Kauf nehmen.

Repräsentation

Politik darf keine Sache einer weitgehend homogenen politischen Elite aus gehobenen Verhältnissen sein. Wirft man einen Blick auf die Zusammensetzung des Bundestages, zeigt sich: Das Parlament ist überaltert, größtenteils männlich und kommt aus höheren sozialen, häufig akademischen Kreisen. Frauen, junge Menschen, Menschen mit Migrationsbiografie, Schwarze Menschen und People of Color, Arbeiter*innen und Menschen aus den arbeitenden Klassen: Sie alle kommen kaum oder zu wenig im Bundestag vor.[375] In höheren politischen Positionen nimmt die Diversität noch weiter ab. Stattdessen zeigen sich zahlreiche Leerstellen. Dadurch bleiben viele Perspektiven und Lebensrealitäten bei politischen Entscheidungen außen vor. Eine Politik, die das Beste für *alle* im Blick hat und daraus Veränderung schafft, kann aber nur dann entstehen, wenn möglichst viele

Perspektiven einbezogen werden. Wir brauchen eine Vielfalt anderer, junger Menschen in der Politik – mit Visionen, Kampfgeist und Begeisterung.

Einzelne Aktivist*innen aus der Klimabewegung machen sich bereits auf den Weg ins Parlament und kandidieren 2021 für den Bundestag. Außerdem entstehen neue Initiativen, die mit dem immer gleichen Alltag des Politikbetriebs brechen wollen. Aber es kann noch mehr passieren: Parteien könnten sich mithilfe sogenannter »Neuenquoten« dazu verpflichten, bei Wahlen Listenplätze für Menschen zu reservieren, die neu in den Politikbetrieb kommen. So würden sich Parlamente wie der Bundestag diverser zusammensetzen und Machtnetzwerke könnten ausgehebelt werden. Zusätzlich könnten Parteien eine maximale Anzahl von Jahren festlegen, die Politiker*innen bestimmte Ämter ausüben dürfen.

Auf solche Forderungen wird manchmal entgegnet, das sei wirkungslose Identitätspolitik. Damit ist gemeint, dass Maßnahmen wie die Repräsentation unterschiedlicher, vor allem auch marginalisierter Gruppen zum Beispiel mittels Quoten in Parlamenten die eigentlichen Konflikte in ökonomischen und politischen Machtverhältnissen verdrängen oder kaschieren. Aber auch die gegenwärtige Art Politik zu machen ist Identitätspolitik – nur eben in der Regel von *weißen* Menschen aus gehobenen Schichtern, die mehrheitlich männlich sind. Mit dem Resultat, dass die politischen Entscheidungen diese Gruppen bevorteilen. Arbeitsrechte wurden nicht von den oberen Klassen erkämpft, das Frauenwahlrecht nicht durch Männer, die Kriminalisierung von Homosexualität wurde nicht von Heterosexuellen abgeschafft und die Aufhebung der sogenannten Rassentrennung nicht von *weißen* Menschen. So einfach ist das. Wollen wir eine Verschiebung der Machtverhältnisse, muss sich auch die Zusammensetzung bei den Entscheidenden ändern. Selbstverständlich reicht es nicht allein, wenn einfach nur einzelne Personen aus bestimmten Gruppen als ihre vermeintlichen Vertreter*innen in Parlamenten sitzen. Wir brauchen dort Menschen, die aus ihrem Selbstverständnis heraus für Veränderung kämpfen statt nur aus einer abstrakten Vorstellung von Gerechtigkeit. Eine andere Machtverteilung zielt immer auch auf eine andere Repräsentation.

Hat die Zukunft eine Stimme?

Auch eine Absenkung des Wahlalters wäre wünschenswert. Bei der Bundestagswahl 2021 sind weniger als 15 Prozent der Wahlberechtigten unter dreißig Jahren alt, aber über vierzig Prozent sechzig Jahre alt oder älter.[376] Provokant lässt sich das demografische Problem so zusammenfassen: Mit den Stimmen der Alten lassen sich Wahlen gewinnen. Doch wir sollten auch der Zukunft eine Stimme geben und das Wahlalter senken. Ein Wahlalter von 16 Jahren auf Landes- und Bundesebene wird von vielen Politiker*innen bereits befürwortet – aber eigentlich muss die Absenkung weitergehen. Für die Wahlrechtsgrenze von 18 Jahren stellte das Bundesverfassungsgericht bislang lediglich darauf ab, dass diese historisch erhärtet sei. Wie wäre es aber, wenn wir uns von der Geschichte lösen und stattdessen Zukunft wagen würden? Möglich wäre ein Wahlrecht ohne feste Altersgrenze. Ab 14 Jahren würden junge Menschen in Wähler*innenverzeichnissen als Wahlberechtigte geführt – und wer davor schon wählen will, kann sich registrieren lassen. Das stößt natürlich auf Gegenwind. Aber die meisten Gegenargumente laufen ins Leere. Einer der populärsten Einwände ist, dass jungen Menschen die nötige Reife fehle, um ihr Wahlrecht verantwortungsbewusst auszuüben. Diese Behauptung ist jedoch weniger ein Argument dagegen, das Wahlalter abzusenken, als eines für frühere politische Bildung und Möglichkeiten für Schüler*innen, jederzeit mitzubestimmen, zum Beispiel im Bildungssystem. Denn das Interesse daran, politisch mitzureden, entsteht nicht über vermeintliche Reifungsprozesse, sondern vor allem über reale Teilhabe. Nur ein Wahlalter ab Geburt gewährt diese Mitsprachemöglichkeiten konsequent und macht sie abhängig von der eigenen Entscheidung des jungen Menschen, teilhaben zu wollen.

Rahmenbedingungen: Politik von unten möglich machen

Vor allem wurden in den letzten Jahren Forderungen nach Bürger*innenräten laut. Bisherige Umsetzungen, zum Beispiel in Frankreich und Irland, zeigen: Wenn machtpolitische Erwägungen und Lobbyeinflüsse wegfallen und stattdessen repräsentativ ausgewählte Bürger*innen über ihre politische Zukunft beraten, sind die Ergebnisse erstaunlich progressiv. So haben im katholisch geprägten Irland die Bürger*innen auf Vorschlag eines Bürger*innenrats für ein liberaleres Recht auf Schwangerschaftsabbrüche gesorgt. In Frankreich hat der Bürger*innenrat *Convention Citoyenne pour le Climat* ebenfalls weitergehende Vorschläge zur Bewältigung der Klimakrise geliefert, beispielsweise ein Tempolimit von 110 Stundenkilometern auf Autobahnen, ein Verbot von Inlandsflügen ab 2025 sowie eine Klimasteuer für Reiche. Wichtig ist, dass Bürger*innenräte auch tatsächlich politisch Einfluss nehmen können und nicht nur ein Instrument politischer Öffentlichkeitsarbeit und Pseudopartizipation und unkritische Kurskorrekturen sind. Es besteht jedoch die Gefahr, dass solche Initiativen genau dafür genutzt werden. Fest steht aber: Räte, in denen gesellschaftlich Entscheidungen getroffen und

Rahmenbedingungen gesetzt werden, die heute den Parlamenten überlassen werden – wie auch die Transformations- und Wirtschaftsräte –, würden den gesellschaftlichen Handlungsspielraum außerhalb des Parlaments vergrößern.

Ein *system change* wird sich nicht einfach wählen lassen

All diese Veränderungen können graduelle Verbesserung bewirken. Sie schaffen etwas mehr Transparenz, brechen die üblichen Machtnetzwerke möglicherweise ein wenig auf, schaffen graduell bessere Repräsentation, machen Impulse von außen möglich. Dadurch wird Veränderung begünstigt, und die Einflussmöglichkeiten auf die Politik verschieben sich möglicherweise ein wenig zugunsten der Menschen. Aber die Veränderungen verbleiben eben auch dort. Veränderungen in der Zusammensetzung des Parlaments führen nicht zwingend gesellschaftspolitische, wirtschaftliche Veränderung herbei, doch genau die brauchen wir. Zum einen müssten auch sie erst erkämpft werden – gegen erbitterten Widerstand. Zum anderen aber sorgen sie nicht dafür, dass schnell eine Gegenmacht zu den Gegner*innen von Veränderung entsteht. Mit mehr Transparenz wissen wir zwar, wo wie auf wen Einfluss genommen wird, und das ist wichtig, aber wir haben noch nicht mehr Macht als zuvor. Mit mehr Diversität in politischen Gremien wird zwar begünstigt, dass mehr Perspektiven einbezogen werden und Menschen dort hineingelangen, die nicht einem »Weiter so« in dem politischen Betrieb zustimmen. Aber wenn Anliegen und Vorschläge für grundlegende Veränderung keinen Rückenwind von außen erhalten und nicht so viel Druck aufbauen, dass sich *alle* bewegen müssen, bleiben die notwendigen Veränderungen ein frommer Wunsch. Ein Wahlrecht für junge Menschen ist wünschenswert, weil es Sinn ergibt und weil Demokratie so offen wie möglich sein sollte – aber die Berechtigung zum Wählen für mehr Menschen schafft noch keine zwangsläufige Veränderung. All diese Maßnahmen können die politische Ungleichheit mit Transparenz und Repräsentation ein wenig abfedern. Aber sie allein werden die Schieflage höchstens weiter kaschieren. Denn vielleicht ermöglichen sie kleine Schritte nach vorn. Aber wir können nicht darauf warten, dass kleine Schritte zufällig zum Ziel führen. Wir müssen das selbst erkämpfen.

Es ist verlockend zu glauben, dass Politik eine rein technische Angelegenheit wäre. Dann müssten wir nur so lange die demokratischen Strukturen optimieren, bis sämtliche Reibungsverluste minimiert werden, sodass die richtigen Entscheidungen getroffen werden. Die notwendigen Veränderungen sind jedoch keine Kurskorrekturen. Es geht nicht nur darum, es ein bisschen besser zu machen, den Kurs, auf dem wir uns befinden, zu korrigieren. In der Klimakrise, der globalen Ausbeutung, der sozialen Ungleichheit und auch in den Entwicklungen der Corona-Pandemie, die Armut und Ungleichheit verstärkt, in der Antwortlosigkeit von politischen Entscheider*innen: Überall dort spiegelt sich der Verfall einer Gesellschaftsordnung und der Machtverhältnisse, die die letzten Jahrzehnte dominiert haben. Der Versuch, verheißungsvolle Prophezeiungen für die Zukunft zu machen, übertüncht nur notdürftig den Überlebenskampf, der hier tobt. Machen wir weiter wie bisher und stützen den Verfall notdürftig ab? Oder wagen wir einen Aufbruch?

Unsere Ausgangslage ist zugegebenermaßen nicht besonders gut: Im Zuge der neoliberalen Politik wurde unsere Macht immer weiter ausgehöhlt, überall. Entscheidungen wurden zugunsten der Privilegiertesten getroffen, Gewerkschaften wurden zurückgedrängt. Politiker*innen wie Margaret Thatcher haben die Alternativlosigkeit des »Weiter so« beschworen und Francis Fukuyama beispielsweise behauptete das Ende der Geschichte (1992). Die Räume für das, was wir einfordern können, wurden immer kleiner. Und heute ist es schon radikal, wenn junge Menschen ihre Regierungen auffordern, sich an einen unterzeichneten Vertrag zum Klimaschutz zu halten oder Menschen, die von Arbeitslosigkeit betroffen sind, nicht zu sanktionieren. Ein Mindestmaß an Gerechtigkeit zu schaffen. Jetzt gilt es, dieser Entwicklung ein Ende zu setzen, sie umzukehren. Damit die Bekämpfung der Klimakrise möglich, soziale Gerechtigkeit realisiert wird und Wege in die Zukunft entstehen, müssen wir die Machtverhältnisse im Ganzen verschieben. Die Machtverhältnisse zwischen den großen Konzernen und Menschen, die aus ihrer wirtschaftlichen Macht tagtäglich politische machen – und uns. Wir, die Vielen müssen größeren Einfluss auf Entscheidungen haben als sie. Wir müssen die Rahmenbedingungen von Politik verschieben, müssen den Rahmen des Möglichen an das anpassen, was wir für notwendig halten. Damit das, was heute als radikal empfunden wird, morgen mindestens realistisch ist.

Wir sollten deshalb nicht allzu viel Hoffnung auf die Bundestagswahl 2021 setzen: Wahlen können Richtungsentscheide, aber keine Veränderungsstrategie sein. Weil Bürger*innen alle vier Jahre zur Bundestagswahl gehen, aber sich viel zu häufig dazwischen zurücklehnen. Die Gegner*innen arbeiten Tag für Tag mit riesigen Ressourcen gegen Veränderung. Und wir? Wir haben uns bislang viel zu oft zwischen den Wahlen ausgeruht, abgewandt – in der Hoffnung, dass es schon irgendwie besser werden würde, oder voller Resignation, dass einmal mehr nichts besser geworden ist. Kein Wunder, wenn die Veränderungen nicht zu unseren Gunsten geschehen! Unternehmen werden die notwendigen Veränderungen nicht für uns schaffen. Und genauso wenig werden Politiker*innen nicht plötzlich einen umfassenden, radikalen Plan für Veränderung umsetzen, sofern nicht etwas im Politikstil und -betrieb grundsätzlich anders läuft. Nichts wird sich zum Besseren verändern, wenn wir selbst es nicht ändern. Natürlich nicht. Noch nie hat sich gesellschaftliche Macht verschoben, wenn nicht viele Menschen das eingefordert haben, dafür Druck aufgebaut haben, wenn nicht klar war: Es brodelt etwas. Veränderung ist immer dann möglich gewesen, wenn Machtverhältnisse und ganze Gesellschaftsordnungen nicht mehr hingenommen wurden. Die Antwort darauf, wie es gehen könnte, findet sich nicht in Grundsatzprogrammen, in Wahlprogrammen, in Positionspapieren. Sondern darin, wie bislang Veränderung bewirkt wurde.

Viele politische Errungenschaften schienen unmöglich – bis Menschen angefangen haben, dafür zu kämpfen, und die Machtverhältnisse zu ihren Gunsten verschoben haben. Nehmen wir uns ein Beispiel daran. Wir müssen raus aus der Komfortzone, uns mehr reinhängen. Nehmen wir es auf mit den mächtigen Menschen und den Industrien, die die Klimakrise verursachen. Setzen wir den Narrativen etwas entgegen, die Ausbeutung und Ungerechtigkeit zu legitimieren versuchen. Wir haben uns in den vergangenen Jahrzehnten daran gewöhnt und gewöhnen lassen, dass Veränderung nicht möglich ist. Ziehen wir einen Schlussstrich unter diese Ära. Hören wir auf, den Verfall der Demokratie, jeglicher Sicherheit und den Zusammenbruch von Zukunftsperspektiven zu verwalten. Und machen wir das radikaldemokratischste, was überhaupt passieren kann: Dass Menschen politische Veränderung als persönliche Angelegenheit begreifen, für die sie selbst zuständig sind – gemeinsam mit anderen –, und den Kampf für eine bessere Zukunft aufnehmen.

Krisen führen nicht zwangsläufig dazu, dass die fortschrittlichen Kräfte erstarken. Auch das Gegenteil kann der Fall sein. Aber sie haben das Potenzial dazu. Das gesündeste Mittel gegen die Hoffnungslosigkeit wäre der Aufstand. Dass wir Vertrauen in uns selbst aufbauen und Verbündete suchen. Dass wir die Lebensumstände und Reaktionen auf ein System in der Krise selbst in die Hand nehmen und Macht aufbauen. Wir brauchen eine Gegenmacht, die auf Konfrontation mit Entscheider*innen geht. Die Risiken eingeht, die auch gegen Widerstand besteht. Wir brauchen eine Gegenmacht, die vielfältig ist. Wir brauchen Menschen, die sich dafür entscheiden, für unsere gemeinsame Zukunft zu kämpfen. Menschen, die anfangen – und Menschen, die sich entscheiden, doch noch nicht aufzuhören mit ihrem Widerstand. Wenn das Ziel ist, Krisen zu lösen und die notwendigen Veränderungen zu schaffen, haben wir keine Wahl: Weil die Anderen es nicht richten, bleiben wir – als einzige mögliche Akteur*innen des Wandels. Weil die Wenigen, die an der Macht sind, ganz offensichtlich kein Interesse an oder keine Fähigkeit zur Veränderung haben, müssen wir, die Vielen, die nicht an der Macht sind, die Veränderung in die Hand nehmen.

Wir können Hoffnung begründen.

Wir können Macht aufbauen.

Wir können gewinnen.

Stück für Stück.

Worauf warten wir noch?

ANLEITUNG ZUM AUFSTAND –
WIE WIR MACHT ERLANGEN UND
VERÄNDERUNG BEWIRKEN

Fast alle Menschen sind in unserer Gesellschaft ständig mit ihrer eigenen Ohnmacht konfrontiert. Gefühle des Ausgeliefertseins, der Hilflosigkeit, der Angst vor dem freien sozialen Fall sind zu einem Massenphänomen geworden. Die Krisen rufen solche Gefühle immer wieder neu hervor und verstärken sie. Ohnmacht kann sich sehr verschiedenartig anfühlen, nach Wut, Angst, Frust, Hilflosigkeit oder Resignation. Vor allem aber ist sie nicht nur ein individuelles Empfinden. Ohnmacht ist politisch, und sie ist ein bedeutendes gesellschaftliches Problem. Der Soziologe Wilhelm Heitmeyer beschreibt in der Langzeitstudie *Deutsche Zustände*, wie es sich entwickelt hat: Im Zuge der Globalisierung habe nationalstaatliche Politik an Macht verloren, das Kapital hingegen an Macht dazugewonnen. Das habe erhebliche Auswirkungen für Gesellschaft und Politik.[377] Da Politik noch immer nationalstaatlich stattfindet, während sich das Kapital internationalisiert hat, wird die Demokratie, die die Auswüchse des Kapitalismus bremsen müsste, ausgehöhlt. Hinzu kommt, dass die Jahre seit der Jahrtausendwende einige Krisen hervorgebracht haben, die viele Menschen erschüttert haben.

Im Angesicht dieser Entwicklungen und Ereignisse sind Menschen immer deutlicher einem Verlust von Sicherheit ausgesetzt, ohne dass sie das Gefühl haben, etwas daran ändern zu können.[378] Sie haben gefühlt immer weniger Kontrolle über ihr eigenes Leben; immer öfter wird von ihnen verlangt, sich an neue Umstände anzupassen. Zugleich intensiviert sich das Gefühl, die Demokratie lasse einen bei alledem im Stich.[379] Auch die Handlungsmöglichkeiten scheinen gering und weit weg: Immer weniger Betriebe sind gewerkschaftlich organisiert, Politik und Parteien operieren weit weg von dem Alltag und den unmittelbaren Interessen der Bürger*innen. Wahlen finden nur alle paar Jahre einmal statt. Und sie können nicht das nagende Gefühl der Aussichtslosigkeit bekämpfen, das immer mehr Menschen immer häufiger und heftiger befällt. Die Möglichkeiten, Richtungsveränderungen zu bewirken, scheinen sehr begrenzt. Und gleichzeitig wird die Notwendigkeit dazu von Tag zu Tag größer. Wilhelm Heitmeyer beschreibt die Gefühlslage, in die viele Menschen verfallen, als »wutgetränkte Apathie«.[380]

Wir leben in Zeiten völligen Kontrollverlusts. Gefühlt kann uns jederzeit die nächste Krise erschüttern, und es ist kein Land in Sicht. Gleichzeitig hören wir von gesellschaftlichen und politischen Eliten beschwichtigende Worte: Durchhalteparolen, Reden von der Krise als Chance, Erschütterungen als Aufbruch. Die Krisenbewältigung hinkt immer hinterher, sie tritt ein, wenn Erschütterung längst angekommen ist in unserer Lebensrealität. Die Ungerechtigkeit macht uns rasend, Wut und die Verzweiflung schlummern in uns. Die Geschehnisse in der Welt werfen uns hin und her, manchmal blitzen irgendwo zwischen Alltag und Krisenmodus Bilder auf, wie diese Welt aussehen wird, wenn es so weitergeht, und das macht uns noch machtloser, als wir ohnehin schon sind. Wir sind erschlagen, zerrissen, vielleicht stumpfen wir ab.

Der Teufelskreis des Kontrollverlusts

Viele Menschen suchen in dieser Situation nach Kontrolle, nach Anerkennung und Identität. Die Nervosität steigt – nicht nur bei denen, die besonders getroffen werden, sondern in allen sozialen Schichten.[381] Nicht selten heißt das Krisenmotto dann »Nach unten treten«. Das trifft Gruppen, die ohnehin schon marginalisiert sind. Um selbst Halt zu gewinnen, werden langzeitarbeitslose oder obdachlose Menschen und Menschen mit Behinderung gesellschaftlich noch stärker abgewertet. Antisemitismus und Islamfeindlichkeit nehmen zu, genauso Sexismus, Rassismus und Homofeindlichkeit. Die betroffenen Menschengruppen werden zur Projektionsfläche des eigenen Kontrollverlusts. Auf der Suche nach Schuldigen konstruieren Menschen »die Geflüchteten«, »die Migrant*innen«, »die Sozialschmarotzer*innen«, »die Weltverschwörung« als Schuldige. Die Nervosität steigt – nicht nur bei denen, die besonders getroffen werden, sondern in allen sozialen Sichten.[382] Getrieben von Angst[383] entlädt sich der Hass (der allerdings sonst auch schon vor sich hinbrodelt) verstärkt. Individueller und gesellschaftlicher Kontrollverlust ist damit nicht nur überfordernd, sondern macht auch anfällig für autoritäre politische Angebote, die vorgeben, »die Kontrolle wiederherzustellen – und zwar durch Ausübung von Macht und Herrschaft sowie über Ausgrenzung und Diskriminierung«.[384]

Das Gefühl der Machtlosigkeit ist gefährlich. Es lässt uns ausbrennen, spielt Menschen gegeneinander aus, verschärft die soziale Spaltung. Und all das macht es noch weniger möglich, Veränderung zu bewirken. Ein Teufelskreis. Um aus diesem Teufelskreis auszubrechen, brauchen wir Macht. Macht, die Krisen zu bewältigen und zukünftige zu verhindern. Macht, die Ursachen der Aussichtslosigkeit zu beseitigen, nicht nur halbherzig die Symptome.

Macht: Das Recht der Stärkeren?

Aber es ist eben so eine Sache mit der Macht. Wer hat sie, wer will sie und wie wird sie eingesetzt? Das sind die Fragen, an denen sich politischer Stillstand genauso bricht wie Veränderung; an diesen Fragen entzündet sich Ungerechtigkeit, und an dieser Frage scheitert bislang politischer Wandel. Macht ist alles. Und doch ist Macht vielen Menschen nicht ganz geheuer. Es ist schwierig, über Macht zu reden, und es ist noch abschreckender, sie ausüben zu müssen.[385]

Macht ist ein Begriff, der bei vielen Menschen erst einmal negative Assoziationen auslöst. Denken wir an Macht, dann tauchen in unseren Köpfen Bilder von Gewalt, Ausnutzung, Manipulation auf. Mächtig zu sein ist in unserer Vorstellung oder Erfahrung verbunden mit unaufrichtigem Verhalten, mit Geltungssucht, Hinterlist und vielleicht sogar Brutalität. Und auch der Begriff »Machthaber*in« ist nicht mit Menschen konnotiert, die ihre Macht zugunsten anderer und mit anderen gemeinsam aufbauen und nutzen, sondern solchen, die herrschen, meist in einem gewaltvollen Sinn. Nach diesem Verständnis schafft Macht Leid und Ungerechtigkeit.[386] Mit Macht haben wir nichts zu tun, glauben wir. Denn Macht scheint ein Privileg weniger Menschen zu sein, die ihre Entscheidungs- und Handlungsmacht vor allem zugunsten der eigenen Machtsteigerung oder -sicherung ausüben. Und auch, wenn wir die gegenwärtige politische Situation betrachten – die Krisen, die Ungerechtigkeit, den Stillstand –, dann scheint Macht erst einmal nichts zu sein, das uns viel nützt. Schließlich treffen diejenigen, die politische und wirtschaftliche Macht haben, offensichtlich nicht die Entscheidungen, die notwendig wären, um für alle eine bessere Situation zu schaffen.

Der Ohnmacht etwas entgegensetzen

Das ist ein mögliches Verständnis von Macht, bei dem Macht *über* andere Menschen ausgeübt wird. Damit ein solches, herrschaftliches Verhältnis entstehen kann, braucht es die Machtlosigkeit vieler. Das Recht der Stärkeren herrscht. Und ja, das mag der politische Normalzustand sein, in den wir uns hineinmanövriert haben. Aber wenn wir uns damit abfinden, versöhnen wir uns mit dem Status quo, der weiteren Kriseneskalation, der Hoffnungslosigkeit. Der Normalzustand, in dem wir uns befinden, muss so nicht sein, und er ist auf jeden Fall veränderbar. Wir können davon abweichen und uns dafür entscheiden, es anders zu machen. Wollen wir Veränderung schaffen, müssen wir daraus ausbrechen. Wir müssen der Ohnmacht etwas entgegensetzen, mit der Machtlosigkeit brechen.

Denn wir brauchen sie ja am Ende, die Macht. Macht heißt Handlungsfähigkeit, und handeln zu können ist notwendige Bedingung jeder möglichen Veränderung. Wir kennen längst auch andere Konzeptionen von Macht: Fragt man Menschen danach, wann sie sich mächtig fühlen, dann antwortet praktisch niemand mit Beispielen, in denen er oder sie Herrschaft über andere hatte. Sondern dann werden Geschichten geteilt von Momenten, in denen man sich mit anderen zusammengeschlossen hat, auf etwas hingearbeitet hat, nicht alleine war. Das sind Geschichten von Zusammenhalt, von Mut, von Aufbruch. Und darin spiegelt sich nicht die Macht *über* andere, sondern Macht *mit* anderen und die Macht, die wir aus uns selbst heraus spüren, wenn wir handeln mit dem Ziel, etwas zu erreichen.[387]

Wir können als Viele der Macht der Wenigen etwas entgegensetzen, indem wir der gegenwärtigen Erzählung des ständigen Wettbewerbs, der Selbstoptimierung oder der schicksalhaften Hingabe an die Ungerechtigkeit mit Mut zur Veränderung, mit

Solidarität, mit Kampfeslust begegnen. Wir müssen uns nur einmal vorstellen, wie die Welt dann sein könnte, um genügend gute Gründe zu finden, daran mitzuwirken.

Die Macht des Geldes vs. die Macht der Menschen

Die Gegner*innen von Veränderung haben die Macht des Geldes. Sie können Studien in Auftrag geben, sie können Lobbyist*innen bezahlen, öffentlichkeitswirksame Kampagnen durchführen, klagen, mit Repressionen auf Proteste und Forderungen reagieren. Der Einfluss von Banken und Konzernen, all das ist die »Macht des Geldes«.[388] Mit dieser Macht wirken beispielsweise Konzerne auf die Entscheider*innen und machen wirtschaftliche Macht so zu politischem Einfluss. Ihr Druckmittel sind Schlagworte wie Standortverlagerung, der Verlust von Arbeitsplätzen oder auch der Zustand unserer Wirtschaft. Die Macht des Geldes ist groß, sie ist gefestigt, sie ist erprobt, und sie hat in den letzten Jahrzehnten beständig an Kontrolle gewonnen. Aber vor allem ist sie organisiert, denn ihre Beweggründe und Interessen liegen auf der Hand. Die Gegner*innen von Veränderung wollen ihre Macht sichern und Veränderung verhindern.

Dennoch kann diese Macht zurückgedrängt werden. Die Macht, die wir ihnen entgegenhalten können, ist die Macht der Menschen. All das, was die Macht des Geldes bewirken kann, können wir auf andere Weise ebenso. Auch soziale Bewegungen schaffen es, Studien zu erstellen, Pläne zu machen, Agenden zu setzen, Lobbyarbeit zu machen. Aber wir haben noch mehr: uns. Wir müssen die Machtverhältnisse zu unseren Gunsten verschieben. Das ist nur möglich, wenn eine große Zahl von Menschen sich organisiert. Machtverschiebung – das geht nur mit organisierten Ideen und strategischem Vorgehen. Wir müssen über eine

detaillierte Analyse der politischen Situation und Möglichkeits-
fenster verfügen. Wir müssen politische Hebel identifizieren,
die geeignet sind, Kräfteverhältnisse nachhaltig zu transformie-
ren. Und wir müssen bereit sein, den Kampf langfristig aufzunehmen.

Kein System der Welt bleibt am Leben, wenn es nicht ein ge-
wisses Maß an Zustimmung hat. Der US-Politikwissenschaftler
Gene Sharp stellte bereits vor fünfzig Jahren verschiedene Protestformen und ihre Wirksamkeit zusammen – mit einem er-
mutigenden Ergebnis: »Alle Regierungen, selbst Diktaturen,
brauchen die Mitwirkung der Menschen, weil die sogenannten
Machthaber letztendlich nur die Macht haben, die ihnen überlassen wird. Deshalb kann man sie mit Protest, Nichtkooperation
und Intervention schwächen.«[389] Und die Harvard-Politologin
Erica Chenoweth kam in einer Studie zu dem Ergebnis, dass im
Durchschnitt 3,5 Prozent einer Landesbevölkerung an Protesten
aktiv teilnehmen müssen, um den Protest erfolgreich zu machen.[390] 3,5 Prozent – das wären in Deutschland knapp drei Millionen Menschen. Im September 2019 gingen zum globalen Kli-
mastreik in Deutschland 1,4 Millionen Menschen auf die Straße.
Gingen wir davon aus, dass diese Mobilisierung nicht verpufft,
dann müsste jede Person beim nächsten Mal nur eine weitere erreichen. (Wobei natürlich eine Demonstration allein nicht ausgereicht hätte.)

Entscheidend ist aber: Leider genügt es nicht lediglich hohe
Zustimmung in der Bevölkerung zu haben. Eine Mehrheit bleibt
wirkungslos, wenn sie zwar hinter einem Anliegen steht, aber es
beim Dafür-Sein belässt. Ginge es nur darum, hätten wir längst
die Klimakrise bekämpft, soziale Gerechtigkeit geschaffen, den
Welthunger abgeschafft. Friede, Freude, Eierkuchen. »Mehrheiten gewinnen« ist so eine Floskel, die gerne bedient wird, wenn

man eigentlich keine Strategie hat. Denn worauf es ankommt, ist, dass Menschen aktiv werden.[391] Es braucht nicht nur eine theoretische Mehrheit, die man im Rücken hat, es braucht Massen, die mit einem gemeinsam Widerstand organisieren. Nur so baut sich reale Macht auf.

Unterschiedliche Veränderungsstrategien: Advocacy, Mobilisierung, Organisierung

Heute schon beteiligen sich sehr viele Menschen in irgendeiner Weise politisch oder gesellschaftlich. Dennoch bleiben die großen Veränderungen aus. Das liegt zum Teil daran, dass in vielen Fällen zwar eine Masse von Menschen behauptet wird, die ein Vorhaben vorantreibt, aber tatsächlich nur wenige als Verantwortliche agieren. Die US-amerikanische Organizerin Jane McAlevey unterscheidet, um diesem Problem auf den Grund zu gehen, zwischen Strategien der sogenannten Advocacy, Mobilisierung und Organisierung.[392]

Bislang werden bei zivilgesellschaftlichen Initiativen häufig Advocacy-Strategien verfolgt. Dabei sind die maßgeblichen Akteure vor allem kleine Gruppen von Fürsprecher*innen, die an Entscheider*innen appellieren, um Veränderung zu erzielen. Die Handlungsmacht der gegenwärtigen politischen und wirtschaftlichen Entscheider*innen wird dabei nicht grundsätzlich auf die Probe gestellt. Und genau dort liegt das Problem: Um Wege aus den Krisen nicht nur zu kennen, sondern sie auch umzusetzen, ist es nicht ausreichend, einzelne Entscheidungen zu kritisieren, Forderungen auf sozialen Medien zu veröffentlichen oder bisherige Entscheidungsträger*innen in ihrem Handeln etwas anzuschieben. Der gesamte Handlungsrahmen und die grundsätzlichen gesellschaftlichen Kräfteverhältnisse müssen verschoben werden.

Die Schwäche des Advocacy-Ansatzes wurzelt darin, dass dieses Mittel ausgerechnet auf das verzichtet, das die Zivilgesellschaft gegenüber den Lobbys und Unternehmen als Vorteil hat: ihre große Zahl und die potenzielle Macht, die sie als Gesellschaft aus sich selbst heraus hat. Die Masse wird eher künstlich erzeugt, beispielsweise durch Unterstützungsbekundungen bei offenen Briefen. Ein ähnliches Problem haben Petitionen: Digitale Öffentlichkeit wird geschaffen, Anliegen werden kommuniziert – aber häufig endet da das Engagement. Veränderung ist bei all diesen Maßnahmen eine Option, aber eben nicht zwingend. Es gibt keine Form eines Bedrohungsszenarios für den Fall, dass nichts passiert. Und es wird zwar Veränderung eingefordert, aber wenig eigene Macht aufgebaut, die über Wortgewalt hinausgeht.

Dagegen fokussieren sich aktivistischere Gruppen auf die Mobilisierung möglichst vieler Menschen. Das Problem dabei: Meistens finden sich auf den Veranstaltungen, bei den Kundgebungen und Demos immer dieselben Aktivist*innen und Einzelpersonen ein. Die Leitung erfolgt häufig durch hauptamtliche Organisator*innen. Deshalb sind wenige Organisator*innen Schlüssel der Bewegung, nicht die vielen Teilnehmer*innen an Protesten. Diese nehmen zwar teil, bauen aber selbst keine Macht auf. Für den Moment existiert die Macht der Masse – aber sie verpufft. Das hat zur Folge, dass Teilnehmende an Protesten und Aktionen zu jeder größeren Aktion von Neuem mobilisiert werden müssen, wodurch relativ schnell absehbar wird, dass Proteste nach einer Weile wieder abflachen. Nach einer Weile werden sie für Politiker*innen berechenbar. Beispielsweise ließen sich im Zuge der Entstehung der Klimabewegung viele Reaktionen aus der Politik beobachten, aus denen Überraschung und Überforderung sprach. Man erinnere sich an den Moment, als Peter Altmaier zur Demo von Schüler*innen bei *Fridays for Future* kam und relativ entsetzt wirkte, als er feststellen musste, dass diese ihn gar nicht dahaben wollten. Mittlerweile jedoch haben sich Politiker*innen an die Proteste weitestgehend gewöhnt.

Auch die Strategie der Mobilisierung hat einen entscheidenden Nachteil: Sie verschafft der*dem Einzelnen nicht unmittelbar mehr Handlungsmacht oder spricht ihr*ihm Verantwortung zu. So erfüllt uns auf der Demo noch ein Gefühl von Gemeinschaft, von Macht, von Solidarität – aber es verschwindet manchmal schon, wenn wir uns allein auf den Heimweg begeben.

Wie sieht organisierte Macht aus?

Für Wirksamkeit braucht es eine kritische Masse, die nicht einfach wieder verschwindet, sobald die Proteste zu lange andauern oder keinen Erfolg mehr versprechen. Bedrohlich für politische Entscheider*innen und ein mögliches Gegengewicht zu den Lobbyist*innen und Strateg*innen der *Stakeholder* eines kapitalistischen Systems und neoliberaler Politik werden Bewegungen erst dann, wenn sie zeigen, dass sie nicht wieder einfach so verschwinden werden. Dann entsteht langfristig Druck. Wenn die Proteste und politischen Drucksituationen nicht ausgesessen werden können. Macht zur Veränderung ist nichts, was durch einmalige Demonstrationen oder Aktionen entsteht. Sie ist ein kontinuierlicher Prozess, der nie abgeschlossen ist.[393]

Organisierte Macht entsteht, wenn sich eine stetig wachsende Basis von »normalen Leuten« entwickelt. Beispiele dafür sind Ortsgruppen in Bewegungen. Aber es muss dabei gar nicht notwendigerweise um eine feste organisatorische Struktur gehen: In der Bürger*innenrechtsbewegung in den US-amerikanischen Südstaaten beispielsweise waren Friseur*innen Angelpunkte der Bewegung, weil sie vor Ort alle Menschen kannten.[394] Wenn es nicht nur die üblichen Gesichter sind, die auf Demos erscheinen und die Bewegung vorantreiben, sondern plötzlich Menschen ins Spiel kommen, die bis dahin noch nicht aktiv sind, entsteht organisierte Macht. Wenn eine große Zahl von Menschen aktiv wird, weil sie ihre eigene Betroffenheit von gesellschaftlichen Strukturen und politischen Entscheidungen realisiert und nicht mehr bereit ist, die Ungerechtigkeit hinzunehmen. Wenn alle Menschen, die sich als Teil einer Massenbewegung begreifen, selbst Verantwortung übernehmen, wenn sie weitere Menschen und Ressourcen organisieren und wenn sie längerfristig dabeibleiben. Erst dann werden Bewegungen gefährlich, erst dann entsteht ein Momentum. Im besten Fall eines, das nicht verschwindet, sondern auf das sich aufbauen lässt.

Aus der Geschichte lernen

In der Vergangenheit waren Bewegungen dann erfolgreich, wenn nicht nur wenige Fürsprecher*innen an Mächtige appellierten oder punktuell viele Menschen mobilisiert wurden. Sondern wenn Gruppen wirklich organisiert waren – auf Basis einer kollektiven Identifikation und gemeinsamen Strategie ihre Aktionen dort eingesetzt haben, wo sie am meisten Macht hatten. Sei es im öffentlichen Raum oder in den Betrieben. Daran müssen wir anknüpfen, denn es fehlt heute an solchen Strategien. Beide Aspekte waren in der Bürger*innenrechtsbewegung in den USA aus der Mitte des letzten Jahrhunderts und in der Arbeiter*innenbewegung auch in Deutschland im 19. und im 20. Jahrhundert gegeben, und werden auch heute noch in Gewerkschaftsstrukturen teilweise so verfolgt. Die beiden Bewegungen sind, getragen von diesen beiden Elementen, zwei der erfolgreichsten Bewegungen der Historie. Die Bürger*innenrechtsbewegung hat unter anderem ein echtes Wahlrecht für Schwarze Menschen in den USA und ein Ende der Trennung Schwarzer und *weißer* Menschen in öffentlichen Einrichtungen erkämpft, die Arbeiter*innenbewegung den Arbeitsschutz, den achtstündigen Arbeitstag, die Krankenversicherung, das freie Wochenende und das Verbot von Kinderarbeit. Sie zählen bis heute zu den größten Errungenschaften zivilgesellschaftlicher Bewegungen.

Was machte diese Bewegungen so stark? Zunächst einmal verfügten sie über eine gemeinsame Analyse der gesellschaftlichen und politischen Situation. Die Menschen, die in ihnen kämpften, begriffen, dass diese Situation sie nicht nur individuell betraf, sondern sie Betroffene einer gesellschaftlichen Struktur waren. Sie erkannten ihre persönliche Erfahrung von Unterdrückung als politische Frage an. Die Bürger*innenrechtsbewegung kämpfte gegen ein rassistisches System, die Arbeiter*innenbewegung gegen die Unterdrückung der unteren Klassen. Beide Gruppen konnten nicht einfach den direkten Weg über die Parlamente oder über die Gesetzgebung gehen. (Schließlich wurde ja genau darüber die gesellschaftliche Unterdrückung institutionalisiert.) Sie verfügten über ihre eigene Theorie der Macht: Sie bestand daraus, dass sie in der Lage waren, die öffentliche Ordnung erheblich zu stören.[395] Und diese Macht nutzten sie: Menschen in der Bürger*innenrechtsbewegung beispielsweise durch zivilen Ungehorsam, Arbeiter*innen beispielsweise durch Streik.

Vor allem aber wurden diese Bewegungen getragen von Menschen, die sich als Teil und Betroffene der gleichen gesellschaftlichen Strukturen identifizierten. Viele Menschen in den Bewegungen übernahmen Verantwortung, trieben die Veränderung voran und waren bereit, enorme persönliche Risiken einzugehen. Sie begriffen den Kampf um Veränderung als etwas Existenzielles. Die vergangenen Jahrzehnte ließen nicht mehr viel von der Stärke der Arbeiter*innen erahnen: Gewerkschaften, über die Arbeiter*innen sich kollektiv organisiert haben und so Macht aufbauen konnten. Sie haben im Zeitalter des Neoliberalismus und der damit verbundenen Entfesselung der Kapitalmärkte, der Privatisierungen, des Ausbaus des Niedriglohnsektors und des zunehmenden Anteils prekärer Beschäftigung sowie Sozialleistungskürzungen an Einfluss eingebüßt. Immer weniger Arbeiter*innen sind gewerkschaftlich organisiert. Seit der Deutschen Einheit verloren die DGB-Gewerkschaften die Hälfte ihrer Mitglieder. Heute organisieren sie nur noch fünfzehn Prozent der Beschäftigten.[396] Die moderne Arbeitswelt, die maßgeblich von prekären Jobs, Leiharbeit, Mini- und Teilzeitjobs und befristeten Arbeitsverhältnissen geprägt ist, wird von den Gewerkschaften nicht mehr abgedeckt. So hat auch nur noch jeder zehnte Betrieb überhaupt einen Betriebsrat.[397] Dabei sind Streiks immer noch die wirksamste Form des Protests, und sie können erstaunliche Wirkungen zeigen. 2002 beispielsweise streikten Hafenarbeiter*innen an der amerikanischen Westküste – und legten damit kurzerhand 29 Häfen lahm. Schnell drohte der Streik zu einem großen Problem für die gesamte amerikanische Wirtschaft zu werden.[398] Heute jedoch existiert die nahezu ausschließliche Industriearbeiterschaft nicht mehr – und damit vielerorts auch nicht mehr die Fabrik oder der Betrieb als gemeinsamer Identifikationsort, an dem sowohl Verbündete als auch Gegner*innen klar sind und aufeinandertreffen. Heute arbeiten wir mit vielen Menschen zusammen – ob in Bewegungen oder am Arbeitsplatz –, ohne uns als Teil einer Klasse oder Gruppe zu sehen. Das heißt auch, dass wir mit den gleichen Herausforderungen und Ungerechtigkeiten nebeneinanderher arbeiten, ohne uns zu verbünden. Ohne uns zu unterstützen. Es fehlen Orte gemeinsamer Identifikation, es fehlt Organisation, es fehlt am Willen zur Macht. Wenn diese Faktoren nicht gegeben sind, schwinden die Chancen auf eine wirkliche Veränderung.

Wenn also bislang keine Veränderung geschieht, dann liegt das nicht daran, dass wir potenziell zu wenige Menschen sind oder zu wenig Ressourcen haben, sondern daran, dass wir nicht gut genug organisiert sind. Wirkliches Potenzial zu systemischer Veränderung entsteht nicht durch einzelne Held*innenfiguren, zu denen Aktivist*innen heute häufig erhoben werden, sondern durch viele Menschen, die sich für eine gemeinsame Vision und füreinander verantwortlich zeigen. Diese Verantwortlichen müssen über die gemeinsame Sache eine gemeinsame Identifikation entwickeln, sie brauchen Ressourcen, zum Beispiel Geld, und sie brauchen Taktiken und Strategien, mit denen sie Macht aufbauen können. Diese Strategien und Methoden müssen nicht erst neu erfunden werden. Es gibt sie bereits. Man bezeichnet sie als *Organizing*. Organisierung ist insofern weitgehender als Aktivismus, als nicht nur die eigene Macht und Stimme genutzt wird, um Veränderung zu bewirken, sondern auch, um andere Menschen beim Machtaufbau zu unterstützen.[399]

Darin liegt der entscheidende Unterschied zwischen der Strategie des Organisierens und den Strategien der Mobilisierung oder Fürsprache: Verbleibt die Macht weiter bei wenigen Menschen, die für sich selbst mehr Einfluss nehmen können, oder wird die Macht *strukturell* zu denen verschoben, die sie aktuell nicht haben? Mobilisierung und Fürsprache können graduelle Veränderungen bewirken, Organizing dagegen schafft einen neuen Status quo. So stellen wir Politik auf den Kopf. Macht soll vor allem bei all denen aufgebaut werden, die »vom Kapitalismus und von einer bürgerlichen Demokratie wenig bis nichts erwarten können«.[400] Wir verlagern Machtverhältnisse dorthin, wo wirklich die Mehrheit entscheidet und diejenigen Macht haben, die von Entscheidungen konkret betroffen sind.[401] So kann disruptive Veränderung geschehen, die Bestand hat.

Was uns antreibt

Für langfristige, radikale Veränderung brauchen wir Massenproteste. Zivilen Ungehorsam. Streiks. Neue Bündnisse zwischen Bewegungen, Initiativen und Gewerkschaften. All das dürfte für viele Menschen wahnsinnig weit weg von der eigenen Lebensrealität sein. Es klingt abstrakt, vielleicht auch nahezu unmöglich. Wie soll man den Grundstein für etwas legen, das zu einem Massenprotest anwachsen könnte?

Es gibt Momente, in denen Massendemonstrationen, ausgelöst durch politische Entscheidungen oder äußere Ereignisse, praktisch aus dem Nichts entstehen und sehr schnell wachsen. Aber in den meisten Fällen entstehen große Bewegungen nicht auf einen Schlag. Sondern im Kleinen, durch jahrelange Bildungs- und Organizing-Arbeit. Um nachhaltig Veränderung zu schaffen und Macht aufzubauen, braucht es persönliche Beziehungen – »und zwar Beziehungen, bei denen man sich gegenseitig den Rücken deckt«.[402] Oberflächliche Vernetzung und Bindung von Menschen reicht nicht aus. Dafür ist der Widerstand gegenüber verändernden Bewegungen zu groß und der Weg, den wir gehen müssen, zu lang. Wer politisch organisieren will, muss persönlich werden. Denn für die meisten Menschen ist die Vorstellung, politischen Protest zu organisieren, nicht nur abwegig oder weit entfernt von dem, wie man seinen Alltag bestreitet, sondern auch beängstigend.

Februar 2021. Ich frage H. am Telefon, was sie lange davon abgehalten hat, politisch aktiv zu sein, und E. und I. und so viele mehr. Das Gespräch darüber, was uns hemmt, aktiv zu sein, kommt immer irgendwann auf, wenn Politik im Raum steht. Auch, möglicherweise sogar besonders bei Menschen, die sich bereits gemeinsam den politischen Herausforderungen stellen. Immer wieder müssen wir das durcharbeiten. Die Antworten sind vielfältig, aber doch ähnlich. Immer wieder kommt die Angst vor: Angst, dass das alles nichts bringt. Angst vor der Scham, wenn unser Umfeld nicht positiv darauf reagiert. Angst davor, dass wir versagen. Scham, weil man sich viel zu alt oder zu jung oder irgendetwas dazwischen fühlt, um jetzt das erste Mal auf eine Demonstration zu gehen. Das Gefühl, nicht genug zu wissen oder zu sein, weil alle anderen sicher viel besser informiert, viel kritischer, viel souveräner sind. Sorge um den Gegenwind, der uns entgegenwehen könnte, den Ärger, den der Widerspruch bringen könnte. Sorge vor dem Image als Unruhestifter*in. All das hält Menschen leider immer wieder davon ab, aktiv zu werden. Ach, und dann wäre da noch das Argument mit der Zeit. Es entfällt in dem Moment, in dem wir begriffen haben, wie wichtig es für uns selbst ist, dass die Machtverhältnisse sich verändern – und wir beginnen Infrastrukturen zu schaffen, die es für mehr Menschen möglich machen, Prioritäten zugunsten eigener politischer Aktion zu verschieben.

Politisch aktiv zu werden, sich zu organisieren, stellt für viele Menschen ein enormes Risiko dar. Wir brauchen mehr Menschen, die es eingehen. Und es lässt sich verringern, indem wir füreinander da sind und für die Menschen, die wir organisieren. Indem wir sichere und stabile Beziehungen untereinander aufbauen. Eben, indem wir Macht mit anderen aufbauen. Indem wir alle Voraussetzungen dafür schaffen, dass Menschen mutig sein können. Nur sichere Beziehungen können zu tiefer Solidarität, gemeinsamem Engagement und auch riskanten Aktionen führen.

Stattdessen wird öffentlich häufig versucht, politische Gespräche zu entpersonalisieren. Emotion ist verpönt, wirkt vermeintlich unprofessionell – Politik, das soll ein steriler Raum sein. Das Problem ist nur, dass sie das nicht ist – sie verhandelt unsere grundlegenden Bedürfnisse. Wenn wir eine immer größere Distanz aufbauen zwischen dem Persönlichen und dem Politischen, sind das Brachliegen der Demokratie und die überbordende Macht des Kapitals die Folgen.

Erst, wenn wir wissen, was andere beschäftigt, was sie antreibt, was ihnen wichtig ist und wovor sie sich fürchten, können wir einander verbunden sein und uns stärken. Es geht beim Organisieren nicht vorrangig darum, andere mit Fakten und Argumenten zu überzeugen, sondern darum zu erfahren, wo sich Sorgen und Nöte der anderen mit unseren eigenen politischen Anliegen überschneiden. Jede Person hat ihre ganz eigene Geschichte von Ungerechtigkeit, Missständen und Krisen zu erzählen, und sie kennt sie selbst am besten. Wenn wir die Grundlagen für eine andere Gesellschaft schaffen wollen, müssen wir allen Menschen darin vertrauen, dass sie ihre eigene Geschichte besser erzählen können als wir und dass sie wertvoll ist. Wir können den Blick auf bestimmte Punkte lenken oder gezielt Nachfragen stellen, aber belehren sollten wir nicht.

Setzen wir auf Fakten, Argumente und Belehrung, tun wir so, als würde die Krisenbewältigung lediglich an mangelndem Wissen scheitern. Aber das tut sie nicht. Und auch politische Veränderung ist nicht getrieben vom letzten Positionspapier, von der entscheidenden Argumentation oder von abstrakten Vorstellungen davon, was richtig und was falsch ist. Politisierung kann sich in verschiedenen Situation entzünden. »Wenn du Leute fragst, wie sie das erste Mal einer Organisation beitraten, werden sie auf eine Rede verweisen oder ein Buch, das ihre Meinung änderte, ein Erlebnis, das sich in ihr Gehirn gegraben hat, oder einen Organizer, der sie überzeugte einzusteigen.«[403] Aber eben nicht auf die Argumente oder Form – sondern auf das Gefühl, was das bei ihnen erzeugt hat. Der Motor unserer Macht sind unsere eigenen Bedürfnisse und unser Wunsch nach Veränderung. Schauen wir darauf, was wir in unserem eigenen Leben verändern würden und was uns einschränkt, dann werden wir feststellen, dass vieles davon mit politischen und gesellschaftlichen Verhältnissen zusammenhängt.

In den letzten Monaten habe ich oft mit Menschen darüber gesprochen, was uns Ohnmacht fühlen lässt und was Macht. Auf die erste Frage wussten alle sofort Antworten, immer. Auch ich. Wir konnten Geschichten erzählen von Momenten, in denen wir uns allein und einsam gefühlt haben. Von Nachrichten und Ereignissen, die uns fassungslos gemacht haben. Erfahrungen über Erfahrungen. Geschichten, sofortige Erinnerungen. Wut, Tränen, Verzweiflung. Es fallen Sätze wie: *Ich kann nicht mehr. Ich habe Angst. Das ist mir alles zu viel.* Solche Sätze treffen ins Mark. Man hört sie selten in Talkshows und noch seltener in politischen Reden oder in Sachbüchern, die politische Geschehnisse einordnen, diskutieren, Perspektiven entwerfen. Dabei sind sie so häufig. Sie werden von Menschen ausgesprochen, die politisch kämpfen – und solchen, die erklären, warum sie es nicht tun. Von solchen, die dennoch anfangen, und denen, die aufgegeben haben. Manchmal hallen sie auch in mir selbst wider. Dann sitze ich da, die Angst steigt meinen Hals hoch und schnürt mir unterwegs den Atem ab. Dann brodelt die Wut in mir. Ich ringe mit mir. Dann treibt die Ohnmacht mich nachts vor die Tür. Dann laufe ich eine Runde durch die Nacht. Eine zweite. Eine dritte. Bis ich sie für einen Moment abschütteln kann. Auf die zweite Frage, die nach der Macht, fehlen dagegen häufig erst einmal Antworten.

Dann ist da nur Schweigen. Deutlicher könnte es nicht sein: Was in der Welt und mit uns passiert, ist nicht unpersönlich, und das kann es gar nicht sein.

Die Angst davor, keine Wohnung zu finden oder die Miete nicht bezahlen zu können, ist nicht nur ein individuelles Problem, sondern ein gesellschaftliches. Arbeitslosigkeit ist kein Resultat von individuellem Versagen, sondern ein strukturelles Problem, genauso Gewalterfahrungen aufgrund von Diskriminierung. Finanzielle Umstände und Bildungserfolge werden maßgeblich beeinflusst von der Situation, in die wir hineingeboren werden. Rassistische und sexistische Unterdrückung ist nicht nur eine individuelle Angelegenheit, sondern Teil einer gesamten Ungerechtigkeitsstruktur, die sich in Institutionen, Gesetzen und gesellschaftlichen Hierarchien spiegelt. Die elementaren Bedürfnisse, die Menschen haben – nach Sicherheit, freier Zeit, bedeutsamen Verbindungen –, werden torpediert von einer entgrenzten Arbeitswelt, einer konkurrenzgetriebenen Wirtschaftsweise und sozialer Unsicherheit. Die Klimakrise verschärft all das, verstärkt und beschleunigt die Entwicklungen. Die Welt ist ungerecht, in tausendfacher Weise. Und wir alle sind verstrickt in diese Ungerechtigkeiten. Wollen wir unsere eigene Lebenssituation verändern, dann brauchen wir die Kraft anderer. Und wir dürfen und sollten uns dabei treiben lassen von unserer eigenen Betroffenheit und unserer Wut, auch von der Angst vor Resignation und der Hoffnung auf ein besseres Morgen. Die Organizerin Jane McAlevey stellt fest: »Sinnvoll gelenkte Wut führt zu einer kämpferischen Organisation.«[404] Sie ist das beste Mittel, um nicht abzustumpfen und den Untergang nicht einfach hinzunehmen.

Wir müssen selbst einen Platz haben in unserer Vision von der Welt. Menschen, die sich in Bewegungen aufarbeiten, werden häufig als selbstlos gelobt. Aber was ist die Konsequenz von

Selbstlosigkeit? Die konsequente Auslöschung des Selbst, der eigenen Bedürfnisse und Interessen, und das ist nicht besonders nachhaltig und erst recht nicht strategisch. Wenn wir Macht aufbauen wollen, müssen immer mehr Menschen selbstinteressiert handeln. Wir müssen Veränderung im Großen wollen, aber eben auch für uns selbst. Wir müssen folgende Frage beantworten können: Was ist für mich besser, wenn ich meine politische Vision umgesetzt habe?

Wir stehen längst nicht mehr bei null: Woher die Massen kommen

Organisieren beginnt nicht erst mit der Demonstration. Es beginnt bei einer Sache, die jede*r von uns tagtäglich wie selbstverständlich tun kann: Bedeutsame Gespräche führen. Denn unsere Gesellschaft ist längst durchorganisiert: Die meisten Menschen befinden sich in verschiedenen sozialen Gruppen und Beziehungen – Freundschaften, Familienbeziehungen, Sportteams, als Kolleg*innen. Wir sind soziale Wesen, die füreinander Verantwortung übernehmen und sich mit unterschiedlichen Fähigkeiten ergänzen. All das legt den Grundstein zur politischen Organisierung.[405] Wir müssen die Beziehungsgeflechte, in denen wir uns befinden, strategisch nutzen, indem wir unsere eigenen Netzwerke sehen und überlegen, wo dort Verbündete sein könnten. Überlegen Sie einfach mal: Welche drei Menschen würden Sie als Erstes ansprechen, wenn Sie etwas Neues wagen würden? Nehmen Sie sich vor, in der nächsten Woche mit ihnen Gespräche zu führen. Über ihre Sorgen, wie für ihre Bedürfnisse gesorgt ist, über das, was stärkt oder wütend macht, was ihnen Angst macht und was Hoffnung gibt. Was sie verändern möchten. Es gibt so viele Netzwerke. Nachbarschaftsnetzwerke, politische

Gruppen, Künstler*innen, Institutionen, Kirchen, Gewerkschaften, Sportvereine. In allen diesen Gruppen sind Menschen, die potenziell diese Gruppen dazu bringen können, sich einer Bewegung anzuschließen oder sie mit ihren Ressourcen zu unterstützen.

Große, erfolgreiche Streiks beginnen mit dem ersten Gespräch über gemeinsame Arbeitsbedingungen. Mietenkämpfe beginnen mit dem ersten Aushang im Flur, um sich über Mieterhöhungen und Wohnbedingungen auszutauschen. Politisierung beginnt, wenn wir Ängste miteinander teilen, die Wut und auch die Hoffnung. Das kann jederzeit in unserem Alltag passieren. Wenn wir nicht vereinzeln und uns isolieren, sondern den Kontakt zueinander suchen, wird Energie frei. Energie, die zu Macht werden kann. Wir brauchen ein Verständnis von Zugehörigkeit und Verbundenheit miteinander – als Grundlage unserer Bereitschaft, uns den Nöten und Leiden unserer Mitmenschen zu stellen und gemeinsam dafür Verantwortung zu übernehmen.[406] Ich wünsche mir, dass auch dieses Buch ein paar Anhaltspunkte bietet, um mit anderen ins Gespräch zu kommen. Nicht nur über die Krisen, sondern auch darüber, was sie mit uns machen und was du, ich, Sie, wir dagegen unternehmen können. Und dann suchen wir die Situationen, die die Kraft in uns entzünden können, immer und immer wieder. Mit diesen Erlebnissen müssen wir einsteigen. Es gibt keinen kurzen Weg zur Machtverschiebung. Es fängt an mit zwei Personen, überall, gleichzeitig. Bei kleinen Gruppen. Und erst diese fügen sich zusammen zu Bewegungen.

Auf Grundlage bedeutsamer Beziehungsgeflechte bauen wir Macht auf. Jede*r Mensch sollte nicht nur seine eigene Stimme nutzen, sondern dafür sorgen, dass weitere Menschen ihre Stimme erheben. Und alle, die dabei sind, müssen wissen: Es kommt auf mich an. Bindung ist alles: Menschen, zu denen wir keinen Kontakt haben, können wir nicht von jetzt auf gleich für uns gewinnen und erst recht nicht für die nächsten Jahre. Den nachhaltig und substanziell erfolgreichen politischen und Arbeitskämpfen in den letzten Jahren und Jahrzehnten ging fast immer monatelange oder jahrelange Beziehungsarbeit voraus.[407] Aber genau diese Beziehungsarbeit, die eigentliche Basis von Organisierung, wird bisher in deutschen und europäischen Bewegungen häufig ausgelassen – mit der Folge, dass auch die größten Proteste schnell wieder abebben, dass sich der Druckverlust kalkulieren lässt und tiefgehende Veränderung ausbleibt.

Verschiedene Rollen und Aufgaben

Nicht jede Person muss dabei gleich aktiv sein. Es ist eine verträumte Idealvorstellung, dass es morgen in Deutschland 80 Millionen Vollzeit-Aktivist*innen und -Organizer*innen gibt. Sondern es braucht von allem etwas: Menschen in der Kerngruppe jeder Initiative und Bewegung, die dauerhaft mit Organisierung und Mobilisierung beschäftigt sind. Die ansprechbar sind für die Aktiven. Das ist die nächste Gruppe: Diejenigen, auf die wir zählen können. Die Verantwortung übernehmen und Aufgaben erledigen. Auch diese müssen ihren eigenen Kreis von Verbündeten aufbauen. Wir brauchen auch Unterstützer*innen – solche, die sich solidarisieren und mit Fähigkeiten, Geld und Wissen unterstützen, aber (noch) nicht bereit sind, selbst Verantwortung zu übernehmen. Es gilt, die Unbeteiligten zu Unterstützer*innen zu machen. Die, die glauben, sie seien nicht selbst betroffen, die Politik und politische Veränderung nicht als ihre Aufgabe betrachten – und auch die, die sich noch scheuen, aktiv zu werden.

Darüber hinaus gibt es unterschiedlichste Rollen und Aufgaben in Bewegungen. Schauen wir auf Bilder von Massenprotesten, werden dort meistens Einzelpersonen in heroischer Gestalt abgebildet. Wir kennen diejenigen, die in der ersten Reihe stehen, die flammende Reden halten, die in Medien und Talkshows auftreten, begeistern und überzeugen. Sie werden zu Gesichtern einer Bewegung – und nicht wenige Menschen schauen zu ihnen auf und denken »Ich könnte das nicht«. Viel zu selten sprechen wir darüber, was hinter und neben diesen Menschen passiert und um sie herum. Vorher haben Menschen Strategien und Pläne erarbeitet, haben Texte verfasst und Materialien erstellt, haben Netzwerke kontaktiert. Andere bauen die Bühne auf, auf der später die Sprecher*innen ihre Reden halten werden, oder besorgen Technik. Wieder andere koordinieren Presseanfragen, sind ansprechbar bei organisatorischen Fragen oder sind in sozialen Medien präsent. Und noch viele mehr leisten Fürsorge-Arbeit: Niemand, der*die sich auf eine Bühne stellt und spricht, tut das, ohne dass viele Menschen im Hintergrund beraten, trösten, Hoffnung machen, Arbeit abnehmen, in Freundschaften und Beziehungen den Rücken stärken. Auch diese Tätigkeiten sind für eine Bewegung strategisch. Wollen wir ein realistisches Bild davon haben, wie viel Platz in Bewegungen und Protestformen für alle möglichen Menschen ist, müssen wir all diese Menschen genauso als Gesichter von Bewegungen begreifen wie die, deren Gesichter wir aus der Öffentlichkeit kennen.

In sozialen Bewegungen gibt es diejenigen, die Wissen und strategisches Können mitbringen, sowohl beim Aufbau von Strukturen als auch bei der Umsetzung. Das sind Trainer*innen, Menschen, die Bildungsarbeit leisten. Diejenigen, die Gruppenprozesse koordinieren und moderieren können. Da sind die, die analysieren und recherchieren. Dann gibt es diejenigen, die zwischen Bewegungen vermitteln und Brücken schlagen. Diejenigen, die in der Lage sind, große Zahlen von Menschen zu organisieren –

durch Bekanntheit oder jahrelange Arbeit. Es gibt diejenigen, die die Geschichten einer Bewegung schreiben und ein gemeinsames Gefühl erzeugen – Musiker*innen, Schauspielende, Lyriker*innen und Künstler*innen. Es klingt banal, aber wir brauchen Menschen mit den unterschiedlichsten Fähigkeiten – für Recherche, Webdesign, Spendensammeln, Musik, Büroverwaltung, Öffentlichkeitsarbeit.[408] Es ist keine Plattitüde, wenn wir sagen: Jede*r Mensch hat etwas, das er beitragen kann und das von elementarer Bedeutung für eine Massenbewegung ist. Bewegungen zu organisieren heißt, eine demokratische Gegenkultur aufzubauen, die das Verbindende ins Zentrum stellt, statt alles zu hierarchisieren und zu kategorisieren. Wir verändern uns selbst und unser Zusammenleben als Voraussetzung dafür, die gesellschaftlichen Verhältnisse zu verändern.

Geld: Der Elefant im Raum

Im Übrigen ist es auch machtvoll und von Bedeutung, Geld geben zu können. Mit dem Geld ist es oft genug wie mit der Macht: Wir sprechen nicht darüber. Oft habe ich gehört: »Spenden ist dann ja wie Ablasshandel, wenn ich nicht aktiv bin.« Dabei ist völlig klar, dass politische Bewegungen nicht ohne Finanzierung auskommen, erst recht nicht, wenn sie gegen die mächtigen Konzerne und Einzelpersonen kämpfen bzw. gegen diese Strukturen, die ungeheuren Reichtum erst hervorbringen. Politische Gegenmacht zu organisieren ist ein Knochenjob, ein Vollzeit-Job. Viele gehen in Bewegungen Risiken ein, zum Beispiel, wenn sie zivilen Ungehorsam üben, der juristische Konsequenzen haben könnte, oder ihre Ausbildung *on hold* setzen. Menschen entscheiden sich gegen sichere Karrierewege und dafür, eine andere Gesellschaft aufzubauen. Sie alle tun das aus sowohl Idealismus als auch aus Eigeninteresse. Aber auch sie brauchen Sicherheit. Warum sollten wir uns nicht so organisieren, dass sie auch bezahlt werden? Nichts anderes tut die Gegenseite mit Lobbyist*innen. Es ist also alles andere als widersprüchlich, finanzielle Strukturen zu schaffen. Auch organisiertes Geld ist Macht. Wenn das dasjenige ist, was Sie beisteuern können: nutzen Sie Ihre Macht. Man wird es Ihnen danken.

Was es dagegen nicht gibt in diesem Kampf um die Zukunft, ist Neutralität. Inmitten eines Machtkampfes lässt sich kein gemütliches Lager aufschlagen. Die Zukunft betrifft uns. Und wer Neutralität suggeriert, macht sich zum Teil eines »kraftlos[en] Aggregat[s] derer, die nicht Partei ergreifen«[409] und damit den Status quo ermöglichen und stützen.

Mosaik der Bewegung

Fangen wir im Kleinen an uns zu organisieren, entsteht nach und nach ein Netzwerk von überschaubaren (Bezugs-)Gruppen, in denen Macht aufgebaut wird. Sie fügen sich zusammen zu einer aufständischen Bewegung, die nichts anderes ist als die Vervielfachung der Gruppen.[410] Bewegungen werden erfolgreich, wenn sie immer größere Teile der Gesellschaft aktivieren, wenn immer mehr Menschen sich zu aktiven Verantwortlichen entwickeln. »Soziale Bewegungen erzielen ihre Erfolge selten, indem sie ihre Gegner*innen überwältigen, sondern eher, indem sie ihnen die gesellschaftliche Zustimmung entziehen«, schreibt beispielsweise der Organizer und Autor Joshua Kahn Russell.[411] Die Gesellschaft besteht nicht nur aus Menschen, die dafür oder dagegen sind – die Realität ist nuancierter.

Es gibt ein Spektrum von Verbündeten und Gegner*innen: Manche sind aktive Verbündete, manche passive. Wieder andere sind neutral, und außerdem gibt es passive und aktive Gegner*innen. Wir müssen beginnen, uns mit denen zu organisieren, die auf unserer Seite stehen. Dann können wir uns an die wenden, die noch nicht die eigene Auffassung teilen, die nicht ohnehin schon aktiv sind, mit denen potenziell mehr Konflikte entstehen. Wenn es gelingt, auch diese Menschen nach und nach zu organisieren, vergrößert sich die Basis, mit der man arbeitet. Wollen wir Macht aufbauen, müssen wir also den Großteil unserer Energie denen widmen, die aus verschiedenen Gründen bislang noch nicht auf unserer Seite sind. Wir können nicht warten, dass Menschen sich anschließen wollen, sondern müssen auf Menschen zugehen, zuhören, Angebote machen. Nicht mit der Arroganz, ohnehin alles zu wissen und nur sie zu überzeugen, sondern mit dem Anspruch, dazulernen zu wollen. Wenn heute alle politischen Parteien immerfort betonen, man müsse mit Menschen »auf Augenhöhe sprechen«, dann ist das Projekt schon zum Scheitern verurteilt. Denn wer das betonen muss, hat noch nicht begriffen, worum es geht. Man tut so, als müsse man sich erst auf das Niveau der Menschen herabbegeben, die einen wählen sollen oder die man organisieren will. Und damit schaut man ausgerechnet auf die von oben herab, die man eigentlich dringend braucht. Menschen merken, wenn man sie insgeheim verachtet, und Menschen spüren, ob man ehrlich zu ihnen ist. Wichtige politische Veränderung und Machtverschiebung kommt von unten. Dort liegt die Macht, und um sie zu nutzen, sollten wir uns nicht darauf ausruhen wollen, recht zu haben oder alles besser zu wissen. Die Aufgabe von Aktivist*innen und Aktiven besteht darin, das Spektrum in Richtung der aktiv Verbündeten zu ziehen. Von entscheidender Bedeutung beim Aufbau einer machtvollen Bewegung ist, dass aus passiven Verbündeten aktive werden. Gelingt das, entsteht jene Energie, die Bewegungen schlagartig so vergrößert, dass sie Herrscher*innen und Eliten Bedrohlichkeit schafft. Aber was es braucht, ist Verbindlichkeit. Menschen müssen sich entscheiden mitzumachen.

Nach dieser Strategie verfuhr beispielsweise das *Student Nonviolent Coordinating Committee (SNCC)* in der US-amerikanischen Bürger*innenrechtsbewegung in den Südstaaten der USA: Die Aktiven dort analysierten das Spektrum von Verbündeten – und stellten fest, dass Studierende zu einem großen Teil passive Verbündete waren. Sie unterstützten die Anliegen der Bewegung, aber hatten keinen Kontakt zu ihr. Daraufhin ging die Bewegung auf die Studierenden zu und organisierte Busreisen vom Norden in den Süden. Die Studierenden wurden im Süden Zeug*innen von Gewalt und Rassismus und berichteten ihren Familien davon. So wurden wiederum viele Familien zu passiven Verbündeten. Die Studierenden wiederum organisierten im Norden weiter, wurden zu aktiven Verbündeten und bewirkten weitere Verschiebungen in der gesellschaftlichen Zusammensetzung der Bürger*innenrechtsbewegung.[412] So wuchs einerseits der Widerstand, andererseits aber auch die Basis derer, die ihn unterstützten. Auch neutral Eingestellte müssen gewonnen werden. Auf diese Weise wird den Gegner*innen Stück für Stück die Zustimmung entzogen und ihre Macht untergraben.

Die Aktivierung einzelner Menschen ist der Beginn von Bewegungs- und Machtaufbau. Sie ist der härteste Part. Aber Kipppunkte gibt es nicht nur in Ökosystemen. Sie existieren auch in der Gesellschaft. Und so arbeiten wir uns langsam nach oben, auf die Kipppunkte zu, ab denen etwas passiert. Sie können erreicht werden, indem auf bestehende Infrastruktur und Macht zurückgegriffen wird, also zusätzlich Initiativen, Institutionen und bestehende Bewegungen zusammengeführt werden. Wenn diese sich mit bestimmten Anliegen identifizieren und einer Bewegung anschließen, wachsen Bewegungen sprunghaft.[413] Jüngste Beispiele dafür sind die Kooperation zwischen den Klimagerechtigkeitsbewegungen und Gewerkschaften oder auch die gewerkschaftliche Unterstützung des Volksbegehrens »Deutsche Wohnen und Co enteignen«, das Wohnraum wieder in öffentliche Hand überführen will. Diese Bündnisse schaffen neuen fruchtbaren Boden, aus dem viel erwachsen kann. Aus verschiedenen »vereinzelten Organisationen« entsteht »eine transformative soziale Bewegung«.[414] Der Druck, den die Aktivierung von Einzelpersonen erzeugt und der langsam und stetig steigt, ist auch eminent wichtig. Aber nur mit »Blockrekrutierungen« werden gesellschaftliche Kipppunkte erreicht, bei denen Veränderungen plötzlich sehr einfach und schnell erzielt werden können. Dann verschieben sich Machtdynamiken in Wirtschaft, Politik und Gesellschaft.

Veränderung kann aber ausgerechnet dann erfolgreich in Gang gesetzt werden, wenn wir drohen aufzugeben: Viele, die in den letzten Jahren beispielsweise in der Klimabewegung aktiv geworden sind, sind entmutigt. Andere fühlen sich gar nicht erst dazu aufgerufen, noch beizuspringen. Anfangs hat die Bewegung nie da gewesene Bilder produziert; das Bild streikender Schüler*innen war neu und ungewöhnlich. Dann kam die Ernüchterung, politische Entscheidungen wurden weiter vertagt oder zuungunsten des Klimas getroffen. An Demos nahmen weniger Menschen teil – Corona beschleunigte diesen Prozess –, Medien stellten die Frage, ob es die Klimabewegung überhaupt noch gebe.

Stehen die Zeichen also auf Aufgeben? Bill Moyer, Langzeitaktivist und Ersteller des *Movement Action Plan*, ist zu einem kontraintuitiven Schluss gekommen: Bewegungen seien ausgerechnet dann erfolgreich, wenn dieser Erschöpfungsmoment eintritt. Nämlich dann, wenn es gelingt, dass die Zustimmung aus der Mehrheit der Bevölkerung wächst.[415] Und auch, wenn die Lage gefühlt und tatsächlich immer schlimmer wird: Krisen und Missstände waren seit jeher der Ursprung des Aufbegehrens. Veränderung geschieht nicht aus einer Laune heraus, sondern, weil Menschen die Ungerechtigkeit und die Verzweiflung, die sie bewirkt, nicht mehr hinnehmen wollen.[416] Und die Ungerechtigkeit als Zündstoff – die bleibt.

Fassen wir also zusammen, was eine mächtige Bewegung ausmacht:

1. Wenn wir Kräfteverhältnisse aufbrechen wollen, brauchen wir Macht
   Krisen können wir nur bewältigen, wenn wir gesellschaftliche Machtverschiebungen auslösen. Der Macht des Geldes müssen wir mit der Macht der Menschen entgegentreten. Das ist keine Konzeption von Macht, die sich aus Herrschaft über andere speist, sondern aus Verbundenheit miteinander. Nur so gelingt es uns auch, die Ohnmacht in uns und in der Gesellschaft zu bekämpfen.

2. Organisierte Macht beginnt im Kleinen
   Organisierte Macht beginnt nicht mit Demonstrationen und Aktionen, sondern beim einzelnen Menschen, zwischen zweien, in kleinen Gruppen. Bei Menschen, die in ihrem eigenen Leben entdecken, dass sie gegen politisch festgeschriebene Strukturen oder vorherrschende Erzählungen, gegen gesellschaftliche Machtstrukturen und ökonomische Verhältnisse ankämpfen. Sie entfaltet sich dort, wo Menschen beschließen, etwas an ihrer eigenen Lebenssituation und Lebensführung ändern zu wollen.

3. Machtverschiebung ist kein Prestige-Projekt, sondern liegt in unserem Interesse

Politische Veränderung wird nie wirksam sein, wenn sie lediglich ein wohlgemeintes soziales Projekt ist – sondern nur, wenn wir nicht *für* andere, sondern *mit* anderen für Veränderung kämpfen, weil sie uns selbst betrifft. Wer nur aus Symbolik politisch ist, kommt schnell aus der Puste. Aber wen die eigene Wut, Angst und Hoffnung treibt, der*die besitzt einen langen Atem.

4. Eine Bewegung braucht Verbindlichkeit

Sie braucht Menschen, die Verantwortung übernehmen. Die Veränderung in die eigene Hand nehmen und bereit sind, Risiken einzugehen. In einem Maß und einer Intensität, die für sie lebbar und verträglich ist, auch wenn sie unkomfortabel ist. Solche Menschen müssen Verantwortung füreinander übernehmen. Hundertprozentige Sicherheit gibt es nicht im Kampf um gesellschaftliche Veränderungen. Wir werden Risiken eingehen müssen, und zwar verbindlich.

5. Es gibt keine Held*innen, sondern unzählige Führungspersönlichkeiten

Es geht nicht darum, einzelne Gesichter groß zu machen. Sondern darum, dass jede einzelne Person in einer Bewegung Macht aufbaut. Eine Bewegung, die sich aus vielen Verantwortlichen zusammensetzt, ist widerstandsfähiger, besteht länger – und zahlt auf eine Vision von einer Gesellschaft ein, die nicht für wenige, sondern für viele Handlungsmacht begründet.

Das wahrscheinlich populärste Gegenargument zu politischem Protest ist, es gäbe nicht genügend Menschen, die sich für Veränderung interessieren oder aktivieren ließen. Aber das stimmt nicht. Das Gerede von Knappheit ist etwas, an das wir uns gesellschaftlich über Jahrzehnte gewöhnt haben. Wir verfügen über ausreichend Ressourcen, um dem jahrzehntelangen Stillstand oder sogar der Verschlimmerung der Situation etwas entgegenzusetzen und umfassende Veränderungen herbeizuführen. Es kann gelingen, ausreichend Menschen zu organisieren, um tatsächliche Veränderung bewirken zu können. Das Potenzial einer solchen Bewegung ist riesig. Nur müssen viele Menschen erst wieder anfangen, daran zu glauben. Schließlich waren die letzten Jahre vor allem von Machtzugewinn von der Macht des Kapitals, der Märkte, des Neoliberalismus geprägt. Das Ergebnis: Wir haben gesellschaftlich nicht nur den politischen Kampf und das Selbstbewusstsein verloren, sondern die Hoffnung gleich mit. Holen wir sie uns zurück. Hoffnung ist eine Praxis, sie entsteht durch Handeln. Die Lage ist nicht aussichtslos. Nicht, solange sich noch etwas regt in uns und auf den Straßen. Solange da noch Wut ist auf die Ungerechtigkeiten, ein Funken Kampfeslust, Sehnsucht nach Veränderung. Wir wollen uns doch nicht ernsthaft jetzt schon geschlagen geben. Lasst uns den Kampf wieder in aller Ernsthaftigkeit aufnehmen. Uns begeistern für eine Vision von einer besseren Welt, in der wir uns solidarisch aus den Krisen herauskämpfen und dem Krisenzeitalter ein Ende setzen. Hoffnung erzeugen, indem wir anfangen, für eine solche Vision zu handeln. Einander anstecken mit dem Wissen: Es könnte auch anders gehen.

Wir müssen nur einmal anfangen. Jede*r für sich – und alle gemeinsam. Das ist das Schwierigste. Danach politisieren die Widerstände von alleine.

Dezember 2020. L. kommt aus dem Dannenröder Wald zurück – nach ein paar Nächten im Wald, in der Kälte, unter

Menschen, die sich gegen die Rodungen für den Weiterbau einer Autobahn (A 49) auflehnten. 18 Jahre ist sie alt, und politisch, na klar. Politisch, das war sie auch vorher schon, aber auf die Straße getrieben hat es sie erst im letzten Jahr – und seitdem immer und immer wieder. Vor einigen Wochen hat sie mit mir den ersten Protest mit Polizeirepression erlebt. Sie wollte gegen Nazis protestieren, gewaltfrei, versteht sich. Ihre Frage, mit Unverständnis und so viel Wut in den Augen: »Wie kann das sein, dass man so gegen mich vorgeht – und nicht gegen die, die Menschen hassen und die Demokratie noch dazu?« Ich konnte sie schlecht beantworten, denn »das ist halt so« wollte ich nicht sagen, das halte ich für die schlimmste aller möglichen Antworten. Aber was ich fühlte, war der Kloß im Hals bei der Erinnerung an den Moment, in dem ich ebenfalls das erste Mal in dieser Situation war. Jetzt, wie im Falle des Dannenröder Waldes und an so vielen anderen Orten, die Menschen vor der Zerstörung bewahren wollten, gab es den Gegenwind, setzte die Polizei Wasserwerfer oder Pfefferspray gegen die Protestierenden ein und setzte sie einige Male enormer Gefahr aus. Und dann wieder die Frage: »Aber warum tun denn nicht mehr Leute was?« Und ich denke: Das ist eine sehr gute Frage.

Bei allen Menschen, die sich irgendwann entschlossen haben, etwas verändern zu wollen oder an Protesten teilzunehmen, bleibt vor allem eines: Verbindung. Hoffnung. Politisierung. Mut. Radikalisierung. *Jetzt erst recht.* Denn erst die Erfahrung des gemeinsamen Kampfes lässt uns das Potenzial zur Veränderung erkennen. Sie lässt uns erleben, wie viel uns miteinander verbindet und wie wenig uns trennt. Protest schafft Gegenwind. Aber eben auch das Gefühl, mit der Ungerechtigkeit, mit dem Drang nach Veränderung, mit den Sorgen nicht allein zu sein. Oder, wie es Autor*innen von *Labor Notes*, einem US-amerikanischen gewerkschaftlichem Organizing-Projekt, ausdrücken: »Langsam und beständig gewinnt man das Rennen. Es gibt *eine* große Ausnahme von dieser Regel. Wenn sich Menschen in einem Kampf befinden, in dem viel auf dem Spiel steht, und sie gezwungen werden, gegen einen mächtigen Gegner aktiv zu werden, radikalisieren sie sich manchmal über Nacht.«[417] Vielleicht können sich heute viele Menschen nicht vorstellen, längerfristig politisch aktiv zu sein, Gegenmacht zu organisieren. Aber ich bin der festen Überzeugung, dass das bei einem großen Teil von ihnen morgen schon anders sein könnte.

Dass eine Vielzahl von Menschen sich organisiert, ist die Grundlage von Macht. Aber natürlich reicht das allein nicht aus. Wir müssen sie auch an strategischen Punkten ausüben. Die entscheidende Herausforderung besteht darin, dass wir uns in einer solchen Struktur gut organisieren. Wir müssen Druck aufbauen, dafür benötigen wir strategische und machtkritische Analysen und langfristige Pläne. Wir müssen gemeinsame Visionen, Ziele und Taktiken entwickeln. Und wir müssen Kräfte bündeln.

Eine Strategie entwickeln

»Wenn du keine Strategie hast, bist du Teil der Strategie anderer.« Mit diesem Satz wird der Zukunftsforscher Alvin Toffler zitiert. Eine große Zahl von organisierten Menschen für eine bessere Zukunft hat riesiges Potenzial, aber viele zu sein allein reicht nicht. Eine Bewegung muss strategisch vorgehen, um wirksam zu sein. Sie darf sich nicht in abstrakten Appellen verstricken. Häufig fordern Initiativen politische oder wirtschaftliche Entscheider*innen auf, ihre Verantwortung wahrzunehmen oder beispielsweise eine bessere Sozialpolitik umzusetzen. Das reicht möglicherweise, um einen Missstand ins öffentliche Bewusstsein zu rücken, es hilft auch, das Spielfeld abzustecken, auf dem ab jetzt um Macht gekämpft wird. Aber um wirkliche, konkrete und nachhaltige Erfolge zu erzielen, muss eine genauere Strategie existieren. Wir brauchen eine klare Vision, die das Ziel einer Kampagne oder eines Aktionszyklus klar benennt. Sie sollte eine konkrete positive Veränderung im Leben von Menschen zum Ziel haben. Es reicht noch nicht aus, wenn wir als Vision formulieren »Krisen lösen« oder »Klimakrise bewältigen, soziale Gerechtigkeit schaffen, Wirtschaft demokratisieren«. Außerdem muss mit dem Erreichen der Vision ein klarer Machtgewinn für die beteiligten Menschen verbunden sein, sodass die Kräfteverhältnisse nachhaltig verändert werden. Anschließend müssen wir Ziele auf dem Weg zum Erreichen der Vision definieren. Welche Meilensteine gibt es auf diesem Weg? Man spricht häufig davon, dass diese Ziele *smart* sein müssen. Ziele, die wir erreichen müssen, sollten spezifisch sein, messbar, ausführbar, realistisch und terminorientiert. Vor allem aber müssen sie gewinnbar sein. Um sie zu erreichen, müssen viele Menschen Druck aufbauen. Dazu können und sollten verschiedene Taktiken angewandt werden. Wenden wir zu lange dieselbe Taktik an, nutzt sie sich ab und wird schließlich wirkungslos.[418] Statt das immer gleiche Format zu wiederholen, braucht es eine Eskalationsstrategie. Beispielsweise würden nie erst Blockaden und ziviler Ungehorsam stattfinden und danach Petitionen eingereicht werden, sondern gegebenenfalls umgekehrt. In Erwägung gezogen werden muss vor allem, wo unsere tatsächliche Macht liegt, gegen wen wir arbeiten, welche Hebel unsere identifizierten Gegner*innen zum Handeln zwingen und wen wir auf unsere Seite ziehen könnten. Und wir müssen über eine realistische Einschätzung darüber verfügen, wie groß unsere Handlungsmacht aktuell ist.

All diese Gedanken sind Teil einer Strategie. Das Konzept von Strategie hat Marshall Ganz vereinfacht ausgedrückt als »die Verwandlung dessen, was man hat, in das, was man braucht, um das zu kriegen, was man will«.[419] Eine große Zahl organisierter Menschen ist das Stärkste, das wir auf unserer Habenseite verorten können. Die Masse von Menschen sorgt dafür, dass uns vielfältige Möglichkeiten und Ressourcen zur Verfügung stehen: Arbeitende haben in Betrieben die Macht, durch Streiks die Störung des Betriebs zu verursachen. Deshalb werden Lohnerhöhungen und bessere Arbeitsbedingungen immer wieder durch dieses Mittel erkämpft. Wo genau aber die Macht einer organisierten Bewegung liegt, darauf müssen wir immer wieder neue Antworten finden, neue Räume entdecken, neue Taktiken entwerfen. Es gibt eine Vielzahl von Möglichkeiten: Petitionen, direktdemokratische Instrumente, Demonstrationen, ziviler Ungehorsam, Blockaden und Besetzungen beispielsweise, um nur einige zu nennen. Aber möglicherweise gibt es auch noch Wege, Macht auszuüben, über die wir bislang noch zu wenig nachgedacht haben? Es ist und bleibt die Hauptaufgabe von Bewegungen und Menschen, die sie vorantreiben, auf der Suche zu bleiben und bisherige Strategien zu hinterfragen. Die Ressourcen und Taktiken, die uns zur Verfügung stehen, müssen wir möglichst zielgerichtet einsetzen. Sie müssen spezifisch dort Druck erzeugen, wo der Hebel zur Veränderung liegt – nicht nur in der Nähe. Mediale Präsenz kann Teil einer Strategie sein, aber sie wird heute häufig verwechselt mit den eigentlichen Zielen der Veränderung, indem die Wirksamkeit einer Organisation oder Bewegung in ihrem Vorkommen in medialen Debatten gemessen wird. Das kann ein Indikator sein für die Popularität bestimmter Themen, aber ersetzt nicht die eigentliche Organisierungs- und Bewegungsarbeit. In den Medien können Forderungen und Szenarien als Diskurspunkte gesetzt werden, die Debatten entfachen und Veränderungen auf die Agenda heben. Aber davon allein passiert noch keine Veränderung. Ich kann jahrelang über ein »hätte«, »wäre«, »könnte« bestimmter Veränderungen philosophieren und mit Radikalität kokettieren – es gibt schließlich ganze Berufsfelder, die sich nur daraus begründen –, ohne jemals auch nur ein kleines Stück näher an reale Veränderung gekommen zu sein. Am Ende braucht es Menschen, die die harte Arbeit leisten. Menschen organisieren. Sich den Kopf über Strategien zerbrechen. Risiken eingehen. Scheitern und aufstehen, um wieder zu scheitern und ein weiteres Mal aufzustehen – so lange, bis etwas in Bewegung gerät.

Wollen wir die vielen Krisen unserer Zeit lösen und die Machtverhältnisse im wirtschaftlichen und politischen System verschieben, werden wir immer wieder verlieren. Aber wir werden eben auch scheiternd nach vorne stolpern.

Wir sollten es uns nicht zu einfach machen mit der Suche unserer Gegner*innen, sondern müssen umfassende Analysen von Machtstrukturen zu bestimmten Zielen vornehmen. Wir müssen unsere eigenen Gruppen im Verhältnis zu anderen verorten und Verknüpfungen zwischen einzelnen Akteur*innen sehen. Wo sind Veränderungshebel? Wer kann über die Veränderung entscheiden, die wir wollen? Welche Macht hat diese Person, Institution, dieser Konzern, diese Partei oder Regierung? Aber vor allem auch: Von wem wird diese Macht gestützt? Mit den Gegner*innen ist es wie mit dem Verbündeten-Spektrum. Die offensichtlichsten Gegner*innen sind nicht immer die geeignetsten Ziele. Auch sind nicht alle Gegner*innen gleich: Es gibt ideologische und strukturelle Oppositionen.[420] Unterstützer*innen einer kapitalistischen und neoliberalen Wirtschaftsordnung beispielsweise sind klare ideologische Gegner*innen, während Unternehmen eher strukturelle Opponenten wären. Denn sie arbeiten gegen Klimaschutz oder soziale Gerechtigkeit, weil sie ihren gegenwärtigen Machtstatus im System erhalten wollen. Ein einzelner Konzernchef kann Angriffspunkt einer Kampagne sein, aber wir müssen uns bewusst sein, dass er weniger als Person angegriffen werden wird, sondern mehr in der Rolle, die er im Unternehmen und im gesamten Wirtschaftskomplex einnimmt. Würde beispielsweise eine*n neue*n Vorstandsvorsitzende*n eines Automobilkonzerns zurücktreten, würde sich nicht schlagartig die Unternehmenspolitik ändern. Sondern die Person würde ersetzt durch eine neue Vorstandsvorsitzende und die gleichen Strukturen würden fortbestehen, sofern die Beschäftigten nicht innerhalb des Konzerns neue Entscheidungsmacht erkämpfen können oder veränderte politische Rahmenbedingungen entstehen. Von den Gegner*innen leiten sich auch ein neues Spektrum von Zielpersonen ab, angelehnt an das Spektrum von Verbündeten. In unterschiedlichen Kontexten sind unterschiedliche Gruppen passive Gegner*innen oder Befürworter*innen. Wir müssen uns darüber im Klaren sein, wen wir gewinnen wollen und wer als Gegner*in isoliert werden muss. In diesem Kontext spielen natürlich auch politische Parteien eine Rolle. Können wir dafür sorgen, dass Parteien Bewegungsanliegen in Parlamente tragen oder bewirken, dass sie einer Bewegung gegenüber rechenschaftspflichtig sind, existiert der Druck, den eine Bewegung aufbaut, nicht mehr »nur« außerhalb der Parlamente, sondern befindet sich mittendrin im parlamentarischen System.

Das alles sind Anhaltspunkte, anhand derer wir die Macht der Menschen ausrichten und auf wichtige strategische Punkte leiten können. Aber machen wir uns nichts vor: Der Weg ist weit. Die Gegner*innen von Veränderung, mit denen wir auf Konfrontation gehen müssen, sind bestens organisiert und ausgestattet. In den letzten Jahren haben wir häufig als Masse von Amateur*innen gegen hochprofessionelle, schlagkräftige Truppen der Gegner*innen agiert, und das müssen wir umkehren. Wir müssen strategischer, effizienter und koordinierter agieren, und wir müssen mehr sein. Natürlich wird es Niederlagen geben. Aber auch die Davids gewinnen gegen Goliaths[421] – und dann trifft es letztere umso empfindlicher. Wir tun gut daran, unser eigenes Potenzial nicht zu unterschätzen. Das sollten wir den Zweifler*innen, den Bremser*innen, den Gegner*innen überlassen. Die machen diesen Job schon gut genug.

Strategische Druckpunkte

Wir müssen es schaffen, dass die Druckpunkte, an denen wir Veränderungen bewirken, eine echte Chance auf Machtverschiebung bergen. Die Klimabewegung allein in Deutschland hat es in den letzten Jahren geschafft, den Hambacher Forst zu verteidigen, und sie hat beim Bau der A 49 im Dannenröder Wald erhebliche Probleme verursacht. Zehntausende, Hunderttausende, weltweit manchmal sogar Millionen gingen in den letzten Jahren auf die Straße. Gegen Rechte und Faschist*innen, für Klimaschutz, gegen Rassismus, für menschenwürdige Flucht- und Migrationspolitik. Der Widerstand wächst. Tag für Tag entscheiden sich neue Menschen, den Kampf aufzunehmen. Und die Gründe dafür werden immer größer. Die Krisen eskalieren weiter, und mit ihnen zeigt sich immer deutlicher: Wir müssen uns entscheiden, welche Zukunft wir wollen. Und wir müssen unser Handeln dafür nutzen, diese Zukunft zu bauen. Eine Konfliktlinie, die sich durch alle Krisen zieht, ist die der Eigentumsverhältnisse. Sie wäre ein Überschneidungspunkt, an dem Bewegungen Synthesen schaffen könnten. Nicht so, dass die einzelnen

Kämpfe verwässert würden oder reduziert, sondern so, dass wir uns durch gemeinsame Strategien verbinden und gegenseitig stärken.

Es braucht darüber hinaus die Konfrontation. Die Veränderungsansätze, bei denen man nur die Verantwortung des Individuums oder einzelner betont, rationale Argumente als Triebfeder sozialer Veränderung verwendet und auf Dialog und Konsens statt Konfrontation gesetzt hat oder auf den Aufbau von Alternativen, sind gescheitert. Es gibt zahlreiche mitgliedsstarke Nichtregierungsorganisationen (NGOs) und ressourcenstarke Thinktanks, die das versucht haben – aber obwohl sie unermüdlich gearbeitet haben, hat die Situation sich nicht nennenswert verbessert. Die Unternehmen haben darauf maximal mit *Greenwashing* reagiert, und die Politik beließ es bei Appellen und Beteuerungen.

Wir tun gut daran, die Interessengegensätze nicht kleinzureden. Der politische Kampf gegen die heutigen Krisen ist ein Kampf um einen Systemwandel, eine grundlegende Verschiebung von Kräfteverhältnissen. In Deutschland, in Europa, in der Welt. Er ist kein Ringen um Konsens. Wir befinden uns bereits mitten in einem Kampf um die Zukunft, er tobt seit Jahrzehnten (wenn nicht seit jeher) – und zwar zwischen den wenigen Mächtigen, die ein Interesse am Erhalt des Status quo haben, und den Vielen, die durch Veränderung eine Welt zu gewinnen haben. Wir müssen in die Konfrontation gehen und den Kampf aufnehmen: gegen die Wenigen zugunsten der Vielen.

Heute gelingt es Bewegungen vor allem, einzelne Rückschläge zu verhindern. So können wir punktuelle Veränderung bewirken. Aber zu reagieren reicht nicht aus. Wir müssen zu Akteur*innen werden, müssen so agieren, dass wir an systemischen Hebeln Veränderung bewirken, die sich nicht einfach wieder rückgängig machen lassen. Das Durchbrechen und die Veränderung von Eigentumsverhältnissen, sei es beim geistigen Eigentumsrecht für Patente oder beim Eigentum an fossilen Energieträgern, bei Teilen der grundlegenden Lebensversorgung von Menschen, die in Privateigentum stehen, und bei den dadurch verursachten Zugangsbeschränkungen, ist ein solcher Punkt. Ziel muss sein, die herrschende Ordnung an diesem Punkt umzukehren und neue Verhältnisse zu schaffen. Unsere Macht darf auf einer Skala nicht nur kurz ausschlagen und dann Gefahr laufen zurückzuschnellen, sobald Gegenwind kommt oder unsere Gegner*innen eine andere Strategie verfolgen. Sondern wir müssen den Ausgangspunkt der Kämpfe, die wir austragen, verschieben. Stück für Stück nach vorne, hin zu einer Welt, in der die Machtverhältnisse umgekehrt sind.

Kämpfe verbinden!

Die Herausforderung ist riesig. Nicht nur müssen wir radikale und tiefgehende Veränderungen durchsetzen. Sondern das auch noch gleichzeitig in verschiedenen Bereichen: Klima- und Umweltschutz, soziale und globale Gerechtigkeit, Wirtschafts- und Lebensweise. Zusätzlich stehen wir dabei unter Zeitdruck. Das schaffen wir nur, wenn es gelingt, die unterschiedlichen Bewegungen der letzten Jahre zusammenzuführen, Kämpfe zu verbinden und gemeinsame Strategien zu entwerfen.

Die Grundlagen dafür bestehen: Klimagerechtigkeit ist eine Frage der Entkolonialisierung und des Aufbrechens *weißer* Vorherrschaft. Die Klimakrise betrifft Frauen und Mädchen am stärksten und ist damit eine feministische Frage. Einerseits, weil Frauen und Mädchen überproportional von Armut betroffen sind und viel härter von den Folgen der Klimakrise getroffen werden. Andererseits, weil wir Fürsorge-Tätigkeit mehr wertschätzen und einen größeren gesellschaftlichen Fokus darauf legen müssen, wenn wir Krisen bewältigen und die Gesellschaft weniger anfällig für Krisen machen wollen. Aber auch, weil der Kampf für Klimagerechtigkeit ein ganzheitlicher Kampf gegen Ausbeutung sein muss. Der Kampf um Sicherheit, für bessere Arbeitsbedingungen und öffentliche Daseinsvorsorge ist einer, den untere Klassen kämpfen und der für marginalisierte Gruppen von besonderer Bedeutung ist. Klimagerechtigkeit ist eine Herausforderung für die, die sich weltweit für Menschenrechte einsetzen und für Gleichheit aller Menschen. Bewegungen im Globalen Norden müssen sich in den Dienst stellen von Bewegungen für Nahrungssicherheit und Rechte von Landwirt*innen und Protesten indigener Völker, statt die Impulse zu vereinnahmen und für sich in Anspruch zu nehmen. Die verschiedenen Kämpfe gegen Diskriminierung und Unterdrückung müssen in einem globalen Klassenkampf miteinander verbunden werden, weil auch die Unterdrückung selbst verschränkt ist. Verschiedene Machtstrukturen können gleichzeitig auftreten und verstärken sich. Das fasst man unter dem Begriff Intersektionalität zusammen.

Kämpfe verbinden – das ist unter anderem der feministischen Bewegung bereits gelungen. Mit ihrer Solidarität hat sie erkannt, wie verschiedene Diskriminierungskategorien sich überschneiden und gleichzeitig auftreten können – und dementsprechend auch nur gemeinsam und gleichzeitig bekämpft werden können. Die feministische Bewegung hat deshalb Klasse mit Geschlecht zusammengebracht, Nationen und Kulturen einbezogen, sie war und ist Teil der Arbeiter*innenbewegung und auch der Bürger*innenrechtsbewegung, sie berührt sich mit der Ökologiebewegung und ist verschränkt mit antirassistischen Bewegungen. »Es ist eine Bewegung, die beständig weitergeht, jederzeit aufflackern und nie an ihr Ende kommen kann. Weil sie eine Grundfrage stellt, die jede gesellschaftliche Ordnung durcheinanderbringt.«[422] Heute kann die Notwendigkeit eines *system change* im Zuge der Klimakrise die Erfüllung der »unvollendete[n] Aufgabe der stärksten Befreiungsbewegungen in den letzten zweihundert Jahren« sein, »von der Bürgerrechtsbewegung über den Feminismus bis hin zum Kampf für die Souveränität indigener Völker«.[423] Und die gleiche Frage stellen.

Diese Grundfrage ist diejenige nach Macht. Unterdrückung ist eine Machtfrage, und die einzig mögliche Antwort darauf ist, selbst mehr Macht zu entwickeln. Diese Beantwortung sieht vor: Wir müssen die Verhältnisse auf den Kopf stellen. Angesichts dessen, was uns ein »Weiter so« in Aussicht stellt, ist das eine Anleitung zum Aufstand. Aber Aufstand ist auch das gesündeste und hoffnungsgebende Mittel in dieser Zeit.

Es ist an der Zeit, dass wir die Trennlinien der Klassengesellschaft umkehren und die verschiedenen Bewegungen enger miteinander verschränken. Der Machtkampf um die Zukunft ist ein Kampf von unten gegen oben. Das ist das, bei dem man sich heute häufig scheut, es Klassenkampf zu nennen. Dabei ist das die präziseste Bezeichnung. Und das Bewusstsein darüber ist das, was die »ehemals von den Menschen individuell erlebten Zusammenstöße und Entgleisungen erstmals auf einen gemeinsamen Nenner gebracht« hat.[424] Und wir sollten wissen, mit wem wir uns solidarisieren und mit welchen Bewegungen und Anliegen wir uns gemeinmachen wollen: Wir müssen die Gräben zuschütten, die sich zwischen uns aufgetan haben, die über die letzten Jahrzehnte weiter vertieft wurden und die ein Handeln heute verhindern. Bekämpfen wir die Missstände, die uns in Angst, Ohnmacht und Entmutigung halten. Wir haben die Möglichkeit, zusammenzuarbeiten. Lassen wir uns nicht künstlich spalten in Migrant*innen und migrantisierte Menschen und Deutsche, in Jung und Alt, in Stadt und Land. Reflektieren wir, besonders, wenn wir privilegierteren Gruppen angehören, wo wir uns aktuell untereinander bekämpfen. Die von uns identifizierten Ungerechtigkeiten werden sich nicht isoliert lösen lassen. Denn sie bedingen und stützen sich gegenseitig. Sprechen wir über Ausbeutungssysteme, Ungerechtigkeit im Kleinen wie im Großen, über eine gute Zukunft für alle, dann müssen wir Unterdrückungsstrukturen zusammendenken.

Niemand sagt, dass es einfach wird

Seien wir ehrlich zueinander. Wir werden Rückschläge erfahren und uns großen Risiken aussetzen müssen. Aber wir werden handeln – und wir werden wissen, dass wir das Richtige tun. Dass wir auf der richtigen Seite stehen. Und das ist der Grund, warum wir jede noch so kleine Chance nutzen sollten. Dann werden wir es nicht bereuen. Kein Risiko, keine Strategie, keine Stunde unserer Zeit. Wir sollten nicht die Niederlage erklären, bevor wir überhaupt die Möglichkeit erprobt haben zu gewinnen. Denn es deutet vieles darauf hin, dass es gelingen kann.

Wir können die Klimakrise bewältigen. Wir können globale Gerechtigkeit vorantreiben und soziale Sicherheit für alle schaffen. Wir können Unterdrückung Schritt für Schritt beenden und Alternativen zum gegenwärtigen Wirtschaftssystem aufbauen.

Es gibt einen Weg aus den Krisen. Dieser Weg führt über den Aufbau von Bewegungen. Bislang sind die Wege lediglich kleine Trampelpfade. Es ist an uns, aus Massen organisierter Menschen und mit machtvollen Strategien, daraus begehbare Wege zu machen. Jede*r, der*die neu anfängt sich zu politisieren, sich mit anderen verbindet und erste Schritte unternimmt, um Teil dessen zu werden, trägt einen bedeutenden Teil dazu bei. Wir stehen an einem Entscheidungspunkt, der vielfältige Bezeichnungen trägt. Die Ökonomin Grace Blakeley formuliert ihn als »Scheideweg zwischen Untergang und Utopie«,[425] der Sprachwissenschaftler und Kapitalismuskritiker Noam Chomsky als Entscheidung zwischen »Rebellion oder Untergang«.[426] Die Lage ist nicht aussichtslos, und sie wird es auch niemals sein, solange es Menschen gibt, die Hoffnung haben und für diese Hoffnung kämpfen.

Wir haben keine Wahl. Wir müssen uns der Zukunft stellen, mit all ihren Unsicherheiten.

Wenn wir das tun, haben wir eine Welt zu gewinnen.

VON HOFFNUNG, MUT UND AUFBRUCH

Häufig reden wir über Politik, als hätte sie nichts mit uns zu tun. Wir sprechen über Krisen, den Kapitalismus und politische Machtfragen, als wären sie abstrakt und weit weg. Verlieren uns in Floskeln oder Ausflüchte, umschreiben oder ringen um Worte, als müssten wir uns die Realität harmlos reden. Als wären wir nicht mit Leib und Seele Teil von politischen, wirtschaftlichen, gesellschaftlichen Entwicklungen. Von Krisen und den Antworten, die darauf gegeben werden. Oder wir sprechen über Pläne und Maßnahmen, die mögliche Antworten auf Probleme darstellen, aber selten reden wir über diejenigen, die die notwendigen Veränderungen bewirken können und sie erkämpfen müssen: Über die Menschen, also auch über uns.

Ich frage C., was sie dazu gebracht hat, zu protestieren, zu organisieren, Risiken einzugehen. *Ich war nie diejenige, die sich als Erste etwas getraut hat, die sofort da war, habe gezweifelt und gewartet*, sagt sie. *Aber irgendwann dachte ich: Es muss doch auch anders gehen. Dann war ich bei dieser Demo und habe festgestellt: Ich bin nicht allein mit der Angst. Da sind so, so viele, denen es so geht wie mir. Da habe ich begriffen, dass es zählt, was wir tun. Der Anfang war am schwierigsten, danach wurde es Schritt für Schritt einfacher.*

Und M. sagt mir: *Solange es auch nur irgendeine Chance auf Veränderung gibt, werde ich weitermachen. Weil es das Einzige ist, was Sinn ergibt. Weil es einen Unterschied macht. Und weil ich daran glaube, dass es anders sein könnte.*

Dieses Buch hat mit Gesprächsfetzen über die Ohnmacht begonnen, und es hat mit der Bekämpfung von Ohnmacht geendet. Hinter all den Zweifeln, der Verzweiflung, den Einwänden und dem Stillstand, da gibt es noch etwas. Irgendwo zwischen großen Worten wie Kapitalismus, Klimakrise und Klassenkampf, zwischen Fakten und Argumenten, zwischen Alltag und Ausbruch daraus, da brodelt es vor sich hin. Es lässt viele der Menschen, deren Gespräche mit mir der Einstieg in dieses Buch waren, weitermachen und mich genauso. Jeden Tag von Neuem.

Dieses Etwas, das ist die Hoffnung, die Kraft, der Mut. Die Kampfeslust.

Die Hoffnung darauf, dass es anders gehen könnte.

Die Kraft, eine andere Welt zu erkämpfen.

Der Mut, dieser Welt eine Chance zu geben und für sie zu kämpfen, auch wenn wir nicht wissen, ob es erfolgreich sein wird.

Und die Kampfeslust, die dafür sorgen wird, dass die Chancen nie so schlecht stehen, wie wir das gern behaupten.

Die Hoffnung stirbt zuletzt. Dieser Satz ist eine dieser Plattitüden, die man verwendet, wenn man ansonsten nichts Aufmunterndes mehr zu sagen hat. Als wäre es so einfach, das mit der Hoffnung. Und doch steckt darin etwas sehr Wahres. Egal, wie oft der Untergang prognostiziert wurde, wie stark die Rückschläge waren, wie aussichtslos die Lage: Die Hoffnung ist nie untergegangen. Nicht, solange noch irgendjemand sich dagegenstellte. Wir müssen ihr nur die Tür öffnen – indem wir anfangen, für unsere Vision von der Welt zu kämpfen. Solange es die Wut auf die Verhältnisse gibt und eine Vision von morgen, die wir in uns tragen, solange da noch Menschen bleiben, die dagegenhalten und sich nicht zurücklehnen, solange Menschen sich organisieren und neue Mitstreiter*innen finden – solange ist nichts verloren. Die Hoffnung bahnt sich ihren Weg. Die Hoffnung auf ein besseres Morgen kann uns auffangen, trägt uns durch die Erschöpfung, hilft uns, die Verzweiflung zu überwinden. Sie weckt die Kampfeslust, die Begeisterung, die Kraft. Und mit alledem die Chance darauf, dass wir dieses Mal gewinnen.

Bei einem meiner Spaziergänge während der Pandemie, bei denen ich vor einem leeren Dokument oder einem unfertigen Text auf meinem Laptop weglaufe, rufe ich O. an und frage ihn, ob er glaubt, dass sich die Dinge noch zum Besseren wenden können. Und er sagt: *Natürlich habe ich Hoffnung, wie denn auch nicht.* Ich muss darüber schmunzeln. Denn eigentlich gibt es doch aktuell mehr als genug Gründe, die Hoffnung aufzugeben. Und doch hat er recht: Es ist so viel Raum da. Für Aufbruch. Für Krisenbewältigung. Für eine Welt, die zu erkämpfen jede*r von uns sich selbst wert sein sollte. Für Massenbewegungen und neuen politischen Protest. Für uns. Diese Welt, die wir gewinnen können, ist schon längst da, und sie ist jeden Tag in greifbarer Nähe. Es braucht nur jede*n Einzelne*n, um sie möglich zu machen.

Seien es diejenigen, die in diesem Jahr bei der Bundestagswahl wählen wollen, aber vor dem Wahlzettel stehen werden und nur Ernüchterung und Pflichtbewusstsein spüren und darüber grübeln, was genau ihre Stimme da jetzt gerade verändern soll. Seien es Menschen, die nicht (mehr) wählen, weil sie für sich keine Option mehr auf Veränderung sehen und sich durch keine der Parteien vertreten fühlen. Oder seien es diejenigen, die noch eine vage Hoffnung darauf setzen, dass irgendeine Koalition es schon richten werde. Es braucht die vielen Menschen, die in den letzten Jahren auf der Straße waren, weil sie genau dieses Gefühl nicht mehr haben. Diejenigen, die gegen alle Ernüchterung und Widerstände Menschen für ihre Interessen organisieren, die nach

Jahren oder Jahrzehnten in Bewegungen ihr Wissen weitergehen, und diejenigen, die ein neues Risiko eingehen. Alle, die eigentlich längst mal anfangen wollten, und alle, die kurz davor sind, wieder aufzuhören. Jede*n, der*die bereit ist, der Macht des Kapitals etwas entgegenzusetzen, alle die, die nicht mehr nur passiv am Spielfeldrand stehen wollen. Und auch alle Menschen, die noch skeptisch sind.

Hoffnung und Veränderung, das ist eine dauerhafte Suche nach der eigenen Rolle, nach der eigenen Vision, und nach der Möglichkeit, sie Realität werden zu lassen, sagt mir E., als ich die letzten Seiten dieses Buchs schreibe. Dieses Buch soll eine Einladung sein, sich auf diese Suche zu begeben.

Es erscheint anlässlich der Bundestagswahl. Und diese Wahl wird kein Wendepunkt sein, an dem sich alles ändern wird. Die Parteien und alle aktuell möglichen Koalitionen werden nicht plötzlich abrücken von den politischen Entscheidungen der letzten Jahrzehnte, die Krisen werden nicht plötzlich verschwinden, die Pandemie wird uns wohl noch eine Weile begleiten, und auch die Ohnmacht im Alltag bleibt. Wählen Sie bei der Bundestagswahl, was immer Sie wollen, aber es wäre schon ein Schritt in die richtige Richtung, wenn am Ende die CDU/CSU nicht länger in der Bundesregierung säße und die AfD im besten Fall gar nicht erst im Bundestag. Aber hören wir auf, uns vorzumachen, eine Wahl würde ausreichen, um die notwendigen Veränderungen zu bewirken. Denn natürlich tut sie das nicht, und wir alle wissen das. Wer nach Hoffnung sucht und nach Mut für morgen, wird beides vermutlich nicht in den Grundsatzprogrammen finden oder in den Wahlprogrammen der Parteien. Antworten auf die Sorgen, die uns zerfressen und nachts manchmal nicht schlafen lassen, gibt kein Wahl-O-Mat. Bessere Aussichten auf die Zukunft haben zu wollen heißt, den Kampf dafür aufzunehmen.

Im Winter 2020 erhalte ich einen Anruf von einem Menschen, mit dem ich mich oft gestritten habe. Von einem Menschen, gegen den ich am allermeisten gekämpft habe. Mit dessen Zweifel ich gerungen habe und gegen dessen Einwände ich so oft vergeblich angestürmt bin. Dieser Mensch sagte plötzlich: *Was du und ihr da macht, das ist wichtig. Das habe ich jetzt begriffen. Und das wollte ich einmal sagen.*

Radikale Veränderung heißt Aufstand. Veränderung gelingt nicht aus der Distanz. Soll sich etwas bewegen, müssen wir die Distanz zum Politischen aufgeben und aus unserer Hoffnung politische Kämpfe machen. Wir müssen aufhören, auf den unverdaulichen Resten irgendeines Normalzustands herumzukauen, und wir dürfen uns nicht länger abstumpfen lassen, nur damit ein »Weiter so« erträglich scheint. Denn nur, weil die Ungerechtigkeit, die Krisen, die Ausbeutung, die Unterdrückung (schon so lange) existieren, verdienen sie noch lange nicht, normalisiert zu werden. Normalisieren wir stattdessen die Hoffnung auf eine bessere Welt. Die Stunde der Träumer*innen hat geschlagen, und es gibt Tausende Gründe gegen das Aufgeben. Nutzen wir sie.

Irgendwann 2019. Ich habe lange überlegt, ob es Sinn ergibt, dieses Beispiel hier aufzunehmen, weil die Situation nur mäßig anschlussfähig ist. Ich sitze mit Hunderten anderen in einer Straßenblockade, auf Asphalt, seit ein paar Stunden. Es ist abwechselnd zu kalt und zu warm, es ist Wochenende, und sicherlich hätte jede*r hier auch andere Pläne machen können. Und doch haben sich so viele Menschen die Mühe gemacht hierherzukommen. Weil Worte allein eben nicht reichen, sondern wir Taten folgen lassen müssen. Ganz konkret – jetzt zum Beispiel. Nach einer Weile drehe ich mich zu S. um. *Alles okay?*, frage ich. Sie überlegt kurz, grinst und sagt: *Na ja, jetzt sind wir ja dran, oder?*

In diesem Sinne.

DANK

Mit welchen Aussagen auch immer man eine Danksagung beginnt, sie lesen sich wie Plattitüden. Aber sie sind wahr: Dieses Buch wäre nicht zustande gekommen, hätte ich nicht die Unterstützung und Rückendeckung vieler Menschen gehabt. Seine Entstehung war eine Reise mit Höhen und Tiefen, die mich an meine Grenzen und einige Male auch darüber hinaus gebracht hat. Und ich bin sehr froh, dabei nicht alleine gewesen zu sein. Deshalb möchte ich an dieser Stelle die Gelegenheit nutzen, Danke zu sagen.

Ich möchte mich von Herzen bei Thomas Pogge bedanken für das Teilen seiner Expertise und die Zeit, die er mir geschenkt hat für das Lesen meiner Texte, für Input und Kritik, Lektüretipps und Denkanstöße, vertiefende Gespräche und Diskussionen. Danke an Sophie Albers Ben Chamo, meiner Agentin bei der Literarischen Agentur Simon, für ihr Wissen, ihre Begeisterung und ihre Energie. Danke, Sophie, für deine Unterstützung vom ersten Moment an. Dafür, dass Du die Dinge in Perspektive gerückt hast, als es notwendig war, für Brainstormings und Rückendeckung, für Kaffee und Kuchen und für Atemübungs-Anleitungen. Ein besonderer Dank gilt auch meinem Lektor Edgar Bracht beim Blessing Verlag, der sich erneut mit mir auf eine turbulente Reise begeben hat und dieses Buch maßgeblich zu dem gemacht hat, was es jetzt ist. Der mit unbändiger Geduld und Leidenschaft mit mir um jeden Satz und jedes Argument gefeilscht hat und es irgendwie geschafft hat, besonnener zu werden, je größer meine Unruhe wurde. Mein Dank gilt außerdem allen

Gesprächspartner*innen, deren Gedanken und Gefühle in dieses Buch Einzug gefunden haben.

Danke an Sarah, die sich irgendwann angewöhnt hat, nach Bruchteilen von Sekunden ans Telefon zu gehen, manchmal mehrmals am Tag oder mitten in der Nacht. Die mit mir Ordnung in meine Gedanken gebracht hat – mit den richtigen Fragen, neuen Ideen oder einfach nur, indem sie zugehört hat, wie ich auf die Welt, die Politik oder den Kapitalismus schimpfte. Danke, dass du mich durch alle Höhe- und Tiefpunkte begleitet hast, durch Wutausbrüche und Tränen und es zwischen alledem noch fertiggebracht hast, mir Kuchen-Pakete zu schicken. Danke an Neno und an Trang dafür, dass wir gemeinsam durch das letzte Jahr gegangen sind und auch durch dieses gehen. Dass ihr mir Halt gegeben, aufgeholfen oder Auswege gezeigt habt, wann immer ich gestolpert oder getaumelt bin. Für eure Gedankenanstöße, eure Analysen und Visionen, eure Klarheit und Ermutigungen, eure Wut und euren Mut, euer Wissen, eure Kritik, eure Beobachtungen, eure Zeit, euer Da-Sein, einfach alles. Danke, Vera, dass ich so oft nicht alleine grübeln, lesen und schreiben musste, sondern wir das nebeneinander und damit auch ein wenig gemeinsam getan haben; das hat das Durchhalten so viel einfacher gemacht.

Danke, Sören, für deine Zeit, die du auf dieses Buch verwendet hast, deine Impulse, dein Feedback, deine Argumente und dein ständiges Nachdenken darüber, warum, wofür und wie Menschen sich organisieren lassen. Ein großer Dank gilt auch meiner Mitbewohnerin Simona, die für die unzähligen Bücherstapel in der Wohnung und mein Verschwunden-Sein darin immer ein mildes Lächeln übrig hatte und neben großen Mengen Nachsicht mindestens die gleiche Menge Kaffee und schließlich Wunderkerzen bereithielt.

Danke an meine Eltern für euren Rückenwind, eure Ermutigung, dieses Buch zu schreiben, euren Glauben an mich und für das Auffangen in den richtigen Momenten. Und danke, Felicitas, dass du da warst, wann immer ich dich darum gebeten habe – egal, wie übel die Laune war, die dir dann entgegenschlug.

Gemeinsam mit Neno, Sören, Trang und Lisa habe ich im Herbst 2020 die Organisation Justice is Global Europe gegründet. Ich freue mich sehr darauf, mit euch zusammen da weiterzumachen, wo dieses Buch aufgehört hat, und über alle Menschen, die dieses Vorhaben unterstützen. Wir können diesen Kampf gewinnen – und wir werden ihn gewinnen.

ANMERKUNGEN

1 Der SPIEGEL: Tod im Treibhaus, 26.02.1979 (https://www.spiegel.de/spiegel/print/d-40351025.html)

2 Michael Bauchmüller: Tuvalu legt sich quer, in: Süddeutsche Zeitung, 17.05.2010. (https://www.sueddeutsche.de/politik/klimagipfel-kopenhagen-tuvalu-legt-sich-quer-1.135799); Christian Schwägerl: So lief das Chaos von Kopenhagen, in: SPIEGEL, 19.12.2009. (https://www.spiegel.de/wissenschaft/mensch/eskalation-beim-gipfel-so-lief-das-chaos-von-kopenhagen-a-668098.html)

3 Naomi Klein: Die Entscheidung. Kapitalismus vs. Klima, Frankfurt a.M. 2015, S. 21.

4 Ulrich Brand, Markus Wissen: Imperiale Lebensweise. Zur Ausbeutung von Mensch und Natur im globalen Kapitalismus, München 2017, S. 66.

5 Vgl. Julia Fritzsche: Tiefrot und radikal bunt. Für eine neue linke Erzählung, Hamburg 2019, S. 73; Wolfgang Denzler: Das Pariser Klimaschutzabkommen. Analysiert und bewertet von deutschen und internationalen Denkfabriken, in: Portal für Politikwissenschaft, 11.01.2017. (https://www.pw-portal.de/das-pariser-klimaschutzabkommen/39885-das-pariser-klimaschutzab-kommen-analysiert-und-bewertet-von-deutschen-und-internationalen-denkfabriken)

6 Bernhard Pötter: Papiertiger mit Biss, in: taz, 13.12.2020. (https://taz.de/5-Jahre-Pariser-Klimaschutzabkommen/!5734348/)

7 https://www.tagesschau.de/ausland/un-klimabericht-103.html (26.02.2021)

8 Climate Action Tracker: Global update. Paris Agreement Turning Point, 01.12.2020. (https://climateactiontracker.org/publications/global-update-paris-agreement-turning-point/); Martin Holland: UN-Bericht zum Klimawandel: Welt steuert auf 3,2 Grad Klimaerwärmung zu, in: heise online, 26.11.2019. (https://www.heise.de/newsticker/meldung/UN-Bericht-zum-Klimawandel-Welt-steuert-auf-3-2-Grad-Klimaerwaermung-zu-4596586.html)

9 Stefan Rahmstorf: Die Koalitionsgespräche und das deutsche Emissionsbudget, Blog Klimalounge. Nah dran am Wandel, in: SPEKTRUM Online, 17.10.2017. (https://scilogs.spektrum.de/klimalounge/die-koalitionsgespraeche-und-das-deutsche-emissionsbudget/)

10 Umweltbundesamt: Trockenheit in Deutschland – Fragen und Antworten, 12.08.2020. (https://www.umweltbundesamt.de/themen/trockenheit-in-deutschland-fragen-antworten)

[11] C. Mora, D. Spirandelli, E.C. Franklin u.a.: Broad threat to humanity from cumulative climate hazards intensified by greenhouse gas emissions. In: Nature Clim Change 8 (2018), S. 1062–1071. (https://doi.org/10.1038/s41558-018-0315-6)

[12] W. Steffen, J. Rockstöm, K. Richardson, K. u.a.: Trajectories of the Earth System in the Anthropocene, in: PNAS Vol. 115 No. 33 (14.08.2018), S. 8252 ff.

[13] IPCC: Summary for Policymakers. In: Global warming of 1.5°C. An IPCC Special Report on the impacts of global warming of 1.5°C above pre-industrial levels and related global greenhouse gas emission pathways, in the context of strengthening the global response to the threat of climate change, sustainable development, and efforts to eradicate poverty, 2018, S. 6 (A.1). (https://report.ipcc.ch/sr15/pdf/sr15_spm_final.pdf)

[14] Helmholtz Institut: Das »Globale Assessment« des Weltbiodiversitätsrates IPBES. Auszüge aus dem »Summary for policymakers (SPM)«, 06.05.2019, S. 6 und 9.

[15] W. Steffen, K., Richardson, J. Rockström u.a.: Planetary boundaries. Guiding human development on a changing planet, in: Science, 13.02.2015, Vol. 347, Issue 6223, S. 736. (https://doi.org/10.1126/science.1259855)

[16] Zum Begriff der planetaren Grenzen: J. Rockström, W. Steffen, K. Noone u.a: A safe operating space for humanity. Nature Vol 461, 472–475 (24.09. 2009), S. 472. (https://doi.org/10.1038/461472a); zu den vier Kenngrößen: W. Steffen, K. Richardson, J. Rockström u.a.: Planetary boundaries. Guiding human development on a changing planet, in: Science Vol. 347, 13.02.2015, Issue 6223, S. 736. (https://doi.org/10.1126/science.1259855)

[17] B. Hewitson, A.C. Janetos, T.R. Carter u.a.: Regional context. In: Climate Change 2014: Impacts, Adaptation, and Vulnerability. Part B: Regional Aspects. Contribution of Working Group II to the Fifth Assessment Report of the Intergovernmental Panel on Climate Change, 2014, Kap. 21, S. 1177. (https://www.ipcc.ch/site/assets/uploads/2018/02/WGIIAR5-Chap21_FINAL.pdf)

[18] UN-Water: Sustainable Development Goal 6. Synthesis Report on Water and Sanitation, 2018, S. 12.

[19] UN News: 2020 may be third hottest year on record, world could hit climate change milestone by 2024, 02.12.2020. (https://news.un.org/en/story/2020/12/1079042); Prognosen für endgültiges Erreichen der 1,5-Grad-Grenze: IPCC: Summary for Policymakers. In: Global warming of 1.5°C. An IPCC Special Report on the impacts of global warming of 1.5°C above pre-industrial levels and related global greenhouse gas emission pathways, in the context of strengthening the global response to the threat of climate

change, sustainable development, and efforts to eradicate poverty, 2018, S. 6. (https://report.ipcc.ch/sr15/pdf/sr15_spm_final.pdf)

[20] The World Bank: Annual Report 2018, S. 28.

[21] IPCC: AR4 Climate Change 2007, Impacts, Adaptation, and Vulnerability, 2007, Kap. 8, S. 407. (https://www.ipcc.ch/site/assets/uploads/2018/02/ar4-wg2-chapter8-1.pdf)

[22] International Organization for Migration (IOM): Migration, Environment and Climate Change. Assessing the Evidence, 2009, S. 20. (https://publications.iom.int/system/files/pdf/migration_and_environment.pdf)

[23] Vgl. Handelsblatt: Die Millionen vergessener Flüchtlinge, 20.05.2016. (https://www.handelsblatt.com/politik/international/klimawandel-die-millionen-vergessener-fluechtlinge/13622564.html)

[24] The World Bank: Groundswell. Preparing for internal Climate Migration, 2018, S. XIX. (https://www.worldbank.org/en/news/infographic/2018/03/19/groundswell---preparing-for-internal-climate-migration)

[25] Benjamin Schraven: »Wer vor Klimafolgen fliehen muss, kommt meist nicht weit«, in: ZEIT, 16.09.2020. (https://www.zeit.de/wissen/umwelt/2020-09/migration-klimawandel-studie-benjamin-schraven-fluechtlinge-klimaflucht)

[26] Elisabeth Wehling: Politisches Framing. Wie eine Nation sich ihr Denken einredet – und daraus Politik macht, Berlin 2018, S. 180 ff.

[27] IPCC: Summary for Policymakers. In: IPCC, Special Report on the Ocean and Cryosphere in a Changing Climate, 2019, S. 5. (https://www.ipcc.ch/site/assets/uploads/sites/3/2019/11/03_SROCC_SPM_FINAL.pdf)

[28] M. Sugiyama, R. J. Nicholls, A. Valfeidis: Estimating the Economic Cost of Sea-Level Rise. Report 2008, N. 156. (http://web.mit.edu/globalchange/www/MITJPSPGC_Rpt156.pdf)

[29] IPCC: Summary for Policymakers. In: IPCC, Special Report on the Ocean and Cryosphere in a Changing Climate, 2019, S. 5. (https://www.ipcc.ch/site/assets/uploads/sites/3/2019/11/03_SROCC_SPM_FINAL.pdf)

[30] Sonja Butzengeiger, Britta Horstmann: Meeresspiegelanstieg in Bangladesch und den Niederlanden. Ein Phänomen, verschiedene Konsequenzen, 2004, S. 6. (https://germanwatch.org/sites/germanwatch.org/files/publication/3346.pdf)

[31] World Bank, Rural Development Unit, South Asia Region: Bangladesh. Climate Change und Sustainable Development, 2000, Report No. 21104-BD, S. 40. (http://documents1.worldbank.org/curated/en/906951468743377163/pdf/multi0page.pdf)

[32] Vgl. Julia Fritzsche: Tiefrot und radikal bunt. Für eine neue linke Erzählung, Hamburg 2019, S. 72; Ingo Arzt, Sven Hansen: 25 Millionen Klimaflüchtlinge.

Klimafolgen in Bangladesch, in: taz, 10.12.2015. (https://taz.de/Klimafolgen-in-Bangladesch/!5253928/)

[33] Sonja Butzengeiger, Britta Horstmann: Meeresspiegelanstieg in Bangladesch und den Niederlanden. Ein Phänomen, verschiedene Konsequenzen, 2004, S.7. (https://germanwatch.org/sites/germanwatch.org/files/publication/3346.pdf)

[34] Statistisches Bundesamt: Bangladesch. Statistisches Länderprofil. Ausgabe 12.2020 (16.12.2020), S. 11. (https://www.destatis.de/DE/Themen/Laender-Regionen/Internationales/Laenderprofile/bangladesch.pdf?__blob=publicationFile)

[35] European Environment Agency: The Arctic Environment. European perspectives on a changing Arctic, 2017, S. 41. (https://www.eea.europa.eu/publications/the-arctic-environment)

[36] Geographic Institute Permafrost Laboratory (University of Alaska)/Alfred Wegener Institut, Helmholtz Center Potsdam: Climate Change Drives Widespread and Rapid Thermokarst Development in Very Cold Permafrost in the Canadian High Arctic. In: Geophysical Research Letters, 2010, AGU 100, Vol. 46, Issue 12, S. 6687 f. (Prognosen für das Szenario RCP 4,5) (https://agupubs.onlinelibrary.wiley.com/doi/full/10.1029/2019GL082187)

[37] Y. Hijioka, E. Lin, J.J. Pereira u.a.: Asia, in: Climate Change 2014: Impacts, Adaptation, and Vulnerability. Part B: Regional Aspects. Contribution of Working Group II to the Fifth Assessment Report of the Intergovernmental Panel on Climate Change. 2014, Kap. 24, S. 1355. (https://www.ipcc.ch/site/assets/uploads/2018/02/WGIIAR5-Chap24_FINAL.pdf)

[38] S.A. Khan, A.A. Bjørk, J.L. Bamber u.a.: Centennial response of Greenland's three largest outlet glaciers. In: Nature Comm 11, 17.11.2020, S. 5718. (https://doi.org/10.1038/s41467-020-19580-5)

[39] IPCC: Summary for Policymakers. In: Global Warming of 1.5°C. An IPCC Special Report on the impacts of global warming of 1.5°C above pre-industrial levels and related global greenhouse gas emission pathways, in the context of strengthening the global response to the threat of climate change, sustainable development, and efforts to eradicate poverty, B.2.1, 2018, S. 7. (https://www.ipcc.ch/site/assets/uploads/sites/2/2019/05/SR15_SPM_version_report_LR.pdf)

[40] A. Raftery, A. Zimmer, D. Frierson u.a.: Less than 2 °C warming by 2100 unlikely. Nature Clim Change 7, 31.07. 2017, S. 637–641. (https://doi.org/10.1038/nclimate3352); T. Mauritsen, R. Pincus: Committed warming inferred from observations. Nature Clim Change 7, 31.07.2017, S. 652–655. (https://doi.org/10.1038/nclimate3357)

[41] IPCC: Summary for Policymakers. In: Global Warming of 1.5°C. An IPCC Special Report on the impacts of global warming of 1.5°C above pre-industrial

levels and related global greenhouse gas emission pathways, in the context of strengthening the global response to the threat of climate change, sustainable development, and efforts to eradicate poverty, C.1.4, 2018, S. 12. (https://www.ipcc.ch/site/assets/uploads/sites/2/2019/05/SR15_SPM_version_report_LR.pdf)

[42] C.R. Schwalm, S. Glendon, P.B. Duffy: RCP8.5 tracks cumulative CO2 emissions. In: PNAS, 18.08.2020, 117 (33) 19656-19658. (https://doi.org/10.1073/pnas.2007117117); vgl. Deutschlandfunk: Neue Studie aus den USA. Klimawandel: Wir steuern auf das Worst-Case-Szenario zu, 04.08.2020. (https://www.deutschlandfunknova.de/beitrag/klimawandel-wir-steuern-auf-ein-worst-case-szenario-zu)

[43] N. Butt, F. Lambrick, M. Menton u.a.: The supply chain of violence, in: Nature sustainability, Vol. 2, 08.2019, S. 742–747. (https://doi.org/10.1038/s41893-019-0349-4)

[44] Jeannette Cwienk: Umweltjournalismus – potentiell tödlich, in: Deutsche Welle, 12.11.2020. (https://www.dw.com/de/umweltjournalismus-potentiell-t%C3%B6dlich/a-55574343

[45] Sebastian Haupt: Das Zitierkartell der Klimaleugner, in: Katapult Magazin. (Statistik: https://katapult-magazin.de/de/artikel/artikel/fulltext/das-zitierkartell-der-klimaleugner/?fbclid=IwAR1cqYVQBvsGKPeSWehimdaeRPJG5SiqiAnt9gq7_SwgvhT4Ox4l7IcCx80)

[46] James Powell: The Consensus on Anthropogenic Global Warming Matters, in: Bulletin of Science, Technology & Society, Vol 36(3), 2016, S.162. (https://docs.house.gov/meetings/II/II13/20190522/109519/HHRG-116-II13-20190522-SD006.pdf)

[47] A.M. Petersen, E.M. Vincent, A.L. Westerling u.a.: Discrepancy in scientific authority and media visibility of climate change scientific and contrarians, in: Nature Communications 10, 13.08. 2019, S. 3502. (https://doi.org/10.1038/s41467-019-09959-4)

[48] Katharina Nocun, Pia Lamberty: Fake Facts. Wie Verschwörungstheorien unser Denken bestimmen, Köln 2020, S. 105.

[49] Jan Grossarth: Die Auslöschungsfantasien der Aktivisten, in: Welt, 19.11.2020. (https://www.welt.de/kultur/plus220089750/Totalitaeres-Denken-Die-Ausloeschungsfantasien-der-Aktivisten.html)

[50] Vgl. Franziska Heinisch: Mr. Franzen, how dare you? In: Frankfurter Allgemeine Sonntagszeitung, 02.02.2020.

[51] IPCC: Global Warming of 1.5°C. An IPCC Special Report on the impacts of global warming of 1.5°C above pre-industrial levels and related global greenhouse gas emission pathways, in the context of strengthening the global response

to the threat of climate change, sustainable development, and efforts to eradicate poverty, 2018, S. 36.

[52] Vgl. Allgemeine Erklärung der Menschenrechte, Art. 3 und 25 des Internationalen Pakts über bürgerliche und politische Rechte, Art 6 des Internationalen Pakts über wirtschaftliche und soziale und kulturelle Rechte.(https://www.ipcc.ch/site/assets/uploads/sites/2/2019/05/SR15_Chapter2_Low_Res.pdf)

[53] Mercator Research Institute on Global Commons and Climate Change: Verbleibendes CO2-Budget. So schnell tickt die CO2-Uhr. (https://www.mccberlin.net/forschung/co2-budget.html) .Kobiela, G., Samadi, S., Tönjes, A. u.a. Wuppertal Institut (2020): CO2-neutral bis 2035: Eckpunkte eines deutschen Beitrags zur Einhaltung der 1,5-°C-Grenze. Diskussionsbeitrag für Fridays for Future Deutschland, S. 12. (https://fridaysforfuture.de/wp-content/uploads/2020/10/FFF-Bericht_Ambition2035_Endbericht_final_20201011-v.3.pdf)

[54] International Energy Agency: Data and statistics. (https://www.iea.org/data-and-statistics?country=WORLD&fuel=CO2%20emissions&indicator=CO2 BySector)

[55] P. Oei, L. Göke, M. Kendziorski u.a.: Deutsches Institut für Wirtschaftsforschung e.V. (DIW Berlin), Forschungsgruppe CoalExit, Greenpeace: Kurzgutachten. Wann Deutschland sein Klimaziel für 2020 tatsächlich erreicht, 29.10.2019. (https://www.greenpeace.de/sites/www.greenpeace.de/files/publications/s02681_gp_energie_klimaziele_2020_studie_10_2019.pdf)

[56] KlimaAllianz Deutschland: Kohleausstiegsgesetz. Entwurf zur Umsetzung mangelhaft, 25.05.2020. (https://www.klima-allianz.de/presse/meldung/kohleausstiegsgesetz-entwurf-zur-umsetzung-mangelhaft)

[57] Carbon Tracker: Post-COVID economic stimulus risks locking in future for costly coal, 08.04.2020. (https://carbontracker.org/post-covid-economic-stimulus-risks-locking-in-future-for-costly-coal/)

[58] Christian Mihatsch, Jörg Staude: Kommt der Kohleausstieg ohne Gesetz schneller?, in: klimareporter.de, 23.05.2020. (https://www.klimareporter.de/deutschland/kommt-der-kohleausstieg-ohne-gesetz-schneller)

[59] Hanns Koenig: Stellungnahme zum Entwurf eines Gesetzes zur Reduzierung und zur Beendigung der Kohleverstromung und zur Änderung weiterer Gesetze (Kohleausstiegsgesetz, BT-Drucksachen 19/17342, 19/18472, Öffentliche Anhörung, 20.05.2020. (https://www.bundestag.de/resource/blob/697120/d4ba6081d9a2f1d38afd946d1c13e436/sv-koenig-data.pdf); Roda Verheyen: Stellungnahme zur Öffentlichen Anhörung. Gesetz zur Reduzierung und zur Beendigung der Kohleverstromung und zur Änderung weiterer Gesetze (KVBG), 25.05.2020. (https://www.bundestag.de/resource/blob/697116/ac048440f195370eb3f29c3feec3c72f/sve-verheyen-data.pdf)

60 Petra Pinzler: Am Ende gewinnen immer die Konzerne, in: ZEIT, 16.01.2020. (https://www.zeit.de/wirtschaft/2020-01/kohleausstieg-bundesregierung-kompromiss-energiewende-klimaschutz-co2)

61 Umweltbundesamt: Direkte und indirekte Subventionen, 2019. (https://www.umweltbundesamt.de/themen/wirtschaft-konsum/wirtschaft-umwelt/umweltschaedliche-subventionen#direkte-und-indirekte-subventionen)

62 Europäische Kommission: Zukunft der gemeinsamen Agrarpolitik. Ein starker Haushalt, 2020. (https://ec.europa.eu/info/food-farming-fisheries/key-policies/common-agricultural-policy/future-cap_de#budget)

63 Klimaneutralitäts-Studie von Fridays for Future: Wuppertal Institut: CO2-neutral bis 2035: Eckpunkte eines deutschen Beitrags zur Einhaltung der 1,5-°C-Grenze. Diskussionsbeitrag für Fridays for Future Deutschland, 2020. (https://fridaysforfuture.de/wp-content/uploads/2020/10/FFF-Bericht_Ambition2035_Endbericht_final_20201011-v.3.pdf)

64 Klimaplan von GermanZero: https://assets.website-files.com/5e663c02af4002dcdcab78dc/5ece7812eb97a0be582bad67_Der%201%2C5-Grad-Klimaplan%20f%C3%BCr%20Deutschland.pdf

65 Klimaplan von unten: https://klimaplanvonunten.de/pdf/KlimaplanVonUnten_Auflage_1.pdf

66 Green New Deal for Europe: https://www.gndforeurope.com/

67 Jugendrat der Generationen Stiftung: Ihr habt keinen Plan, darum machen wir einen. 10 Bedingungen zur Rettung unserer Zukunft, München 2019.

68 Europäische Kommission: Öffentliche Akzeptanz der Klimapolitik. Umfrage, 2019. (https://ec.europa.eu/clima/citizens/support_de)

69 Menschen, die keine Erfahrungen mit rassistischer Unterdrückung machen, werden als *weiße* Menschen bezeichnet. Es werden also nicht die Hautfarbe oder andere biologische Merkmale herangezogen, sondern eine soziale Position. Das Wort *»weiß«* wird kursiv geschrieben, um den Konstruktionscharakter dieser Bezeichnung zu verdeutlichen. (vgl. https://www.kubinaut.de/de/themen/9-kontext-asyl/bezeichnungen-und-schreibweisen/)

70 Heribert Prantl: Lockdown der Menschlichkeit in Europa, in: Süddeutsche Zeitung, 27.12.2020. (https://www.sueddeutsche.de/politik/prantls-blick-fluechtlinge-griechenland-lesbos-eu-1.5158183)

71 B. Kohlrausch, A. Zucco, A. Hövermann: Verteilungsbericht 2020. Die Einkommensungleichheit wird durch die Corona-Krise noch weiter verstärkt. Wirtschafts- und Sozialwissenschaftliches Institut, Report Nr. 62, November 2020, S. 1. (https://www.wsi.de/de/faust-detail.htm?sync_id=9133)

72 Veronika Bohrn Mena: Leistungsklasse. Wie Frauen uns unbedankt und unerkannt durch alle Krisen tragen, Wien 2020, S. 25 ff.

73 Tagesschau: Schlamperei oder Diebstahl?, 17.07.2020. (https://www.tages-schau.de/inland/bundeswehr-munition-105.html)

74 UN environment programme: Global Resources Outlook 2019. Natural resources for the Future We Want. Summary for Policymakers, 2019, S. 12. (https://www.resourcepanel.org/reports/global-resources-outlook)

75 Rainforest Action Network, Banking On Climate Change, Fossil Fuel Finance Report 2020, S.4 ff. (https://www.ran.org/wp-content/uploads/2020/03/Banking_on_Climate_Change__2020_vF.pdf

76 Umweltbundesamt: Die Nutzung natürlicher Ressourcen. Bericht für Deutsch-land 2018, S. 9. (https://www.umweltbundesamt.de/sites/default/files/medien/3521/publikationen/deuress18_de_bericht_web_f.pdf)

77 United Nations Environment Programme: From Conflict to Peacebuilding. The Role of Natural Resources and the Environment, 2009, S. 5. (https://wedocs.unep.org/bitstream/handle/20.500.11822/7867/pcdmb_policy_01.pdf?sequence=4&isAllowed=y)

78 Angela Merkel: »Klimaschutz ist eine Menschheitsaufgabe«, 11.09.2019. https://www.bundesregierung.de/breg-de/aktuelles/merkel-im-bundestag-1669624

79 Eduardo Galeano: Die offenen Adern Lateinamerikas, Wuppertal 2009.

80 N.S. Diffenbaugh, M. Burke: Global warming has increased global economic inequality in: PNAS, 14.05.2019, Vol. 116, No. 20, S. 9808. (https://www.pnas.org/content/116/20/9808)

81 Stephan Lessenich: Neben uns die Sintflut. Die Externalisierungsgesellschaft und ihr Preis, München 2016, S. 47.

82 United Nations: Ziele für nachhaltige Entwicklung. Bericht 2020. (https://www.un.org/Depts/german/pdf/SDG%20Bericht%20aktuell.pdf)

83 G. Peters, G. Marland, C. Le Quéré u.a.: Rapid Growth in CO2-Emissions After the 2008–2009 Global Financial Crisis, in: Nature Climate Change, 2/2012, S. 2. (https://doi.org/10.1038/nclimate1332)

84 Sighard Neckel: Im Angesicht der Katastrophe. Der nahende Zusammenbruch des Erdsystems und die sozial-ökologische Transformation, in: Blätter für deutsche und internationale Politik 2/2021, S. 51.

85 Ulrich Brand, Markus Wissen: Imperiale Lebensweise. Zur Ausbeutung von Mensch und Natur im globalen Kapitalismus, München 2017, S. 25; Alex Demirović, Julia Dück, Florian Becker, Pauline Bader (Hrsg.): Vielfachkrise im finanzmarktdominierten Kapitalismus, Hamburg 2011, S. 11–28. (https://www.vsa-verlag.de/uploads/media/VSA_Demirovic_ua_VielfachKrise.pdf)

86 New Economics Foundation: Triple Crunch. Joined-up solutions to financial chaos, oil decline and climate change to transform the economy, 2008,

S. 1. (https://neweconomics.org/uploads/files/91cd89d66b0d556628_
stm6bqsxi.pdf)

[87] Harald Welzer, Claus Leggewie: Das Ende der Welt, wie wir sie kannten: Klima, Zukunft und die Chancen der Demokratie, Frankfurt a. M., S. 110.

[88] Ulrich Beck: Risikogesellschaft. Auf dem Weg in eine andere Moderne, Frankfurt a. M., 1986, S. 122, 124.

[89] Bundesverband der Energie- und Wasserwirtschaft: Primärenergie in Deutschland, 17.2.2020. (https://www.bdew.de/media/documents/PEV_nach_ ET_2020_online_o_jaehrlich_Ki_17122020.pdf)

[90] Katharina Pistor: Der Code des Kapitals. Wie das Recht Reichtum und Ungleichheit schafft, Berlin 2020, S. 323.

[91] D. Woodward: Incrementum ad Absurdum: Global Growth, Inequality and Poverty Eradication in a Carbon-Constrained World. World Social and Economic Review, 2015, S. 59. (http://wer.worldeconomicsassociation.org/files/WEA-WER-4-Woodward.pdf)

[92] Katharina Pistor: Der Code des Kapitals. Wie das Recht Reichtum und Ungleichheit schafft, Berlin 2020, S. 350.

[93] Karl Marx: Das Kapital I, MEW 23, S. 170; Vgl. Ralf Krämer: Kapitalismus verstehen. Einführung in die politische Ökonomie der Gegenwart, Hamburg 2015, S. 188.

[94] Karl Marx, Das Kapital I, MEW 23, S. 607.

[95] Vgl. Elmar Altvater: The social and natural environment of fossil capitalism, in: Socialist Register 2007, Vol. 43, Coming to Terms with Nature, 01.01.2007, S. 48. (https://socialistregister.com/index.php/srv/article/view/5857/2753)

[96] Ulrich Brand, Markus Wissen: Imperiale Lebensweise. Zur Ausbeutung von Mensch und Natur im globalen Kapitalismus, München 2017, S. 43.

[97] Elmar Altvater: The social and natural environment of fossil capitalism, in: Socialist Register 2007, Vol. 43: Coming to Terms with Nature, 01.01. 2007, S. 37. (https://socialistregister.com/index.php/srv/article/view/ 5857/2753)

[98] Ulrich Brand, Markus Wissen: Imperiale Lebensweise. Zur Ausbeutung von Mensch und Natur im globalen Kapitalismus, München 2017, S. 131; Michael Brie, Mario Candeias: Just Mobility. Postfossil Conversion and free Public Transport, Denver 2012, S. 13. (https://www.rosalux.de/fileadmin/rls_uploads/ pdfs/Analysen/Analyse_Just_Mobility.pdf)

[99] Amnesty International: Bad Information. Oil Spill Investigations in the Niger Delta, 2013. (https://www.amnesty.org/download/Documents/12000/ afr440282013en.pdf)

[100] Fortune: Global 500, 2020. (https://fortune.com/global500/)

[101] Kathrin Hartmann: Die Grüne Lüge. Weltrettung als profitables Geschäftsmodell, München 2018, S. 39.

[102] Ebd., S. 34 und 39.

[103] Ebd., S. 46 f.

[104] S.R. Kolian, S.A. Porter, P.W. Sammarco u.a.: Oil in the Gulf of Mexico after the capping of the BP/Deepwater Horizon Mississippi Canyon (MC-252) well, in: Environmental Science and Pollution Research International, 2015, 22(16): 12073–12082. (https://doi.org/10.1007/s11356-015-4421-y); s.a. Naomi Klein: Die Entscheidung. Kapitalismus vs. Klima, Frankfurt a. M. 2015, S. 510.

[105] Süddeutsche Zeitung: Mit Sicherheit gut bezahlt, 04.04.2011. (https://www.sueddeutsche.de/wirtschaft/deepwater-horizon-transocean-mit-sicherheit-gut-bezahlt-1.1080947)

[106] Steffen Noleppa/agripol GbR für WWF Deutschland: Klimawandel auf dem Teller, 10.2012, S. 15. (https://www.wwf.de/fileadmin/user_upload/Klimawandel_auf_dem_Teller.pdf); GRAIN: Food and climate change: the forgotten link, 28.09.2011. (https://www.grain.org/article/entries/4357-food-and-climate-change-the-forgotten-link#:~:text=Food%20is%20a%20key%20driver%20of%20climate%20change.&text=If%20measures%20are%20taken%20to,half%20within%20a%20few%20decades)

[107] I.L.A. Kollektiv: Auf Kosten anderer? Wie die imperiale Lebensweise ein gutes Leben für alle verhindert, München 2017, S. 61.

[108] Ebd., S. 61.

[109] Ebd. S. 61.

[110] Philip McMichael: The World Food Crisis in Historical Perspective in: Monthly Review, 01.07.2007. (https://monthlyreview.org/2009/07/01/the-world-food-crisis-in-historical-perspective/)

[111] Julia Fritzsche: Tiefrot und radikal bunt. Für eine neue linke Erzählung, Hamburg 2019, S. 67.

[112] Stephan Lessenich: Neben uns die Sintflut. Die Externalisierungsgesellschaft und ihr Preis, München 2016, S. 64.

[113] Kathrin Hartmann: Die Grüne Lüge. Weltrettung als profitables Geschäftsmodell, München 2018, S. 103.

[114] Ebd., S. 61 f.

[115] Stephan Lessenich: Neben uns die Sintflut. Die Externalisierungsgesellschaft und ihr Preis, München 2016, S. 67.

[116] Kathrin Hartmann: Die Grüne Lüge. Weltrettung als profitables Geschäftsmodell, München 2018, S. 79.

117 Ulrich Brand, Markus Wissen: Imperiale Lebensweise. Zur Ausbeutung von Mensch und Natur im globalen Kapitalismus, München 2017, S. 100.

118 I.L.A. Kollektiv: Auf Kosten anderer? Wie die imperiale Lebensweise ein gutes Leben für alle verhindert, München 2017, S. 20.

119 Ebd., S. 21.

120 Ulrich Brand, Markus Wissen: Imperiale Lebensweise. Zur Ausbeutung von Mensch und Natur im globalen Kapitalismus, München 2017, S. 100.

121 Thomas Piketty: Kapital und Ideologie, München 2020, S. 870.

122 Jugendrat der Generationen Stiftung: Ihr habt keinen Plan, darum machen wir einen, München 2019, S. 171.

123 Gabriel J. Felbermayr: Ein Schaf unter Wölfen? Die Europäische Union und der Freihandel, in: APuZ 4-5/2018. (https://www.bpb.de/apuz/263045/ ein-schaf-unter-woelfen-die-europaeische-union-und-der-freihandel)

124 Julia Fritzsche: Tiefrot und radikal bunt. Für eine neue linke Erzählung, Hamburg 2019, S. 65.

125 Ulrich Brand, Markus Wissen: Imperiale Lebensweise. Zur Ausbeutung von Mensch und Natur im globalen Kapitalismus, München 2017, S. 14.

126 Ebd.

127 Ulrich Brand, Markus Wissen: Imperiale Lebensweise. Zur Ausbeutung von Mensch und Natur im globalen Kapitalismus, München 2017, S. 46.

128 So Ulrich Brand, Christoph Scherrer: Global Governance: konkurrierende Formen und Inhalte globaler Regulierung. Friedrich Ebert Stiftung, März 2011, S. 6. (http://library.fes.de/pdf-files/akademie/online/50334-2011.pdf) Im Anschluss an Antonio Gramsci: Gefängnishefte, hrsg. von Bochmann u. Haug, 1991 ff., S. 101 f. 490.

129 Rob Nixon: Slow Violene and the Environmentalism of the Poor, Harvard 2013, S. 35. (https://southwarknotes.files.wordpress.com/2018/10/slow-violence-and-the-environmentalism-of-the-poor.pdf)

130 Stephan Lessenich: Neben uns die Sintflut. Die Externalisierungsgesellschaft und ihr Preis, München 2016, S. 11.

131 Jason W. Moore: Kapitalismus im Lebensnetz. Ökologie und die Akkumulation des Kapitals, Berlin 2020, S. 280–287.

132 I.L.A. Kollektiv: Auf Kosten anderer? Wie die imperiale Lebensweise ein gutes Leben für alle verhindert, München 2017, S. 11; Für eine Aufzählung wesentlicher wirtschaftlicher Revolutionen, die bereits in dieser Zeit vor der industriellen Revolution stattfanden, s. auch Jason W. Moore: Kapitalismus im Lebensnetz. Ökologie und die Akkumulation des Kapitals, Berlin 2020, S. 282.

133 Asiye Öztürk: Editorial Kolonialismus, in: APuZ 44-45/2012, Bundeszentrale für politische Bildung. (https://www.bpb.de/apuz/146969/kolonialismus)

134 I.L.A. Kollektiv: Auf Kosten anderer? Wie die imperiale Lebensweise ein gutes Leben für alle verhindert, München 2017, S. 12.

135 Tupoka Ogette: Exit Racism. Rassismuskritisch denken lernen, Münster 2020, S. 33–38.

136 Ebd., S. 33 f.

137 Alice Hasters: Was weiße Menschen nicht über Rassismus hören wollen, aber wissen sollten, Berlin 2019, S. 63.

138 Bundeszentrale für politische Bildung: »Laut Global Slavery Index (GSI) 2014 fristen heute 35,8 Millionen Menschen ihr Dasein als Sklavinnen und Sklaven. In absoluten Zahlen sind das mehr als jemals zuvor.« (https://www.bpb.de/apuz/216478/moderne-sklavereien); Vgl. Global Slavery Index: Findings 2018. (https://www.globalslaveryindex.org/2018/findings/global-findings/)

139 Vgl. Alice Hasters: Was weiße Menschen nicht über Rassismus hören wollen, aber wissen sollten, Berlin 2019, S. 64.

140 Pew Research Center: At Least a Million Sub-Saharan Africans Moved to Europe Since 2010, 22.03.2018. (https://www.pewresearch.org/global/2018/03/22/at-least-a-million-sub-saharan-africans-moved-to-europe-since-2010/)

141 Schwarz, Schwarze Menschen (bewusst groß geschrieben) und People of Color sind Selbstbezeichnungen von Menschen, die Erfahrungen mit rassistischer Unterdrückung machen. Es geht dabei also nicht um biologische Gemeinsamkeiten, sondern um Widerstandserfahrungen. Weiterlesen z.B. bei Tupoka Ogette: Exit Racism, Münster 2020, S. 77 ff.

142 Wolfgang Kruse: Industrialisierung und moderne Gesellschaft, in: Das Kaiserreich. Dossier, Bundeszentrale für Politische Bildung, 27.09.2012. (https://www.bpb.de/geschichte/deutsche-geschichte/kaiserreich/139649/industrialisierung-und-moderne-gesellschaft)

143 I.L.A. Kollektiv: Auf Kosten anderer? Wie die imperiale Lebensweise ein gutes Leben für alle verhindert, München 2017, S. 13.

144 Ebd., S. 11.

145 Andreas Malm: The Origins of Fossil Capital: From Water to Steam in the British Cotton Industry. In: Historical Materialism, 21.1, 2013, S. 24 ff. (http://geosci.uchicago.edu/~moyer/GEOS24705/Readings/From_water_to_steam.pdf)

146 Jason W. Moore: Kapitalismus im Lebensnetz. Ökologie und die Akkumulation des Kapitals, Berlin 2020, S. 288 f.

147 Elmar Altvater: The social and natural environment of fossil capitalism, in: Socialist Register 2007, 01.01.2007, Vol. 43: Coming to Terms with Nature, S. 41.

148 Ebd., S. 42.

149 Oliver Tappe: Coolie chains. Global commodities, colonialism and the question of labour, in: Die Erde 2016, S. 205–208. (https://www.die-erde.org/index. php/die-erde/article/view/313/140); https://taz.de/Geschichte-des-Rassismus/ !5694138/)

150 I.L.A. Kollektiv: Auf Kosten anderer? Wie die imperiale Lebensweise ein gutes Leben für alle verhindert, München 2017, S. 13.

151 Nikolay Kamenov: Globale Geld- und Warenströme. (Post-)Kolonialismus und Globalgeschichte, Dossier (Post)kolonialismus und Globalgeschichte, Bundeszentrale für politische Bildung, 01.08.2016. (https://www.bpb.de/ geschichte/zeitgeschichte/postkolonialismus-und-globalgeschichte/231933/ globale-geld-und-warenstroeme)

152 Kate Raworth: Die Donut-Ökonomie, München 2017, S. 316.

153 Andreas Malm: The Origins of Fossil Capital: From Water to Steam in the British Cotton Industry. Historical Materialism, 21.1, 2013, S. 53.

154 I.L.A. Kollektiv: Auf Kosten anderer? Wie die imperiale Lebensweise ein gutes Leben für alle verhindert, München 2017, S. 14.

155 Stephan Lessenich: Neben uns die Sintflut. Die Externalisierungsgesellschaft und ihr Preis, München 2016, S. 75.

156 Ebd., S. 75.

157 Hartmut Häussermann: Die fordistische Stadt, in: Deutsche Verhältnisse. Eine Sozialkunde. Dossier, Bundeszentrale für politische Bildung, 31.05.2012. (https://www.bpb.de/politik/grundfragen/deutsche-verhaeltnisse-eine-sozialkunde/138639/die-fordistische-stadt)

158 I.L.A. Kollektiv: Auf Kosten anderer? Wie die imperiale Lebensweise ein gutes Leben für alle verhindert, München 2017, S. 15; A. Nunn und S. Price: Managing Development. EU and African Relations since Lomé and Cotonou. Historical Materialism, 12(4), 2005, S. 210 f. (https://doi. org/10.1163/1569206043505220)

159 Oliver Nachtwey: Die Abstiegsgesellschaft, Frankfurt a. M. 2016, S. 48.

160 Ebd., S. 49; Wolfgang Streeck: Gekaufte Zeit. Die vertagte Krise des demokratischen Kapitalismus, Berlin 2015, S. 96–102.

161 Naomi Klein: Die Entscheidung. Kapitalismus vs. Klima, Frankfurt a.M. 2015, S. 95; Heiner Flassbeck, Paul Steinhardt: Gescheiterte Globalisierung. Ungleichheit, Geld und die Renaissance des Staates, Frankfurt a.M. 2018, S. 65.

162 Blätter: Dokumente zum Zeitgeschehen. Pressestatements von Bundeskanzlerin Angela Merkel und dem Ministerpräsidenten der Republik Portugal, Pedro Passos Coelho, 1.9.2011. »Wir werden Wege finden, die parlamentarische Mitbestimmung so zu gestalten, dass sie trotzdem auch marktkonform

ist.« (https://www.blaetter.de/dokumente/wir-werden-wege-finden-die-parlamentarische-mitbestimmung-so-zu-gestalten-dass-sie-trotzdem-auch)

163 Jason W. Moore: Kapitalismus im Lebensnetz. Ökologie und die Akkumulation des Kapitals, Berlin 2020, S. 359.

164 Ebd., S. 360 f.

165 Stephan Lessenich: Neben uns die Sintflut. Die Externalisierungsgesellschaft und ihr Preis, München 2016, S. 82.

166 Jason W. Moore: Kapitalismus im Lebensnetz. Ökologie und die Akkumulation des Kapitals, Berlin 2020, S. 368.

167 Ebd., S. 368.

168 Wolfgang Streeck: Gekaufte Zeit. Die vertagte Krise des demokratischen Kapitalismus, Frankfurt a.M. 2015, S. 119 f.

169 Oliver Nachtwey: Die Abstiegsgesellschaft, Frankfurt a.M. 2016 S. 51; Wolfgang Streeck: Gekaufte Zeit. Die vertagte Krise des demokratischen Kapitalismus, Frankfurt a.M. 2015, S. 116 ff.

170 Naomi Klein: Die Entscheidung. Kapitalismus vs. Klima, Frankfurt a.M. 2015, S. 31.

171 Vgl. Jugendrat der Generationen Stiftung (2019): Ihr habt keinen Plan, darum machen wir einen, S. 76 f.

172 Jason W. Moore: Kapitalismus im Lebensnetz. Ökologie und die Akkumulation des Kapitals, Berlin 2020, S. 8.

173 Ebd., S. 450, 345.

174 Claudia Kemfert: Klimawandel kostet die Deutsche Volkswirtschaft Milliarden, DIW Wochenbericht, Nr. 11/2007, 14.03.2007, S. 165 ff. (https://www.diw.de/documents/publikationen/73/diw_02.c.248613.de/07-11.pdf)

175 Daneben kann es andere Nutznießer*innen geben. Sie alle haben gemeinsam, dass sie durch ein Ende der Förderung fossiler Energieträger die eigenen Vermögenswerte entwertet sehen würden.

176 Jason W. Moore: Kapitalismus im Lebensnetz. Ökologie und die Akkumulation des Kapitals, Berlin 2020, S. 427 - 429..

177 Ralf Krämer: Kapitalismus verstehen. Einführung in die politische Ökonomie der Gegenwart. Hamburg 2015, 2. 97

178 UNEP: Towards a green economy. Pathways to Suastainable Develoßement and Poverty Eradication.A Synsthesis for Policy Makers, 2011. S. 3 (https.//https://sustainabledevelopment.un.org/content/ documents/126 GER-synthesis-en.pdf.)

179 OECD: OECD Growth Papers, 2011. (https://doi.org/10.1787/22260935)

180 Die Sustainable Development Goals (SDGs) sind 17 nachhaltige Ziele wie »hochwertige Bildung«, »erneuerbare Energien«, »Gleichberechtigung der

Geschlechter«, die die Vereinten Nationen im Rahmen einer »Agenda 2030«
formuliert haben.

181 Tagesspiegel Background: Merkel: Klimaschutz ist Wachstumstreiber (dpa),
     06.11.2020. (https://background.tagesspiegel.de/energie-klima/merkel-klima-
     schutz-ist-wachstumstreiber)

182 UNEP: Global Resources Outlook 2018: Natural Resources for the Future We
     Want, 2019. (https://wedocs.unep.org/handle/20.500.11822/27517)

183 D. Wiedenhofer, D. Virág, G. Kalt u.a.: A systematic review of the evidence on
     decoupling of GDP, resource use and GHG emission, part I: bibliometric and
     conceptual mapping, in: Environmental Research Letters, (11.06.2020);
     15 063002 (https://doi.org/10.1088/1748-9326/ab8429) »We conclude that
     large rapid absolute reductions of resource use and GHG emissions cannot be
     achieved through observed decoupling rates, hence decoupling needs to be
     complemented by sufficiency-oriented strategies and strict enforcement of
     absolute reduction targets.«

184 T. Vadén, V. Lähde, A. Majava u.a.: Decoupling for ecological sustainability:
     A categorization and review of research literature, in: Environmental Research
     Letters, 2020. Vol. 12, S. 236–244. (https://doi.org/10.1016/j.
     envsci.2020.06.016)

185 T. Parrique, J. Barth, F. Briens u.a.: Decouping Debunked. Evidence and
     arguments against green growth as a sole strategy for sustainability, 07.2019.
     (https://mk0eeborgicuypctuf7e.kinstacdn.com/wp-content/uploads/2019/07/
     Decoupling-Debunked.pdf)

186 Oliver Nachtwey: Die Abstiegsgesellschaft, Frankfurt a.M. 2016, S. 52.

187 Ebd., S. 52 f.

188 Ebd., S. 61.

189 Vgl. Elmar Altvater: The social and natural environment of fossil capitalism,
     in: Socialist Register 2007, 01.01.2007, Vol. 43, Coming to Terms with
     Nature, S. 37. (https://socialistregister.com/index.php/srv/article/
     view/5857/2753)

190 Urgewald, Fossil Free Finance Campaign: Five Years Lost. How Finance is
     Blowing the Paris Carbon Budget, 2020, S. 6. (https://urgewald.org/sites/
     default/files/media-files/FiveYearsLostReport.pdf)

191 Elisabeth Schmidt: Internet produziert so viel CO2 wie Flugverkehr, in:
     zdfheute, 28.11.2019. (https://www.zdf.de/nachrichten/heute/klickscham-
     wie-viel-co2-e-mails-und-streaming-verusachen-100.html)

192 Sybille Bauriedl, Christa Wichterich: Ökonomisierung von Natur, Raum,
     Körper. Feministische Perspektiven auf sozial-ökologische Transformationen,
     Berlin 2014, S. 10 f.

193 Ulrich Brand, Markus Wissen: Imperiale Lebensweise. Zur Ausbeutung von Mensch und Natur im globalen Kapitalismus, München 2017, S. 150.

194 Ebd., S. 156–159.

195 Naomi Klein: Die Entscheidung. Kapitalismus vs. Klima, Frankfurt a.M. 2015, S. 79.

196 Bill McKibben: The Climate Crisis (Newsletter). To Counter Climate Change, We Need to Stop Burning Things, in: The New Yorker, 23.01.2021. (https://www.newyorker.com/news/annals-of-a-warming-planet/to-counter-climate-change-we-need-to-stop-burning-things)

197 Wuppertal Institut: CO2-neutral bis 2035: Eckpunkte eines deutschen Beitrags zur Einhaltung der 1,5-°C-Grenze. Bericht. Wuppertal 2020, S. 10.

198 T. Tröndle, S. Pfenninger, J. Lilliestam: Home-made or imported. On the possibility for renewable electricity autarky on all scales in Europa. – Energy strategy reviews, 26, 2019, 100388. (https://doi.org/10.1016/j.esr.2019.100388); https://www.iass-potsdam.de/de/news/selbstversorgung-mit-strom-aus-wind-und-sonne

199 Umweltbundesamt: Analyse der kurz- und mittelfristigen Verfügbarkeit von Flächen für die Windenergienutzung an Land. Kurztitel: Flächenanalyse Windenergie an Land. Abschlussbericht, Climate Change, 38/2019, S. 95. (https://www.umweltbundesamt.de/sites/default/files/medien/376/publikationen/climate_change_38_2019_flaechenanalyse_windenergie_an_land.pdf)

200 Umweltbundesamt: Umweltschädliche Subventionen in Deutschland. Aktualisierte Ausgabe 2016, S. 6. (https://www.umweltbundesamt.de/sites/default/files/medien/479/publikationen/uba_fachbroschuere_umweltschaedliche-subventionen_bf.pdf) »Rund die Hälfte der umweltschädlichen Subventionen (28 Milliarden Euro) entfällt auf den Verkehrssektor.« Swantje Fiedler, Matthias Runkel: Die Großbaustelle der Klima- und Fiskalpolitik, 30.11.2020 (https://makronom.de/klimaschaedliche-subventionen-die-grossbaustelle-der-klima-und-fiskalpolitik-37685)

201 CORRECTIV – Recherchen für die Gesellschaft in Kooperation mit Fridays for Future: In eigener Sache. Die Kohle der Kommunen, 04.09.2020. (https://correctiv.org/in-eigener-sache/2020/09/04/die-kohle-der-kommunen/)

202 Hedda Nier: Wann die Deutschen auf ihr Auto verzichten würden, Statista (CreditPlus/Toluna), 04.07.2019. (https://de.statista.com/infografik/18606/wann-die-deutschen-auf-ihr-auto-verzichten-wuerden/)

203 ZEIT: Deutlich mehr Autobahnen als Bahnstrecken gebaut, 22.05.2020. (https://www.zeit.de/politik/deutschland/2020-05/verkehr-autobahn-bahnstrecken-ausbau-gruene-klimapolitik-kritik)

204 Maja Göpel: Unsere Welt neu denken. Eine Einladung, Frankfurt a.M. 2020, S. 105 f.

205 Vgl. A. Blöcker, K. Dörre, M. Holzschuh (Hrsg.): Auto-und Zulieferindustrie in der Transformation. Beschäftigtenperspektiven aus fünf Bundesländern. Ein Projekt der Stiftung Neue Länder in der Otto Brenner Stiftung, 2020. (https://www.otto-brenner-stiftung.de/fileadmin/user_data/stiftung/01_Die_Stiftung/04_Stiftung_Neue_Laender/02_Publikationen/SNL_11_Autoindustrie.pdf)

206 Maja Göpel: Unsere Welt neu denken. Eine Einladung, Frankfurt a.M. 2020, S. 163.

207 C. Lutz, M. Flaute, U. Lehr: Gesamtwirtschaftliche Effekte der Energiewende. Studie im Auftrag des Bundesministeriums für Wirtschaft und Energie, GWS Research Report 2018/04, S. 110. (https://www.bmwi.de/Redaktion/DE/Publikationen/Studien/gesamtwirtschaftliche-effekte-der-energiewende.pdf?__blob=publicationFile&v=8)

208 Siehe z.B. IG Metall und Deutscher Naturschutzring: Auto, Umwelt, Verkehr: Umsteuern, bevor es zu spät ist. Verkehrspolitische Konferenz der IG Metall und des Deutschen Naturschutzrings, Tagungsband, 1992.

209 Vgl. A. Blöcker, K. Dörre, M. Holzschuh (Hrsg.): Auto-und Zulieferindustrie in der Transformation. Beschäftigtenperspektiven aus fünf Bundesländern. Ein Projekt der Stiftung Neue Länder in der Otto Brenner Stiftung, 2020, S. 21. (https://www.otto-brenner-stiftung.de/fileadmin/user_data/stiftung/01_Die_Stiftung/04_Stiftung_Neue_Laender/02_Publikationen/SNL_11_Autoindustrie.pdf)

210 Maja Göpel: Unsere Welt neu denken. Eine Einladung, Frankfurt a.M. 2020, S. 43.

211 Ann Pettifor: The Case for the Green New Deal, London/New York 2020, S. 169 f.

212 IPCC: Summary for Policymakers. In: Climate Change and Land: an IPCC special report on climate change, desertification, land degradation, sustainable land management, food security, and greenhouse gas fluxes in terrestrial ecosystems, 2019, S. 10. (https://www.ipcc.ch/site/assets/uploads/sites/4/2020/02/SPM_Updated-Jan20.pdf)

213 S. Roe, C. Streck, M. Obersteiner u.a.: Contribution of the land sector to a 1,5 °C world, in: Nature Climate Change 9, 2019, S. 817-828. (https://doi.org/10.1038/s41558-019-0591-9)

214 Ann Pettifor: The Case for the Green New Deal, New York/London 2020, S. 172 f.

215 Ebd., S. 167.

[216] Naomi Klein: Die Entscheidung. Frankfurt a.M. 2015, S. 486.

[217] Naomi Klein: Warum nur ein Green New Deal unseren Planeten retten kann, Frankfurt a.M. 2019, S. 374.

[218] Silke Helfrich, David Bollier: Frei, fair und lebendig. Die Macht der Commons, Bielefeld 2019, S. 263.

[219] Vgl. Ann Pettifor: The Case for the Green New Deal, London/New York 2020, S. 168; auch: Statista Research Department: Umfrage in Deutschland zu den wichtigsten Lebensaspekten, 05.11.2018. (https://de.statista.com/statistik/ daten/studie/931036/umfrage/umfrage-in-deutschland-zu-den-wichtigsten-lebensaspekten/)

[220] George Monbiot: Public luxury for all or private luxury for some: this is the choice we face, in: Guardian, 31.05.2017. (https://www.theguardian.com/ commentisfree/2017/may/31/private-wealth-labour-common-space)

[221] E. Magdalinski, M. Delair, T. Pellerin-Carlin: Europe need a Political Strategy to end Energy Poverty. Jacques Delors Energy Center, 02.02.2021, S. 1. (https://institutdelors.eu/wp-content/uploads/2021/02/PP259_210202_ Precarite-energetique_Magdalinski_EN-1.pdf

[222] Thomas Piketty: Kapital und Ideologie, München 2020, S. 1187; John Rawls: Eine Theorie der Gerechtigkeit, Frankfurt a.M. 1979.

[223] Klaus Dörre: Lockdowns sind kein Klimaschutz, in: Jacobin Magazin, 12.01.2021. (https://jacobin.de/artikel/lockdowns-klimaschutz-corona-klimakrise-kapitalismus-klaus-doerre/)

[224] Naomi Klein: Warum nur ein Green New Deal unseren Planeten retten kann, Frankfurt a.M. 2019, S. 249.

[225] Vgl. Christian Felber: Gemeinwohlökonomie, Wien 2014, S. 104 f.

[226] Ebd., S. 105.

[227] R. Siepmann, M.H. Kramarsch, N. Grochowitzki: DAX-Vorstandsvergütung 2018, 12.04.2019. (https://www.hkp.com/article/362)

[228] Dieter Eich, Dietmar Hexel, Rainald Thannisch: Ein Vorbild für Deutschland?, in: Magazin Mitbestimmung, Hans-Böckler-Stiftung, Ausgabe 12/2010. (https://www.boeckler.de/de/magazin-mitbestimmung-2744-ein-vorbild-fuer-deutschland-10802.htm)

[229] Peter S. Goodman: Co-ops in Spain's Basque Region Soften Capitalism's Rough Edges, in: New York Times, 29.12.2020. (https://www.nytimes. com/2020/12/29/business/cooperatives-basque-spain-economy.html)

[230] Silke Helfrich, David Bollier: Frei, fair und lebendig. Die Macht der Commons, Bielefeld 2019, S. 246.; Jack Kloppenburg: Re-purposing The Master's Tools: The Open Source Seed Initiative and the Struggle for Seed Sovereignty«, Journal of Peasant Studies, 14.01.2014, S. 1225–1246. (https://www.

tandfonline.com/doi/abs/10.1080/03066150.2013.875897); (https://opensource.
com/sites/default/files/images/law-uploads/Kloppenburg%202014%20re-
purposing%20the%20master%27s%20tools%20%28JPS%29.pdf)

231 Silke Helfrich, David Bollier: Frei, fair und lebendig. Die Macht der Commons, Bielefeld 2019, S. 246.

232 Christian Schlüter: Die große Enteignung, in: Frankfurter Rundschau, 28.10.2011. (https://www.fr.de/kultur/grosse-enteignung-11371646.html)

233 Thomas Pogge: World Poverty and Human Right (Second Edition), Cambridge 2011, S. 225.

234 Katharina Pistor: Der Code des Kapitals. Wie das Recht Reichtum und Ungleichheit schafft, Berlin 2020, S. 189.

235 Ebd., S. 183.

236 Sven Giegold: Gebt die Impfstoffpatente frei, in: ZEIT, 27.01.2021. (https://www.zeit.de/wirtschaft/2021-01/coronavirus-impfstoff-produktion-astrazeneca-eu-kommission-lizenzmodell)

237 Aidan Hollis, Thomas Pogge: The Health Impact Fund. Making New Medicines Accessible for All (Incentives for Global Health), 2008. (https://healthimpactfund.org/pdf/hif_book.pdf)

238 Silke Helfrich, David Bollier: Frei, fair und lebendig. Die Macht der Commons, Bielefeld 2019, S. 203.

239 Ebd., S. 235.

240 Ebd., S. 202 f.

241 Thomas Piketty: Kapital und Ideologie, München 2020, S. 1192.

242 Katharina Pistor: Der Code des Kapitals. Wie das Recht Reichtum und Ungleichheit schafft, Frankfurt a.M. 2020, S. 50.

243 Anna Mayr: Die Elenden. Warum unsere Gesellschaft Arbeitslose verachtet und sie dennoch braucht, Berlin 2020, S. 56 f.

244 http://www.sozialpolitik-aktuell.de/files/sozialpolitik-aktuell/_Politikfelder/Arbeitsmarkt/Datensammlung/PDF-Dateien/abbIV32.pdf

245 Anna Mayr: Die Elenden. Warum unsere Gesellschaft Arbeitslose verachtet und sie dennoch braucht, Berlin 2020, S. 190.

246 Vgl. A. Blöcker, K. Dörre, M. Holzschuh (Hrsg.): Auto-und Zulieferindustrie in der Transformation. Beschäftigtenperspektiven aus fünf Bundesländern. Ein Projekt der Stiftung Neue Länder in der Otto Brenner Stiftung, 2020, S. 140. (https://www.otto-brenner-stiftung.de/fileadmin/user_data/stiftung/01_Die_Stiftung/04_Stiftung_Neue_Laender/02_Publikationen/SNL_11_Autoindustrie.pdf)

247 Anna Mayr: Die Elenden. Warum unsere Gesellschaft Arbeitslose verachtet und sie dennoch braucht, Berlin 2020, S. 176.

248 Antrag des Juso-Bundesvorstands: Jede*r hat das Recht auf Arbeit! Jobgarantie statt BGE!, 11.2020. (https://juso-buko.de/app/uploads/pdf//B/B5-Jeder-hat-das-Recht-auf-Arbeit-Jobgarantie-stat.pdf)

249 Maurice Höfgen: Mythos Geldknappheit. Modern Monetary Theory oder warum es am Geld nicht scheitern muss, Stuttgart 2020, S. 172.

250 Naomi Klein: Warum nur ein Green New Deal unseren Planeten retten kann, Frankfurt a.M. 2019, S. 249.

251 Thomas Piketty: Kapital und Ideologie, München 2020, S. 1234.

252 Bernhard Pötter: Klassenkampf mit Klimaschutz, in: taz, 25.04.2019. (https://taz.de/Gelbwesten-Proteste-in-Frankreich/!5587837/)

253 Anna Mayr: Die Elenden. Warum unsere Gesellschaft Arbeitslose verachtet und sie dennoch braucht, Berlin 2020, S. 183.

254 Ebd., S. 177.

255 Thea Riofrancos: Field Notes from Extractive Frontiers. Center for Humans & Nature, 28.09.2020. (https://www.humansandnature.org/field-notes-from-extractive-frontiers)

256 Hannes Koch: »Das ist eine Frage des Anstands«, in: taz, 17.09.2020. (https://taz.de/Oekonom-zu-Lieferkettengesetz/!5709868/)

257 Kathrin Hartmann: Die Grüne Lüge. Weltrettung als profitables Geschäftsmodell, München 2018, S. 206.

258 Anita Blasberg: Niebel und die Ind**ner, in: ZEIT Nr. 25/2011, 16.06.2011. (https://www.zeit.de/2011/25/DOS-Ecuador-Yasuni-Nationalpark/komplettansicht)

259 The World Bank: Covid 19: Debt Service Suspension Initiative, Brief, 04.02.2021. (https://www.worldbank.org/en/topic/debt/brief/covid-19-debt-service-suspension-initiative)

260 Spiegel Online: Auswärtiges Amt sieht »KZ-ähnliche Verhältnisse«, 29.01.2017. (https://www.spiegel.de/politik/ausland/libyen-kz-aehnliche-verhaeltnisse-fuer-fluechtlinge-laut-bericht-beklagt-a-1132184.html)

261 Marcel Fratzscher u.a.: Arbeitsgruppe Alternative Wirtschaftspolitik, Memorandum 2020. Gegen Markt- und Politikversagen – aktiv in eine soziale und ökologische Zukunft. Kurzfassung, S. 14.

262 M. Burke, W.M. Davis, N.S. Diffenbaugh: Large potential reduction in economic damages under UN mitigation targets, in: Nature 557, 549–553. (https://doi.org/10.1038/s41586-018-0071-9)

263 TUAC: The Parameters of a Financial Transaction Tax and the OECD Global Public Good Resource GAP, 2010, S. 12.

264 Naomi Klein: Warum nur ein Green New Deal unseren Planeten retten kann, Frankfurt a.M. 2019, S. 400.

[265] Norbert Walter-Borjans: Steuern – der große Bluff, Köln 2018, S. 217.

[266] Fraktion DIE LINKE. im Bundestag: Der DAX in Steueroasen, 2020, S. 16. (https://www.linksfraktion.de/fileadmin/user_upload/PDF_Dokumente/2020/200519_Draft_DAX_30_A4.pdf)

[267] Björn Finke: EU plant Steuerpranger für Konzerne, in: Süddeutsche Zeitung, 23.2.2021. (https://www.sueddeutsche.de/wirtschaft/eu-steuerflucht-country-by-country-reporting-1.5215416)

[268] C. Coffey, P. Espinoza Revollo, R. Harvey u.a.: Time to care. Unpaid and underpaid care work and the global inequality crisis. Oxfam International, Januar 2020, S. 47. (https://www.oxfam.de/system/files/2020_oxfam_ungleichheit_studie_englisch_time-to-care.pdf)

[269] ARD-Deutschlandtrend: Mehrheit ist für eine Vermögenssteuer, 13.12.2019. (https://www.tagesschau.de/inland/deutschlandtrend-1897.html)

[270] Paul Griffin: The Carbon Majors Database. CDP Carbon Majors Report 2017. 100 fossil fuel producers and nearly 1 trillion tonnes of greenhouse gas emissions. Climate Accountability Institute, 2017. (https://b8f65cb373b1b7b15feb-c70d8ead6ced550b4d987d7c03fcdd1d.ssl.cf3.rackcdn.com/cms/reports/documents/000/002/327/original/Carbon-Majors-Report-2017.pdf?1499691240)

[271] Julia Fritzsche: Tiefrot und radikal bunt. Für eine neue linke Erzählung, Hamburg 2019, S. 60 f.

[272] Naomi Oreskes, Erik Conway: Merchants of Doubt, New York 2010, S. 233.

[273] Susanne Götze, Annika Joeres: Die Klimaschmutzlobby. Wie Politiker und Wirtschaftslenker die Zukunft unseres Planeten verkaufen, München 2020, S. 71.

[274] Stéphane Horel: Lobbytomie, Paris 2018, S. 62.

[275] Susanne Götze, Annika Joeres: Die Klimaschmutzlobby. Wie Politiker und Wirtschaftslenker die Zukunft unseres Planeten verkaufen, München 2020, S. 71.

[276] Michael E. Mann: Oral Opening Statement from Michael Mann Testimony to U.S. House Oversight Committee Hearing on Climate Change & Natural Disasters, 25.06.2019. (https://michaelmann.net/content/oral-opening-statement-michael-mann-testimony-us-house-oversight-committee-hearing-climate)

[277] Influence Map: Corporate Carbon Policy Footprint. Physical carbon emissions may be only part of the picture – introducing the 50 Most Influential, 09.2017. (https://influencemap.org/report/Corporate-Carbon-Policy-Footprint-4274a464677481802bd502ffff008d74)

[278] Naomi Klein: Die Entscheidung. Kapitalismus vs. Klima, Frankfurt a.M. 2015, S. 19.

[279] Noam Chomsky: Rebellion oder Untergang! Ein Aufruf zu globalem Ungehorsam zur Rettung unserer Zivilisation, Frankfurt a.M. 2021, S. 60.

[280] Susanne Götze, Annika Joeres: Die Klimaschmutzlobby. Wie Politiker und Wirtschaftslenker die Zukunft unseres Planeten verkaufen, München 2020, S. 171.

[281] Daniel Wetzel: Wirtschaft wehrt sich gegen die Vorwürfe von »Fridays for Future«, in: WELT, 19.08.2019. (https://www.welt.de/wirtschaft/article 198784329/Fridays-for-Future-Wirtschaft-wehrt-sich-gegen-die-Vorwuerfe.html)

[282] Mark Kaufman: The carbon footprint sham. A ›successful, deceptive‹ PR campaign. (https://mashable.com/feature/carbon-footprint-pr-campaign-sham/ ?europe=true)

[283] Holger Rogall: Der grüne Etikettenschwindel, in: Deutschlandfunk, 26.05.2018. (https://www.deutschlandfunkkultur.de/von-wegen-nachhaltig-der-gruene-etikettenschwindel.970.de.html?dram:article_id=418723)

[284] Majority Action: Climate in the Boardroom. How Asset Manager Voting shaped Corporate Climate Action in 2020. (https://static1.squarespace.com/static /5d4df99c531b6d0001b48264/t/5f698600bdf79a75853d431c/ 1600751130906/ClimateintheBoardroom_MA_2020)

[285] CarbonTracker: Decline and Fall: The Size & Vulnerability of the Fossil Fuel System, 04.06.2020. (https://carbontracker.org/reports/decline-and-fall/)

[286] Brian Merchant: Amazon is Aggressively Pursuing Big Oil as It Stalls Out on Clean Energy, in: Gizmodo, 04.08.2019. (https://gizmodo.com/amazon-is-aggressively-pursuing-big-oil-as-it-stalls-ou-1833875828)

[287] Max Tholl: Mission Weltverbesserung, in: Tagesspiegel, 02.02.2021. (https:// www.tagesspiegel.de/politik/wohltaetigkeit-versus-steuergerechtigkeit-mission-weltverbesserung/26874592.html)

[288] Florian Rötzer: Amazon zahlt Steuern – mit einem Steuersatz von 1,2 Prozent, in: Telepolis, 07.02.2020. (https://www.heise.de/tp/features/Amazon-zahlt-Steuern-mit-einem-Steuersatz-von-1-2-Prozent-4654830.html)

[289] Angela Merkel: Pressekonferenz nach Sitzung des Kabinettsausschusses Klimaschutz, 20.09.2019. (https://www.bundesregierung.de/breg-de/aktuelles/ pressekonferenz-nach-sitzung-des-kabinettsausschusses-klimaschutz-1673614)

[290] Markus Balser: Zeit für die Autolobby – aber nicht für Umweltorganisationen, in: Süddeutsche Zeitung, 28.01.2020. (https://www.sueddeutsche.de/politik/ verkehrspolitik-zeit-fuer-die-autolobby-aber-nicht-fuer-umweltorganisationen-1.4775205)

291 Susanne Götze, Annika Joeres: Die Klimaschmutzlobby. Wie Politiker und Wirtschaftslenker die Zukunft unseres Planeten verkaufen, München 2020, S. 237.

292 Vgl. Naomi Klein: Die Entscheidung. Kapitalismus vs. Klima, Frankfurt a.M. 2015, S. 81.

293 Ben Stein: In Class Warfare, Guess Which Class is Winning, in: The New York Times, 26.11.2006. (https://www.nytimes.com/2006/11/26/business/yourmoney/26every.html)

294 Joseph E. Stiglitz: Of the 1%, by the 1%, for the 1%, in: Vanity Fair, 31.03. 2011. (https://www.vanityfair.com/news/2011/05/top-one-percent-201105)

295 Vgl. Oliver Nachtwey: Die Abstiegsgesellschaft, Frankfurt a.M. 2016, S. 177.

296 Angela Merkel: Pressekonferenz nach Sitzung des Kabinettsausschusses Klimaschutz. Mitschrift Pressekonferenz, 20.09.2019. (https://www.bundesregierung.de/breg-de/aktuelles/pressekonferenz-nach-sitzung-des-kabinettsausschusses-klimaschutz-1673614)

297 Dieser Fachbegriff ist für die CDU jener Jahre unter Politikwissenschaftlern unumstritten, siehe Franz Decker: Die CDU. Bundeszentrale für politische Bildung. 15.02.2021. (https://www.bpb.de/politik/grundfragen/parteien-in-deutschland/cdu/42058/kurz-und-buendig)

298 Volker Resing: Die Kanzlermaschine. Wie die CDU funktioniert, Freiburg i. Br. 2013.

299 CDU: Bericht. Auf dem Weg zu einem neuen CDU-Grundsatzprogramm, S. 2, Z. 29. (https://www.cdu.de/system/tdf/media/dokumente/bericht_zum_grundsatzprogramm_0.pdf?file=1&type=field_collection_item&id=21480) zuletzt abgerufen am 03.03.2021

300 CDU: Bericht. Auf dem Weg zu einem neuen CDU-Grundsatzprogramm, S. 22, Z. 590–600. (https://www.cdu.de/system/tdf/media/dokumente/bericht_zum_grundsatzprogramm_0.pdf?file=1&type=field_collection_item&id=21480) zuletzt abgerufen am 03.03.2021

301 CDU: Bericht. Auf dem Weg zu einem neuen CDU-Grundsatzprogramm, S. 22, Z. 613 ff. (https://www.cdu.de/system/tdf/media/dokumente/bericht_zum_grundsatzprogramm_0.pdf?file=1&type=field_collection_item&id=21480) zuletzt abgerufen am 03.03.2021

302 CDU: Bericht. Auf dem Weg zu einem neuen CDU-Grundsatzprogramm, S. 22, Z. 618. (https://www.cdu.de/system/tdf/media/dokumente/bericht_zum_grundsatzprogramm_0.pdf?file=1&type=field_collection_item&id=21480) zuletzt abgerufen am 03.03.2021

303 CDU: Bericht. Auf dem Weg zu einem neuen CDU-Grundsatzprogramm, S. 22, Z. 716 f. (https://www.cdu.de/system/tdf/media/dokumente/bericht_

zum_grundsatzprogramm_0.pdf?file=1&type=field_collection_item&id=21480)
zuletzt abgerufen am 03.03.2021

304 Phoenix: Armin Laschet beim politischen Aschermittwoch von CDU/CSU,
17.02.2021, ab Min 25:52. (https://youtu.be/s5UeIAMC_BE)

305 CDU/CSU: Für ein Deutschland, in dem wir gut und gerne leben. Regierungs-
programm 2017–2021, S. 12.

306 cdutv: Bewerbungsrede von Friedrich Merz zur Wahl des Vorsitzenden der
CDU Deutschlands,16.01.2021, ab Min. 9:31. (https://youtu.be/AhU2Uc0x2co)
abgerufen am 03.03.2021

307 Friedrich Merz hält 132 Euro Hartz IV für genug, in: WELT, 12.09.2008.
(https://www.welt.de/politik/article2433139/Friedrich-Merz-haelt-132-Euro-
Hartz-IV-fuer-genug.html)

308 Philipp Amthor: In guter Verfassung? Unser Land braucht eine Leitkulturde-
batte. In: Mark Hauptmann, Ralph Brinkhaus (Hrsg.): Eine Politik für morgen.
Die junge Generation fordert ihr politisches Recht, Freiburg i. Br. 2020, S. 18.

309 Wolfgang Michal: Wie er wurde, was er ist. Porträt, in: derFreitag, Ausgabe
01/2021. (https://www.freitag.de/autoren/wolfgang-michal/wie-er-wurde-was-
er-ist)

310 WerteUnion: Fünf Thesen für ein starkes Deutschland. (https://www.maz-
online.de/Nachrichten/Politik/Warum-sich-Friedrich-Merz-von-der-CDU-
verlassen-gefuehlt-hat) abgerufen am 03.03.2021

311 Märkische Allgemeine: Warum sich Friedrich Merz von der CDU verlassen
gefühlt hat, 24.08.2019. (https://www.maz-online.de/Nachrichten/Politik/
Warum-sich-Friedrich-Merz-von-der-CDU-verlassen-gefuehlt-hat)

312 CDU: Bericht. Auf dem Weg zu einem neuen CDU-Grundsatzprogramm,
S. 28, Z. 783 ff. (https://www.cdu.de/system/tdf/media/dokumente/bericht_
zum_grundsatzprogramm_0.pdf?file=1&type=field_collection_
item&id=21480

313 CDU: Bericht. Auf dem Weg zu einem neuen CDU-Grundsatzprogramm, S. 31,
Z. 901 ff. (https://www.cdu.de/system/tdf/media/dokumente/bericht_zum_
grundsatzprogramm_0.pdf?file=1&type=field_collection_item&id=21480

314 Felix Schreiner: Die Zukunft der Mobilität, in: Mark Hauptmann, Ralph
Brinkhaus (Hrsg.): Eine Politik für morgen. Die junge Generation fordert ihr
politisches Recht, Freiburg i. Br. 2020, S. 89.

315 Helmut Kohl (Spendenaffäre und Vetternwirtschaft mit Leo Kirch); Walter
Leisler Kiep (Schlüsselfigur der Parteispendenskandale, Steuerhinterziehung
und Geschäfte mit Waffenhändler Karlheinz Schreiber), die mittlerweile ver-
storbene CDU-Bundestagsabgeordnete Karin Strenz und der frühere Abgeordnete und CSU-Politiker Eduard Lintner (Staatsanwaltschaft ermittelt wegen

fragwürdiger Verbindung nach Aserbaidschan, Verdacht der Abgeordneten-
bestechung), Philipp Amthors Lobbyskandal mit Augustus Intelligence; Karl-
Theodor zu Guttenberg (Wirecard und Augustus Intelligence) und jetzt die
Vorwürfe gegen den CDU-Vizevorsitzenden Georg Nüßlein (mutmaßliche
Schmiergeldzahlungen beim Verkauf von Corona-Schutzmasken) und wenige
Tage später Axel Fischer, Mark Hauptmann, Nikolas Löbel, Alfred Sautner.

316 CDU: Bericht. Auf dem Weg zu einem neuen CDU-Grundsatzprogramm,
S. 34, Z. 982 f. (https://www.cdu.de/system/tdf/media/dokumente/bericht_
zum_grundsatzprogramm_0.pdf?file=1&type=field_collection_item&id=
21480) zuletzt abgerufen am 03.03.2021

317 Tobias Blasius, Moritz Küpper: Der Machtmenschliche. Armin Laschet, die
Biografie, Essen 2020, S. 156 f.

318 https://twitter.com/HambiBleibt/status/1174774792219766784?s=20

319 Armin Laschet beim politischen Aschermittwoch von CDU/CSU, 17.02.2021.
(https://youtu.be/s5UeIAMC_BE)

320 Anna Clauss: Söder. Die andere Biografie, Hamburg 2021, S. 152.

321 Ebd., S. 19.

322 Roman Deininger, Uwe Ritzer: Markus Söder. Der Schattenkanzler, Biografie.
München 2020, S. 316.

323 Ebd., S. 19.

324 Bundesministerium für wirtschaftliche Zusammenarbeit und Entwicklung:
Mehr Fairness in globalen Liefer- und Wertschöpfungsketten. (https://www.
bmz.de/de/zentrales_downloadarchiv/Presse/faire-lieferketten_Globalisierung-
gerecht-gestalten.pdf) Es heißt dort im Ganzen: »Die Produktion verursacht
in den Entwicklungs- und Schwellenländern sehr hohe Belastungen von
Mensch und Umwelt, von denen viele von uns nichts wissen wollen. Eigene
Wirtschaftszweige gehen ein, illegale Chemikalien verseuchen Flüsse, Flächen
werden enteignet, Menschen und immer wieder Kinder ausgebeutet. Sei es
in Textilfabriken, Minen oder Steinbrüchen oder auf Baumwollflächen oder
Bananen- oder Kakaoplantagen. Mehr als 70 Millionen Kinder arbeiten unter
diesen ausbeuterischen Bedingungen. Wir hierzulande profitieren davon,
dass Menschen weltweit unter solchen verheerenden Bedingungen arbeiten.
Niemand von uns wäre auch nur einen Tag bereit, die Jobs des globalen
Südens zu übernehmen. [...] wir dürfen nicht länger zulassen, dass unser
Wohlstand durch Ausbeutung von Mensch und Natur erkauft ist. Wir müssen menschenwürdige Arbeit und den Erhalt natürlicher Lebensgrundlagen
weltweit durchsetzen. Das ist die soziale Frage des 21. Jahrhunderts.«

325 Naomi Klein: Die Entscheidung. Kapitalismus vs. Klima, Frankfurt a.M. 2015,
S. 57.

326 Universität Hohenheim, Fachgebiet für Kommunikationswissenschaft, insbesondere Kommunikationstheorie: Wahlprogramm-Check Bundestagswahl 2017. (https://komm.uni-hohenheim.de/fileadmin/einrichtungen/komm/Docs/Wahlprogramm-Analyse_Btg-Wahl_2017.pdf)

327 SPD: Hamburger Programm. Das Grundsatzprogramm der SPD, 2007, S. 4. (https://www.spd.de/fileadmin/Dokumente/Beschluesse/Grundsatzprogramme/
hamburger_programm.pdf)

328 Florian Diekmann: Bürger empfinden Deutschland als extrem ungerecht, SPIEGEL-Umfrage, 05.03.2020. (https://www.spiegel.de/wirtschaft/soziales/buerger-empfinden-deutschland-als-extrem-ungerecht-a-bed86bc6-aecc-4b00-b0a5-a1519ebfc111)

329 SPD: Das Zukunftsprogramm. Wofür wir stehen. Was uns antreibt. Wonach wir streben, Entwurf März 2021, S. 32.

330 SPD: Das Zukunftsprogramm. Wofür wir stehen. Was uns antreibt. Wonach wir streben, Entwurf März 2021, S. 21.

331 SPD: Das Zukunftsprogramm. Wofür wir stehen. Was uns antreibt. Wonach wir streben, Entwurf März 2021, S. 12.

332 Jan Ross: Vom Stamokap zum Kinderbett, in: ZEIT, 12.03.2003. (https://www.zeit.de/2003/12/Vom_Stamokap_zum_Kinderbett)

333 Statista Research Department: Noten für deutsche Spitzenpolitiker im Februar 2021, 26.02.2021. (https://de.statista.com/statistik/daten/studie/1817/umfrage/noten-fuer-spitzenpolitiker/)

334 Loren Balhorn, Linus Westheuser: Jenseits der Sozialdemokratie, in: Jacobin Magazin, Ausgabe 1, Frühjahr 2020, S. 42–51.

335 Oliver Nachtwey: Wer rettet die SPD vor sich selbst?, in: Jacobin Magazin, Ausgabe 1, Frühjahr 2020, S. 65.

336 ARD-DeutschlandTrend extra: Schulz und Merkel gleichauf, 25.01.2017. (https://www.tagesschau.de/inland/deutschlandtrend/deutschlandtrend-705.html)

337 Robert Habeck, Annalena Baerbock: Nur ein geschlossenes Weltbild kennt keine Widersprüche, in: ZEIT, 15.10.2020. (https://www.zeit.de/politik/deutschland/2020-10/die-gruenen-widersprueche-annalena-bearbock-robert-habeck)

338 Sich die Parteihistorie kurz vor Augen zu halten ist gerade jetzt notwendig, weil es zeigt, welcher Prestigegewinn und welche inhaltlichen Verluste mit einer solchen Umwandlung einhergehen.

339 Joachim Raschke, Gudrun Heinrich: Die Grünen. Wie sie wurden, was sie sind. Köln 1993, S. 104.

340 Phoenix: Parteitag B'90/Die Grünen. Politische Rede der Parteivorsitzenden Annalena Baerbock, ab Min. 8:06. (https://www.youtube.com/watch?v=qqZErGRXNKs)

341 Annalena Baerbock: Politische Rede der Parteivorsitzenden beim Parteitag B'90/Die Grünen, 20.11.2020, ab Min. 1:19. (https://www.youtube.com/watch?v=qqZErGRXNKs)

342 Annalena Baerbock: Rede beim politischen Aschermittwoch der Grünen am 17.02.2021, ab Min 16:07. (https://www.youtube.com/watch?v=1U83utrOrLE)

343 Hessischer Landtag: Dringlicher Antrag der Fraktionen der CDU und Bündnis 90/Die Grünen betreffend Fertigstellung der A 49, 17.07.2014. (http://starweb.hessen.de/cache/DRS/19/0/00700.pdf)

344 Statista Research Department: Anzahl der Abschiebungen aus Deutschland nach Bundesländern bzw. ausführender Behörde im Jahr 2019, 14.07.2020. (https://de.statista.com/statistik/daten/studie/372394/umfrage/abschiebungen-aus-deutschland-nach-bundeslaendern/)

345 Robert Habeck: Rede vom digitalen Parteitag der Grünen, 21.11.2020. (https://www.robert-habeck.de/texte/blog/rede-vom-digitalen-parteitag-am-21-11-20/)

346 Robert Habeck, Annalena Baerbock: Nur ein geschlossenes Weltbild kennt keine Widersprüche, in: ZEIT, 15.10.2020. (https://www.zeit.de/politik/deutschland/2020-10/die-gruenen-widersprueche-annalena-bearbock-robert-habeck)

347 Robert Habeck: Rede vom digitalen Parteitag der Grünen, 21.11.2020. (https://www.robert-habeck.de/texte/blog/rede-vom-digitalen-parteitag-am-21-11-20/)

348 FDP: Denken wir neu. Das Programm der Freien Demokraten zur Bundestagswahl 2017: »Schauen wir nicht länger zu.«, S. 139.

349 FDP: Denken wir neu. Das Programm der Freien Demokraten zur Bundestagswahl 2017: »Schauen wir nicht länger zu.«, S. 137.

350 Susanne Götze, Annika Joeres: Die Klimaschmutzlobby. Wie Politiker und Wirtschaftslenker die Zukunft unseres Planeten verkaufen, München 2020, S. 69.

351 FDP: Denken wir neu. Das Programm der Freien Demokraten zur Bundestagswahl 2017: »Schauen wir nicht länger zu.«, S. 120.

352 Alexander Hagelüken: Geschätzt vier Millionen Deutsche zahlen Spitzensteuersatz, in: Süddeutsche Zeitung, 20.01.2020 (https://www.sueddeutsche.de/wirtschaft/spitzensteuersatz-einkommen-brutto-1.4762637?reduced=true)

353 Bundesministerium für Wirtschaftliche Zusammenarbeit und Entwicklung: Pressemitteilung. New OECD figures German ODA ratio rises to 0.7 per cent for the first time due to domestic spending on refugees, 2017. (http://www.

bmz.de/en/press/aktuelleMeldungen/2017/april/170411_pm_040_German-ODA_ratio-rises-to-0-7-per-cent-for-the-firsttime/index.html)

354 FDP: Denken wir neu. Das Programm der Freien Demokraten zur Bundestagswahl 2017: »Schauen wir nicht länger zu.«, S. 112.

355 FDP: Verantwortung für die Freiheit. Karlsruher Freiheitsthesen der FDP für eine offene Bürgergesellschaft, Karlsruhe 2012, S. 4.

356 Paul Starzmann: Wie die FDP in der Corona-Politik ins Schlingern gerät, in: Tagesspiegel, 05.11.2020. (https://www.tagesspiegel.de/politik/staatstragend-oder-krawallig-wie-die-fdp-in-der-corona-politik-ins-schlingern-geraet/26593902.html)

357 Bernd Riexinger: System Change. Plädover für einen linken Green New Deal – Wie wir den Kampf für eine sozial- und klimagerechte Zukunft gewinnen können, Hamburg 2020, S. 131.

358 Siehe Carla Neuhaus: Konzerne schütten hohe Summen an Aktionäre aus, in: Tagesspiegel, 10.9.2020. (https://www.tagesspiegel.de/wirtschaft/trotz-wirtschaftskrise-und-staatshilfen-konzerne-schuetten-hohe-summen-an-aktionaere-aus/26173670.html)

359 Nordbayern: Trotz Staatshilfe und Kurzarbeit. Daimler beglückt Aktionäre, 22.02.2021. https://www.nordbayern.de/wirtschaft/trotz-staatshilfe-und-kurzarbeit-daimler-begluckt-aktionare-1.10862730

360 Die Linke: Die Zukunft, für die wir kämpfen!, Langfassung des Wahlprogramms zur Bundestagswahl 2017, S. 81–84.

361 Roger Willemsen: Das hohe Haus: Ein Jahr im Parlament. Frankfurt a.M. 2014. Willemsen stellte auch fest, dass völlig unabhängig vom Inhalt einfach jeder Antrag der Linken reflexartig abgelehnt wurde.

362 Neues Deutschland: Scholz zweifelt an Regierungsfähigkeit der Linken, 13.08.2020. (https://www.neues-deutschland.de/artikel/1140390.olaf-scholz-scholz-zweifelt-an-regierungsfaehigkeit-der-linken.html)

363 Boris Herrmann: Zwischen Revolution und regieren, Süddeutsche Zeitung, 26.02.2021. (https://www.sueddeutsche.de/politik/linke-parteifuehrung-vorsitzende-1.5218026?reduced=true)

364 Kerstin Palzer: Sehr viel Spagat für eine Partei. Tagesschau, 25.07.2020. (https://www.tagesschau.de/inland/linkspartei-riexinger-103.html)

365 Marc Brost, Peter Dausend, Tina Hildebrandt u.a.: Land unter, in: ZEIT, 29.10.2019. (https://www.zeit.de/2019/45/bundespolitik-cdu-spd-wahl-niederlagen-parteienlandschaft/komplettansicht)

366 Kurt Lenk: Vom Mythos der politischen Mitte, in: Parlamentarismus, APuZ 38/2009, 10.9.2009. (https://www.bpb.de/apuz/31749/vom-mythos-der-politischen-mitte?p=all)

367 Lea Elsässer, Svenja Hense, Armin Schäfer: »Dem deutschen Volke«? Die ungleiche Responsivität des Bundestags, in: Zeitschrift für Politikwissenschaft 27, 21.07.2021, S. 161–180. (https://10.1007/s41358-017-0097-9)

368 Bertelsmann Stiftung: Schwindendes Vertrauen in Politik und Parteien. Eine Gefahr für den gesellschaftlichen Zusammenhalt: Studie Schwindendes Vertrauen, 2019, S. 72.

369 Michael Hartmann: Die Abgehobenen. Wie die Eliten die Demokratie gefährden, Bonn 2018, S. 217.

370 Ebd., S. 219–224.

371 Ebd., S. 218 f.

372 Michael Hartmann: Die Abgehobenen. Wie die Eliten die Demokratie gefährden, Bonn 2018, S. 214.

373 Vgl. Wilhelm Heitmeyer: Autoritäre Versuchungen, Berlin 2018.

374 Infratest dimap: Lobbyismus in Deutschland. Eine Studie im Auftrag von abgeordnetenwatch.de, 04.2019, S. 3 und 4. (https://www.abgeordnetenwatch. de/sites/default/files/media/documents/various/lobbyismus-umfrage_infratest-dimap_april-2019.pdf)

375 Katharina Brunner, Sabrina Ebitsch, Christina Endt u.a.: Volk und Vertreter, in: Süddeutsche Zeitung, 2020. (https://projekte.sueddeutsche.de/artikel/politik/bundestag-diese-abgeordneten-fehlen-e291979/)

376 Bundeswahlleiter: Bundestagswahl 2021, 60,4 Millionen Wahlberechtigte, Presssemitteilung Nr. 01/2, 17.02.2021. (https://www.bundeswahlleiter.de/info/presse/mitteilungen/bundestagswahl-2021/01_21_wahlberechtigte-geschaetzt.html)

377 Wilhelm Heitmeyer (Hrsg.): Deutsche Zustände. Folge 10, Berlin 2012, S. 18.

378 Ebd., S. 18–20.

379 Peter Carstens: Interview mit Wilhelm Heitmeyer. Autoritäre Versuchungen, in: Deutschlandfunk. 22.10.2018. (https://www.deutschlandfunk.de/wilhelm-heitmeyer-autoritaere-versuchungen.1310.de.html?dram:article_id=430995)

380 Peter Carstens: Interview mit Wilhelm Heitmeyer. Autoritäre Versuchungen, in: Deutschlandfunk, 22.10.2018. (https://www.deutschlandfunk.de/wilhelm-heitmeyer-autoritaere-versuchungen.1310.de.html?dram:article_id=430995)

381 Wilhelm Heitmeyer (Hrsg.): Deutsche Zustände. Folge 10, Berlin 2012, S. 34.

382 Ebd., S. 34

383 Volker Weiß: Nachwort, in: Theodor W. Adorno. Aspekte des neuen Rechtsradikalismus, Berlin 2019, S. 67.

384 Peter Carstens: Interview mit Wilhelm Heitmeyer. Autoritäre Versuchungen, in: Deutschlandfunk, 22.10.2018. (https://www.deutschlandfunk.de/ wilhelm-heitmeyer-autoritaere-versuchungen.1310.de.html?dram:article_ id=430995)

385 Alexandra Bradbury, Mark Brenner, Jane Slaughter: Geheimnisse einer erfolgreichen Organizerin, Stuttgart 2018, S. 34.

386 Vgl. Saul D. Alinsky: Call Me a Radical. Organizing und Empowerment – Politische Schriften, Berlin 2010, S. 46 f.

387 Jane McAlevey: Keine halben Sachen. Machtaufbau durch Organizing, Hamburg 2019, S. 29.

388 Peter Szynka: Community Organizing. Ein Weg zu mehr Beteiligung, in: FES FachForum, Berlin 2011, S. 16.

389 Michaela Haas: Die 3,5-Prozent-Regel, in: Süddeutsche Zeitung Magazin, 12.06.2020. (https://sz-magazin.sueddeutsche.de/die-loesung-fuer-alles/ gene-sharp-protest-ziviler-ungehorsam-88891)

390 Michaela Haas: Die 3,5-Prozent-Regel, in: Süddeutsche Zeitung Magazin, 12.06.2020. (https://sz-magazin.sueddeutsche.de/die-loesung-fuer-alles/ gene-sharp-protest-ziviler-ungehorsam-88891); Erica Chenoweth, Maria J. Stephan (2011): Why Civil Resistance Works. The Strategic Logic of Nonviolent Conflict.

391 Jane McAlevey: Keine halben Sachen. Machtaufbau durch Organizing, Hamburg 2019, S. 39.

392 Jane McAlevey: Keine halben Sachen. Machtaufbau durch Organizing, Hamburg 2019, S. 34–36.

393 Hilary Moore, Joshua Kahn Russell: Organizing Cools the Planet. Tools and Reflections to Navigate the Climate Crisis, Oakland 2011, S. 29.

394 Myles Horton: The Long Haul. An Autobiography, Columbia 1998, S. 102.

395 Vgl. Jane McAlevey: Keine halben Sachen. Machtaufbau durch Organizing, Hamburg 2019, S. 33.

396 Deutscher Gewerkschaftsbund: Mitgliederzahlen 2019. (https://www.dgb.de/ uber-uns/dgb-heute/mitgliederzahlen/2010), abgerufen am 11. Januar 2021

397 Peter Ellguth in IAB Forum – Das Magazin des Instituts für Arbeitsmarkt- und Berufsforschung: Die betriebliche Mitbestimmung verliert an Boden, 24.05.2018. https://www.fr.de/panorama/dompteure-kapitalismus-13839629. html

398 Tagesspiegel: Die Herbstkollektion schwimmt vor der Westküste, 05.10.2002. (https://www.tagesspiegel.de/wirtschaft/die-herbstkollektion-schwimmt-vor-der- westkueste/351964.html)

399   Hilary Moore, Joshua Kahn Russell: Organizing Cools the Planet.
      Tools and Reflections to Navigate the Climate Crisis, Oakland 2011,
      S. 24.

400   Robert Maruschke: Transformative Organizing. Reading The Practice, Berlin
      2019, S. 20.

401   Eric Mann: Handbuch Transformatives Organizing. 7 Bausteine, 12 Rollen,
      16 Fähigkeiten, Köln/Karlsruhe 2017, S. 20.

402   Alexandra Bradbury, Mark Brenner, Jane Slaughter: Geheimnisse einer erfolg-
      reichen Organizerin, Stuttgart 2018, S. 54.

403   Eric Mann: Handbuch Transformatives Organizing. 7 Bausteine, 12 Rollen,
      16 Fähigkeiten, Köln/Karlsruhe 2017, S. 74.

404   Jane McAlevey: Keine halben Sachen. Machtaufbau durch Organizing,
      Hamburg 2019, S. 114.

405   Alexandra Bradbury, Mark Brenner, Jane Slaughter: Geheimnisse einer erfolg-
      reichen Organizerin, Stuttgart 2018, S. 78.

406   Vgl. Heinz Bude: Solidarität. Die Zukunft einer großen Idee, München 2019,
      S. 21.

407   Jane McAlevey: Keine halben Sachen. Machtaufbau durch Organizing,
      Hamburg 2019, S. 226.

408   Eric Mann: Handbuch Transformatives Organizing. 7 Bausteine, 12 Rollen,
      16 Fähigkeiten, Köln/Karlsruhe 2017, S. 67.

409   Unsichtbares Komitee: Der kommende Aufstand, Hamburg 2010, S. 49.

410   Ebd., S. 95.

411   Timo Luthmann: Politisch aktiv sein und bleiben. Handbuch Nachhaltiger
      Aktivismus, Münster 2019, S. 162.

412   Hilary Moore, Joshua Kahn Russell: Organizing Cools the Planet. Tools and
      Reflections to Navigate the Climate Crisis, Oakland 2011, S. 49 f.; Timo
      Luthmann: Politisch aktiv sein und bleiben. Handbuch Nachhaltiger Aktivis-
      mus, Münster 2019, S. 163.

413   Jonathan Matthew Smucker: Hegemony How-To. A Roadmap for Radicals,
      Chico 2017, S. 474.

414   Robert Maruschke: Community Organizing. Zwischen Revolution und Herr-
      schaftssicherung, Münster 2014, S. 69.

415   Timo Luthmann: Politisch aktiv sein und bleiben. Handbuch Nachhaltiger
      Aktivismus, Münster 2019, S. 160.

416   Eric Mann: Handbuch Transformatives Organizing. 7 Bausteine, 12 Rollen,
      16 Fähigkeiten, Köln/Karlsruhe 2017, S. 222.

417   Alexandra Bradbury, Mark Brenner, Jane Slaughter: Geheimnisse einer
      erfolgreichen Organizerin, Stuttgart 2018, S. 58.

[418] Saul Alinsky: Rules for Radicals. A Pragmatic Primer for Realistic Radicals, Regel 7, 1971.

[419] Marshall Ganz: Why David Sometimes Wins. Leadership, Organization, and Strategy in the California Farm Worker Movement, Oxford 2009, S. 8.

[420] Hilary Moore, Joshua Kahn Russell: Organizing Cools the Planet. Tools and Reflections to Navigate the Climate Crisis, Oakland 2011, S. 24.

[421] Marshall Ganz: Why David Sometimes Wins. Leadership, Organization, and Strategy in the California Farm Worker Movement, Oxford 2009.

[422] Heinz Bude: Solidarität. Die Zukunft einer großen Idee, München 2019, S. 145.

[423] Naomi Klein: Die Entscheidung. Kapitalismus vs. Klima, Frankfurt a.M. 2015, S. 549 f.

[424] Raoul Vaneigem: Handbuch der Lebenskunst für die jungen Generationen, Hamburg 2008, S. 27.

[425] Grace Blakeley: Stolen. So retten wir die Welt vor dem Finanzkapitalismus, Berlin 2021, S. 397.

[426] So der Titel seiner jüngsten Buchveröffentlichung. Noam Chomsky: Rebellion oder Untergang! Ein Aufruf zu globalem Ungehorsam zur Rettung unserer Zivilisation, Frankfurt a. M. 2021.

PERSONENREGISTER